Giulia Caminito
*Ein Tag wird kommen*

AF176933

# Giulia Caminito

# Ein Tag
# wird kommen Roman

Aus dem Italienischen von Barbara Kleiner

Verlag Klaus Wagenbach   Berlin

Die italienische Originalausgabe erschien 2019 unter dem Titel *Un giorno verrà* bei Bompiani editore in Mailand, die deutsche Erstausgabe 2020 als Quart*buch* bei Wagenbach.

Wagenbachs Taschenbuch 852
2. Auflage 2025

© 2019 Giunti Editore S.p.A. / Bompiani, Firenze – Milano
www.giunti.it / www.bompiani.it
© 2020, 2022 für die deutsche Ausgabe:
Verlag Klaus Wagenbach GmbH , Emser Straße 40/41, 10719 Berlin
www.wagenbach.de    mail@wagenbach.de
Umschlaggestaltung Julie August unter Verwendung
des Gemäldes »Wolf« von Mark Adlington © Bridgeman
Images. Foto der Autorin © Paola Locatelli. Gesetzt aus der
Dante und der Quicksand. Gedruckt und gebunden bei
Abedik, Poznań. Printed in Poland. Alle Rechte vorbehalten

ISBN 978 3 8031 2852 2

## Prolog

Sie nannten ihn den Krumenbub, weil er der Sohn des Bäckers und weil er schwach war, er hatte keine Kruste, an der Luft gelassen, hätte er Schimmel angesetzt, nicht einmal für die Brotsuppe hätte er getaugt, nicht einmal als Hühnerfutter.

Er stand aufrecht mitten in dem Wald, der die Mauern des Ortes umgab, ein dunkler Wald, wo Cane sich versteckte, wenn der Regen Blitz und Donner mit sich führte, ein kleiner Wald, klein wie sie, die sie Nadeln im Heuhaufen waren.

Die Bäume reckten ihre Blätter in den Wind, glutheiße Luft stieg von den Feldern auf, das Ende des Sommers klebte einem am Leib. Nicola, das war sein Name, zitterte und schwitzte, Angst troff ihm von der Stirn.

Hier zählten die Menschen nicht, hier herrschte die Erde, denn die Erde blieb, während die Menschen fortgingen, und einer wie er, geboren inmitten der Felder mit weichen, zarten und blassen Armen, war zu überhaupt nichts nutze.

Sicher fühlte Nicola sich nur in dem Schatten, den die Dinge hinter sich warfen, leicht fiel ihm nur, sich in abgelegene Winkel zu verziehen, unters Bett zu kriechen, sich in hohlen Baumstämmen zu verstecken.

Als Nicola das Gewehr auf seinen Bruder Lupo richtete, dachte er, er müsse ein Versprechen einlösen.

Lupo und sein Rabenblick, reglos wie eine Gewissheit, waren eine Herausforderung für seinen Willen. Niemals würde er nachgeben und sich rühren.

Nicola schaute den großen Bruder an und sah alles, was Lupo gewesen war und was er nicht mehr sein würde, er sah sein Leben fortlaufen, ein Rinnsal Süßwasser, er sah den Jungen mit dem Tiernamen, den Gotteslästerer, den Rebellen.

Bevor Nicola schoss und damit die Vögel im Unterholz des Waldes aufscheuchte, sagte er: Entschuldige.

Mach nicht so ein Gesicht, das ist nichts anderes, als ein Kaninchen zu töten, entgegnete Lupo.

Der Große Krieg war auch bis hierher in diese Hügel gekommen, über die Schlossmauern, vorbei an den Wachtürmen, durch die Tore, an den Rebstöcken und den Olivenbäumen entlang, hatte Getreide und Seidenraupen eingesackt, hatte die Jungen in Uniformen gesteckt, die Frauen zum Arbeiten geschickt, nur Kinder, Gebrechliche, Priester und Nonnen waren noch da, um Serra de' Conti zu bewachen, die Wasser des Misa, die Schotterstraße, die zum Friedhof führte, seine Felder, die seit den Zeiten des Kirchenstaats keiner von ihnen je besessen hatte.

Ein Ort der Habenichtse, der Halbpächter, der Schuster und Tagelöhner und all derer, die mittlerweile in den Krieg gezogen waren.

Nicola hatte noch nie ein Kaninchen getötet, trotzdem schoss er.

## Mach die Augen zu

Luigi Ceresa war einer der Bäcker des Orts, und seine Familie war vom Unglück verfolgt, es hieß, die Raben äßen mit ihnen am Tisch. Eins nach dem anderen starben ihm die Kinder, Söhne und Töchter, weg wie Schmetterlinge am Abend. Er versuchte sie alle zusammenzuhalten in seinem Haus mit den wenigen Zimmern über dem Laden, der auf die Piazza des Ortes mit dem Gasthaus und der öffentlichen Waage ging und in dem sich früher die vielen Feldarbeiter und die wenigen Einwohner des Orts mit Brotlaiben und Gebäck versorgt hatten.

Diese Bäckerei hatte früher seinem Onkel Raffaele gehört und noch früher seinem Großvater Carlo, wohingegen sein Vater Giuseppe sich fern davon gehalten hatte, keiner hatte je herausgefunden, wieso er hinkte, aber alle wussten, dass die Polizei ständig nach ihm suchte, und es hieß, dass ihm Kohlen lieber wären als Brot.

Luigi hatte die Bäckerei geerbt ohne allzu große Begeisterung, das alltägliche Geplauder oder der morgendliche Gruß lagen ihm nicht, vielmehr war er berühmt für seine gekräuselten buschigen Brauen, seinen von Luft und Wein geblähten Bauch und sein Mardergesicht. Er hatte jedoch die richtigen Hände, um den Teig zu kneten, große Handflächen und fester Griff, er wendete den Teig, als wäre er aus Wolken, und vor dem Schlafengehen hustete er Mehl, er hatte es im Leib.

Seit Onkel Raffaele nicht mehr da war, half ihm nur sein Sohn Antonio im Laden, und die Bäckerei schien von Tag zu

Tag näher am Ruin, es fehlte an Arbeit, und die Leute wurden immer rabiater.

Luigi war grob und rau wie die Kruste seines Brotes, hart wie Roggen, unverdaulich für viele, für die vielen, die er nicht liebte.

An erster Stelle diejenige, die am wenigsten Liebe abbekam, Violante, seine Frau, die gelernt hatte, in der Dunkelheit und für Geburten zu leben wie eine Zuchtstute, die man allein auf einem Feld angebunden hält; seit sie fast nichts mehr sah, war Kochen für sie eine Angelegenheit von Geruch und Geschmack geworden.

Sie schnitt sich in die Finger, stieß gegen Kanten, vergaß, die Fenster zu öffnen, ließ Gefäße, Hocker, Töpfe fallen, schürte schon erloschene Feuer, aber es fiel ihr schwer, die Kinder um Hilfe zu bitten, auch weil sie, seitdem die Älteste fortgegangen und Adelaide ebenfalls krank geworden war, angefangen hatte, sie alle zu hassen.

Am lästigsten war ihr Nicola, ein stilles, fast durchsichtiges Kind, nie hörte sie ihn kommen, sie merkte nicht, wenn er im Raum war, wie ein Gespenst konnte er erscheinen und verschwinden.

Hätte sie ihn sehen können, hätte Violante vielleicht verstanden, hätte sie diese feinen blonden Haare von der Farbe einer trockenen Ähre argwöhnisch betrachtet, diese grauen Augen wie der Boden einer Metallwanne und diese sehr weiße, glänzende Haut, hätte verstanden, dass hier nichts passte, fehl am Platz war wie Blumen in einem Stall.

Doch seit Nicola da war, sah sie fast oder gar nichts, und man hatte ihr diesen Schatten als den ihres Kindes gezeigt, eines von den vielen, die bei der Geburt durch Krankheiten oder sonstiges Unglück gestorben waren, doch bei diesem hatte man ihr gesagt, es sei gesund, und seit dem Tag war er ihr recht.

Auch wenn er ihr nicht wirklich gesund vorkam und unfähig war zu den einfachsten Verrichtungen, unnütz im Haus, unnütz im Laden, hatte man entdeckt, dass er komische Dinge lernte wie Buchstaben oder Worte.

Nicola erschrak vor allem, vom Pferdegetrappel bis zu den Knallfröschen im Karneval, von den Absätzen der wohlhabenden Damen bis zu den Händen des Vaters, bei der geringsten Kleinigkeit ergriff er die Flucht.

Für Luigi war es ein Kreuz, einen unnützen Sohn zu haben, mit einem Monat war er ihm so glatt und sauber, so perfekt erschienen, auf die Welt gekommen, um wunderschön und verehrungswürdig zu sein, der kleine König der einfachen Leute, aber mit der Zeit hatte sich herausgestellt, dass er linkisch und lächerlich war, ständig schlapp von der Hitze, immerzu auf der Suche nach Schatten, und nur mit Papier, den Heften und Büchern aus der Schule spielte, die Don Agostino ihm lieh.

Wegen dieser Neigungen waren Violante und Luigi zu der Überzeugung gelangt, dass es das Beste für ihn wäre, wenn er selbst Priester würde.

Violante, die Fromme der Familie, sah für Nicola die Möglichkeit vor sich, behütet und gebildet, der Heilige von Serra zu werden, der schönste Heilige, den man in den Marken je gesehen hatte, einer von denen, die als Erwachsene Wunder tun würden.

Luigi, der aus Familientradition nie ein besonderer Freund der Geistlichen gewesen war, sah darin einen Weg, ihn – nach dem Fehler, ihn überhaupt behalten zu haben – wieder loszuwerden, ihm den Umgang mit seinesgleichen zu ermöglichen, mit denen, die keine Hosen anzogen, um zur Arbeit zu gehen, sondern Soutanen, um zu beten und im Verborgenen zu bleiben.

Don Agostino, der dem Jungen anscheinend helfen wollte, da er ihn für einen Unverstandenen hielt, hatte sich bereit erklärt, ihn im Lauf der Jahre zum Glauben zu führen.

Ich würde ihn gern in meine Herde aufnehmen, hatte er eines Tages im Haus der Ceresa gesagt, während Violante ihm mit unsicherer Hand Wasser in ein Glas zu gießen versuchte und es dabei auf dem Küchentisch verschüttete. Es lief auf den Boden und auf die Sandalen des Priesters.

Ich mache das selbst, Signora Ceresa, keine Sorge, sagte Don Agostino und hielt ihre Hand fest.

Einige Zeit später, an einem Sonntagmorgen, wachte der Pfarrer mit dem Hahnenschrei um fünf auf, schob das Laken beiseite und erhob sich vom Bett, wusch sich das Gesicht, zog die Soutane an, schlüpfte in die Sandalen, immer dieselben, das ganze Jahr hindurch, kämmte mit den Fingern die vor allem an den Schläfen noch blonden Haare, betrachtete sich kurz im Glas eines Bildes, das die Jungfrau Maria darstellte, und ging aus dem Zimmer, um ein Stück Brot zu essen und eine Tasse Kaffee zu trinken.

Don Agostino war dickköpfig, aus jeder Kleinigkeit machte er eine große Angelegenheit, eine fixe Idee. Was in diesen Tagen die Stunden seines Schlafes auf drei verkürzt hatte, war die Sache mit dem Weihrauch.

Der Priester öffnete den Opferstock, ein paar wenige Münzen lagen dort auf dem Boden.

An wessen Großzügigkeit würde er heute appellieren, an die der Schuhmacher, die im Paradies die Schuhe des Herrn besohlen würden, an die der Wirte, die mit dem gesparten Wein goldene Tropfen vom Himmelszelt regnen lassen würden, oder an die der Kuhhirten, die mit ihrer Mistgabel alle Teufel vertreiben würden? Geld war immer weniger da, vom Weihrauch brauchte man immer mehr.

Don Agostino hatte blaue Augen und war großgewachsen, sein Schatten war lang wie der einer Pappel, und seine Finger waren sauber, das allein genügte, um ihn von ihnen zu unterscheiden: diese Hände der feinen Leute.

Der Priester hatte sich langsam bekreuzigt und Vergib ihr gesagt, als Signora Tabarrini, die Frau eines der vielen Schuster im Ort, am Sonntag zuvor am Ende der Messe die Stimme erhoben hatte.

Hier duftet es mehr als im Palast eines Königs, hatte sie auf der Schwelle gerufen. Dies ist eine Kirche.

Mit dem Zeigefinger hatte sie auf Christus gedeutet, in diesem derben Dialekt, den verstehen zu müssen er hasste.

Wie hätte Don Agostino ihr erklären sollen, dass der Gestank der Stuten von Anacleto, seit er zu den ersten zwei noch drei weitere hinzugenommen hatte, bis in die Kirche drang, bis zur Heiligkeit des Kreuzes, sodass die Luft, während sie Amen sagten, nach Kot und Tod roch und er nie und nimmer den Herrn hätte lobpreisen können, wenn es wirkte, als ob sie alle inmitten von Würmern und blanken Knochen hinabfahren würden?

Er verstand diese Menschen nicht, auch nicht nach all den Jahren, seitdem er mit seinem Sack voller Soutanen und Kreuze aus Como gekommen war, um ihnen zu verkünden, er wolle sie von den Schmerzen der Erde erlösen und zu den Freuden des Himmels erheben.

Während er sich über die geringen finanziellen Mittel grämte und ihn der Gedanke an den Weihrauch nicht losließ, trat er durch den Hintereingang in die Kirche, um alles für die Messe vorzubereiten.

Er wankte, denn sofort überfiel ihn der Gestank nach Mist, aber diesmal war er durchdringend, aggressiv, er stach in die Nase wie frisch verzehrter Peperoncino, dann das Geräusch von Kauen, Beißen und Lecken und das Klappern von Holzschuhen im Kirchenschiff, dann deutlich das Gemecker einer Gruppe Schafe vor dem Altar.

Der Priester bekreuzigte sich, küsste die imaginären Lippen Christi, bat ihn um Verzeihung für diese Sünde, denn gewiss war dies nichts anderes als die Sünde eines Sünders, und lehnte sich an die Steinmauern, dieselben Mauern, die ihn die Jahre hindurch in ihren Armen gehalten hatten wie eine Mutter ihren Säugling, wie Kinder ihre alten Eltern.

Die Kirche war voller Schafe, die ihre Notdurft zwischen den Bänken verrichtet, Vorhänge und Gemälde besudelt, die kleinen Bibeln angeknabbert hatten, die Don Agostino sorgsam auf den Bänken auslegte.

Wer den Priester auf der Suche nach Hilfe durch die Gassen von Serra eilen sah, erblickte einen fiebrigen Menschen, einen verwundeten Hirsch, mit dem flackernden Blick eines Verrückten, der schreiend eine Katastrophe verkündet.

Die Schafe aus der Kirche zu treiben war mühsam, es verlangte den Einsatz von drei Männern, die ihr Gelächter mit Worten des Bedauerns unterdrückten.

Die Messe begann mit Verspätung, Weihrauch wurde keiner verbrannt, der Boden wurde oberflächlich gereinigt, die Frauen des Orts saßen mit dem Taschentuch vor dem Mund in ihren Bänken.

Don Agostino las die Messe, er hielt die Luft an und verfluchte den Schuldigen zwischen zusammengepressten Lippen, denn es konnte nur er gewesen sein, der Priester hatte sofort begriffen, dass ihm noch jemand zugehört hatte, als er Nicola eine Zukunft prophezeite.

Und doch machte er sich nicht auf die Suche nach dem Urheber der Untat.

Niemand wird Ninì dem Priester geben, sagte Lupo, als er sich am Abend an den Tisch setzte, ein boshaftes Lächeln im Gesicht.

Violante und Luigi blieben stumm, der Junge brachte sie in Verlegenheit, er ließ sie im Erdboden versinken, er war zu allem fähig.

Nicola rührte in der Suppe herum und starrte den Bruder an, als ob er zum ersten Mal eine Sternschnuppe sähe.

\* \* \*

Lupo glaubte an Märchen, aber nur an die der Leute, nie an die der Priester, nie an die von Gott. Er musste sie mit seinen eigenen Augen sehen, die Märchen, sie aufspüren, auf die Jagd nach ihnen gehen, Schritt für Schritt. Deshalb waren Himmelsdinge nichts für ihn, weil er Gott nie ins Gesicht schauen und ihm sagen konnte: Da bist du.

Auf dem Grunde dessen, was die Leute sich erzählten, lag die Wahrheit, da war er sich sicher, sein Großvater Giuseppe sagte es immer wieder: vielleicht nur so groß wie eine Nuss, eine winzige, nutzlose Wahrheit. Zu der allerdings musste man vordringen, um das Märchen zu verstehen.

An dem Tag, als die Wolken über Serra kreisten, machte sich Lupo, das eigenwillige Kind mit der dunklen Haut und den dunklen Augen, auf und stieg zwischen Pappeln und Brombeersträuchern gegen den Flusslauf des Misa hinauf in Richtung Apennin.

Er ging am Ufer entlang, überwand Strudel, kämpfte sich durch das dichte Schilf, rastete unter Weiden, betrachtete die knochigen Hüften des Flusses, seine stillen Gumpen, seine Stromschnellen, seine dunkelsten Ecken, in denen man einen Schatz hätte verbergen können.

Wenn er Zeit gehabt hätte, wäre er alle Flussläufe der Marken in entgegengesetzter Richtung abgegangen, aber Lupo hatte keine Zeit, er musste arbeiten, solche wie er taugten nicht für die Schule, es blieb ihm kaum etwas anderes übrig, als im Laden zu stehen, Arbeiten zu suchen, für die man kleine Hände und Füße brauchte, bei denen man auf Bäume kletterte, in Gräben hinunterstieg, einfache Aufgaben, wie Tiere hüten, melken, Säcke schleppen, Brotlaibe in der Bäckerei aufreihen.

Und er musste Geld verdienen, um Nicola in die Schule schicken zu können.

Diese wenige Zeit wollte Lupo dem Misa widmen, seinem Fluss, der ihm im Sommer Wasser spendete, wenn der Himmel das vergaß.

Wenn er einen Schatz gefunden hätte, hätte sich ihr Leben für immer verändert.

Denn so hieß es in den Märchen: Die Seeräuber, die Türken, diejenigen, die jenseits des Meeres hausten, hinter Senigallia, hinter dem Hafen, an einem unbekannten, aber nahen Ort der Welt, so nah, dass sie einen überfallen konnten, die waren, als sie in die Marken kamen, die Flussläufe hinaufgezogen, Flüsse wie den Misa, die wie die Zinken eines Kamms vom Apennin her zum Meer hinabströmten. Die Seeräuber, Freibeuter, Banditen, Missetäter nahmen diese Flüsse in Angriff, gegen den Strom und die Strudel rudernd, um die richtige Flussbiegung zu finden, wo sie ihre kostbaren Schätze verstecken und vergraben konnten, die sie sich eines Tages wiederholen würden.

Mit den Jahren hatten sie sie vergessen, hatte Antonio zu ihm gesagt, der große Bruder, der bald fortgehen würde, denn bei den Ceresa schien nie einer Kind genug, um dazubleiben, er hatte ihm erklärt, dass die Flüsse jetzt bei der Hitze austrockneten, und wenn das geschah, kamen die Schätze aus der Erde zum Vorschein und kehrten zurück zu den Menschen.

All die Golddukaten, der Schmuck und die Edelsteine der Königinnen, die die Seeräuber höchstwahrscheinlich den Adeligen an der Küste geraubt und dann hier vergessen hatten, konnten ihre werden, Eigentum der Leute von Serra, wenn sie nach einem Tag des Dreschens und des Garbenbindens von den Feldern an den Misa gingen, um sich das Gesicht zu waschen, und in ihren Händen plötzlich eine Perlenkette finden würden.

Für Lupo musste man die Märchen wie alle Dinge zwischen die Zähne nehmen, denn nur wenn man hineinbeißt, spürt man den Geschmack einer Frucht, eines Stücks Fleisch, eines Erdklumpens, nur dann kann man herausfinden, ob sie süß sind wie Marmelade oder bitter wie Radicchio, ob man sie behält oder wegwirft.

Aber Schätze fand Lupo an diesem Tag keine. Für ihn führte der Misa Wasser des Nil, segnete Dörfer und Ortschaften, von der Hitze verschluckte Böden und nicht länger fruchtbare Felder, aber in Wirklichkeit war er nichts weiter als ein kleiner vertrocknender Wildbach mit nur einem einzigen Zufluss, der sich nach etwa dreißig Kilometern erschöpft ins Adriatische Meer ergoss. Er ging ihn hinauf mit seinem verantwortungslosen Dickschädel und mit der Geduld eines Schäfers, in Richtung San Donnino, und verlor dabei einen ganzen Arbeitstag.

Als er Füße und Gesicht zwischen die Aale ins Wasser tauchte, bereit, mit leeren Händen und mit dem Vorsatz nach Hause zu kommen, noch vor dem Abend zu Antonio zu gehen und sich mit ihm zu prügeln, auch wenn er dem Bruder nur bis zum Ellbogen reichte, da hörte er ein Geräusch von Scharren auf der Erde. Immer noch im Wasser ging er zu der kleinen Bucht, die er beim Vorübergehen vor Langeweile und Hitze nicht bemerkt hatte.

Schätze machen keine Geräusche, sagte er sich finster.

Er war wütend, wie nur Lügen ihn wütend machen konnten, er warf einen Stein in Richtung des Geräuschs und hörte ein Winseln.

Er blieb ein paar Sekunden still stehen, um sich über seine Gedanken klar zu werden, bevor er zu der Bucht lief. Denn er war neugierig, aber nicht leichtsinnig.

Da sah er, während der Misa weiter in Richtung Meer floss, ohne Schätze mit sich zu führen, einen grauen Wolf, ein Welpe noch, der sich an einer Pfote verletzt hatte und nun mit der Verzweiflung hungriger Hunde versuchte, die Böschung hinaufzuklettern.

Wölfe wie er, Bergwölfe, kamen nie ins Tal, weil die Bauern Angst vor ihnen hatten und Jagd auf sie machten, um ihr Vieh zu schützen. Die Wölfe waren ihre Hexen, ihre Seeräuber, ihre Quallen. Die Leute sagten, die Wölfe seien Unglücksbringer, Dornen in den Fingern.

Lupo, der Junge, stellte sich vor das Tier und sah es an, und eine Weile lang tat er nur das, er sah das Tier an, wie es fliehen wollte und nicht konnte.

Der kleine junge Wolf, graues Raubtier aus den Bergen, mit weißen Backen und von der Sonne rötlichen Haarbüscheln auf dem Rücken, knurrte, tief aus der Kehle, bis er sich an dieses Kind mit den schmutzigen Hosen und dem frechen Gesicht gewöhnt hatte, dann hörte er auf.

Sie musterten sich ein Weilchen, Lupo tat einen Schritt, der andere knurrte wieder. Lupo wartete, bis der andere aufhörte, dann hob ihr Tanz wieder an.

Schritt. Knurren. Pause.

Schritt. Knurren. Pause.

Schritt. Knurren. Pause.

Schritt. Knurren. Der Junge stürzte sich auf ihn.

Er betrachtete die Wunde, vielleicht ein Biss, vielleicht eine Falle, der Wolf hatte keine so großen Pfoten, als dass er ihm hätte wehtun können, und der Junge wusste, dass er ihm die Schnauze zuhalten konnte, wenn das Tier versuchen sollte, ihn zu beißen. Lupo fragte sich, wo seine Mutter war, ob er auch eine blinde Mutter hatte, die ihn nicht bei sich behalten konnte.

Hör auf, jetzt bring ich dich weg, sagte er zu ihm.

Das Tier verstand nicht, es fühlte, wie es hochgehoben und von diesem kleinen Menschen ohne Gewehr auf die Schulter genommen wurde.

Auf diese Weise, verletzt und über die Schulter gelegt, brachte Lupo den Feind nach Serra auf seinen Hügel, und so hatte er Cane kennengelernt.

\* \* \*

Aus was bist du gemacht, hä? Aus Wasser und Salz?

Luigi packte Nicola am Handgelenk und hob ihn hoch wie einen Sack Sägemehl, wie einen im Keller hängenden Schinken, schüttelte ihn nach allen Seiten, die Beine des Jungen strampelten kraftlos im Leeren, baumelten, als wären sie falsch angeklebt.

Zu was taugst du, darf man das erfahren? Jedes Mal, wenn ich heimkomme, bist du hier, jedes Mal, wenn ich fortgehe, bist du hier, jedes Mal, wenn ich esse, bist du hier, jedes Mal, wenn ich scheiße, bist du hier …

Luigi schleuderte Nicola in den hintersten Winkel der Küche, zwischen die Stühle, während Adelaide, die kranke Schwester, im Schlafzimmer hustete und Violante, die Hände im Schoß, an die Wand gelehnt dasaß und brummte, ein Gebet auf den Lippen und den Kopf vom Trauerschleier bedeckt.

Sie hatten Antonio vor einer Woche beerdigt: Man hatte versehentlich auf ihn geschossen, als er vom Jahrmarkt heimkam, die Sonne war schon untergegangen, und er wollte nur einen Apfel von einem Baum stehlen, der Bauer hatte ihn niedergestreckt, wie man es mit verrückten Pferden macht.

Ich schufte den ganzen Tag, und du fängst schon an zu flennen, sobald du die Mühe nur auf dich zukommen siehst.

Luigi versetzte ihm mit der Fußspitze einen Tritt in die Rippen. Nicola machte seinen Körper klein wie eine Nuss. Ohne etwas zu sagen, nahm er den Tritt mit zusammengebissenen Zähnen hin.

Wir haben dir geholfen, dadurch bist du so geworden. Nur Königskinder sind so unnütz wie du, wenn die Leute arbeiten müssen, haben sie keine Zeit zum Angsthaben, sie müssen was tun, sonst verhungern sie. Du bist krank im Kopf, wie solche, die immerzu schlafen und weinen.

Und nachdem er ihm mit dem Finger fest gegen die Schläfe gedrückt hatte, fast als ob er ihm den Schädel öffnen wollte, packte Luigi Nicola an den Beinen und schleifte ihn in die Mitte des Raums, denn er war eine kraftlose, träge Masse, man konnte ihn in den Fluss oder eine Schlucht werfen.

Steh jetzt auf, du verfluchter Junge. Wenn ich nicht gewesen wäre …

Der Bäcker packte ihn bei den blonden Haaren und zog ihn hoch wie eine Puppe, wie die alte Puppe von Nella, der verschwundenen Tochter, wie die Puppen, die Violante nähte, als sie noch sehen konnte, und mit denen sie ihm das Laufen beigebracht hatte.

Luigi war vor einer Stunde nach Haus gekommen, in der Nacht hatte eine Eule im Kamin des Backofens ihr Nest gebaut, der Laden hatte sich mit Rauch gefüllt, die Wohnung auch. Um die Eule zu vertreiben, hatte der Mann die Brotschaufel, mit der er das Brot in den Ofen schob, zerbrochen, die Brotschaufel, die einst dem Onkel und dem Großvater gehört hatte. Violante hatte Zeter und Mordio geschrien, die Kunden waren davongelaufen, als sie die Schläge gegen die Kaminwände hörten, die wie Donner widerhallten, und der Bäcker hatte nach seinen Kindern gerufen, um sich von ihnen helfen zu lassen, aber keines von ihnen hatte geantwortet.

Er hatte Antonio gerufen, aber Antonio war nicht gekommen.

Den einzigen tüchtigen Sohn, der ihm geblieben war, hatte man ihm umgebracht.

Wie eine Furie war er die Steintreppe zu seinem Haus hinaufgestürzt, er wusste, dass Lupo mit Cane auf den Feldern war, dieses vermaledeite Vieh, das von seinem Atem zu leben schien und ihn nie allein ließ, das Vieh, das Unglück brachte, ausgerechnet in seine Familie war es gekommen, wo es seit eh und je so viel Unheil gab, dass es für die gesamten Marken gereicht hätte.

Der Bäcker sah nur Nicola vor sich, der vor einem aufgeschlagenen Heft beim Fenster Schreiben übte und nicht einmal inmitten des pechschwarzen Qualms einen Finger gerührt hatte.

Raus hier jetzt, lauf nach Montecarotto und hol den Schmied, ich muss die Schaufel reparieren.

Luigi stieß Nicola zur Tür und dann die Treppe hinunter, das Kind rollte hinab und hielt sich an den Seiten fest, um sich nicht das Genick zu brechen.

Du musst rennen, schrie der Vater von oben, wenn du zu spät kommst, verbrenn ich all deinen Papierkram.

Nicola, dessen Körper schmerzte, dessen Kopf vor Panik benommen, dessen Mund trocken war, rannte los, angetrieben von der bloßen Angst.

Doch sein Fleisch war von Geburt an schwach, seine Gedanken waren feige herangewachsen, und jeder seiner Schritte war ein Sturz. Keiner wusste, warum, aber es lag nicht in Nicolas Natur, wie alle anderen in der Welt zu sein.

Dieser Lauf unterhalb des Klosters entlang, dann die Treppe zum Wald hinauf zur Straße nach Montecarotto erschöpfte ihn, raubte ihm alle Energie.

Zitternd und außer Atem lief er den Abhang an den Mauern hinunter.

Es war Mittag, die Stunde ohne Schatten und ohne sichere Verstecke.

Für die Leute auf den Feldern war dieser Moment heilig und durfte nicht entweiht werden, seit jeher zeigten sich da in der brütenden Hitze, die vom Getreide aufstieg, die Götter des Feldes, erhoben sich im Dunst der sengenden Sonne die Erntegeister, verwandelten sich Felsen in Elfen, Sträucher in Nymphen, und die Gebete um eine gute Ernte strömten in Scharen zu Tal.

Über der Erde, über Serra und Montecarotto, über dem Hügelauf und Hügelab stand im Zenit diese Sonne, die nach Nicola griff, kaum dass er das kleine Tal erreicht hatte.

Seine blasse Haut rötete sich, sein Schädel begann zu brummen, Bremsen, Bremsen, Bremsen, alles stach und tat weh, eine so kurze Strecke, die jeder andere ohne Weiteres zurücklegte wie einen kleinen Spaziergang, für Nicola war sie ein Kreuzweg.

Jede Nacht vor dem Einschlafen hoffte er, beim Aufwachen zu sein wie die anderen, verändert, geheilt durch irgendeinen Sternenzauber, hoffte, stundenlang im Licht ausharren zu können, reglos und erhaben wie eine Eiche, all die Wärme aufnehmen zu können, die von oben und unten kam, hoffte, kilometerweit laufen und fliehen zu können, ans Meer zu gelangen, Schiffe und Möwen zu sehen, die Menschen auf dem Sand und auf den Felsen.

Aber es gelang ihm nicht. Er konnte nicht arbeiten. Er taugte zu nichts.

Seine Schuhe schienen voller Kies, seine Kleider schwer, als ob er den Wintermantel anhätte, es würgte ihn in der Kehle wie an dem Tag, als man ihm gesagt hatte: Man hat deinen Bruder erschossen. Er hatte gemeint, es handle sich um Lupo, und hatte sich vor Qual in die Hose gemacht.

Die Stellen am Körper, auf die Luigi eingeschlagen hatte, begannen ihren Schmerz herauszuschreien, der weiße Weg hinauf nach Montecarotto war für ihn der Aufstieg auf den Gran Sasso, war dieses ganze unerreichbare Italien, das er nicht kannte, das er nie sehen würde, nur schreiben konnte: I T A L I E N, in Großbuchstaben, mit zu viel Abstand zwischen den Lettern.

Ich bin krank, mit mir stimmt etwas nicht.

Nicola machte noch ein paar Schritte, rang nach Luft, er spürte, wie er von der Sonne Fieber bekam, dann brach er zusammen.

Er dachte an das Wort Hundstagshitze, er hatte es Lupo erklärt, gleich nachdem er es gelernt hatte, so wie er es mit jedem Wort machte, das er las oder hörte.

Wenn die Sonne über das Sternbild des Hundssterns hinausgeht und man auf den Feldern Gott und der Hitze einen Hund zum Opfer bringt, damit die Felder nicht verdorren.

Was sind Sternbilder?, hatte Lupo da gefragt.

Die Bilder, die die Sterne nachts am Himmel zeichnen, hatte der Bruder geantwortet.

Und während seine Augen sich schlossen und er sich dem Gedanken überließ, nicht zu wissen, ob und wie er sich von dort je wieder erheben würde, sah er sie kommen. Drei schwarz gekleidete Männer mit schwarzen Schleifen um den Hals, die in der Mittagshitze auf ihn zukamen. Die drei Männer hoben ihn auf und legten ihn in den Schatten eines Olivenbaums.

Ob er sie nur geträumt hatte wegen der Mittagshitze, die einen Dinge sehen lässt, die nicht da sind, aber den Schlüssel zum Übergang ins Reich der Toten und der Ungeborenen besitzt, das sollte Nicola nie erfahren.

Als er viele Jahre später seinen Fuß jenseits des Ozeans an Land setzte, sollte er wieder an diesen Moment denken, an die Hundstagshitze und an damals, als er das Meer noch nicht kannte und meinte, alles sei unmöglich.

* * *

Mir ist heiß, sagt Lupo.

Ich hab gesagt, mir ist heiß, Ninì, wiederholt Lupo.

Ich bleibe hier, antwortet Nicola.

Geh in dein Bett, sagt Lupo.

Es ist weit weg, antwortet Nicola.

Es ist dort drüben, zwei Schritt entfernt, sagt Lupo.

Es ist weit weg, wiederholt Nicola.

Und wie soll ich so schlafen?, fragt Lupo.

Mach die Augen zu, antwortet Nicola.

Du klebst an mir dran, sagt Lupo.

Mach die Augen zu, wiederholt Nicola.

Da schließt Lupo die Augen.

* * *

Es war das Jahr 1897: Lupo wurde an der Schwelle zum neuen Jahrhundert geboren, in jenem Jahr, in dem Errico Malatesta in Ancona von der Polizei gejagt wurde, während er für *L'Agitazione* schrieb, jenem Jahr, in dem die Bauern in Latium das Land besetzten und die Reisarbeiterinnen rebellierten, um einen höheren Lohn zu bekommen, und in Rom sogar die Kaufleute gegen die Regierung auf die Straße gingen, aber das konnte Lupo nicht wissen und sollte es lange Zeit auch nicht wissen. Ihm, der wie alle anderen zum Arbeiten geboren war, war es nicht gegeben, zu erkennen, wie die große Geschichte sich bewegte, wie die Völker und Menschen herumgewirbelt wurden, wie die Ideale in sich zusammenfielen und wohin die Hoffnungen sich verzupften, er sollte seine Augen auf sein eigenes Unheil gerichtet halten und die Macht der Entscheidungen anderen überlassen.

Als er auf die Welt kam, war Lupo ein weiteres weinendes, nacktes und schmutziges Kind, und als Stalin in Ancona in einem Hotel arbeitete, war Lupo zehn Jahre alt und sah mit seinen schwarzen Augen den Vater an, dem er alle erdenklichen Schmerzen wünschte.

Lupo wäre gern in die Schule gegangen, auch wenn er die Priester und ihre Regeln hasste, auch die wohlmeinenden und sanften, und er antwortete mit üblen Streichen.

Das hatte er gleich von Anfang an gelernt, ein Gesetz, das er immer im Herzen tragen würde: Auf das, was du nicht als richtig empfindest, auf das, was die anderen dir antun, sollst du nicht mit Worten reagieren, daher hatte es Lupo allen immer mit Taten heimgezahlt, Luigi eingeschlossen.

Deshalb warf Lupo mit zehn alles, was er im Haus fand, auf den Boden, während Luigi ihm nachlief und versuchte ihn einzufangen, aber das Kind glitt ihm aus den Fingern wie Seide, und Cane knurrte.

Luigi bewegte sich in einer Hölle aus zerbrochenen Tellern, abgerissenen Gardinen, umgeworfenen Betten – unter den brunnentiefen Augen des Jungen, der den Teufel im Leib zu haben schien, der biss, spuckte und die Zähne fletschte, scheinbar alles verschlingen konnte, vom Obst bis zu Rinderhälften.

Fass bloß Nicola nicht an, schrie Lupo. Die Bücher bezahle ich, die gehören dir nicht.

Denn das war die Abmachung zwischen ihnen: Nicola würde die Schule bis zur fünften Klasse besuchen können, wenn Lupo es bezahlte, und so hatte er das Nötige beiseitegelegt, Soldo für Soldo, hatte sich jeden Gedanken an die kleinste Vergnügung versagt, um das Geld dem Bruder zu geben.

Als Nicola ihm zum ersten Mal ein auf ein Blatt geschriebenes A zeigte, hatte er begriffen, dass jede Sache, die sie lernten, für Luigi ein Schlag ins Gesicht war, dass jedes Wort, das Lupo dazulernte, ein Hieb gegen seine Knie war, dass jeder geschriebene Satz ihm neue Sätze und immer weitere Sätze erschloss und dass ihr Dorf und ihre Felder, ihr Dialekt demgegenüber zu einem Taubenschiss wurden.

Nicola musste für alle beide lernen und jede Nacht zu ihm kommen und ihm sagen, was er gelernt hatte, es mit ihm üben, ihn wiederholen lassen und ihm erklären, zwar würden die Hände und die Tatsachen für Lupo immer mehr zählen, aber um richtig handeln zu können, musste man die Dinge richtig verstehen.

Seit Lupo auf der Welt war, hatte Luigi ihn nicht bremsen können, er überrumpelte und beherrschte ihn wie der schlimmste Schrecken; seit er laufen konnte, war ihm nicht beizukommen, er verbrachte ganze Tage im Wald, er gehörte einem Menschenschlag an, dem der Bäcker nichts entgegenzusetzen hatte. Ohnmächtig wie gegenüber einer Naturkatastrophe sah Luigi zu, wie er das Haus verwüstete.

Während Lupo eine Wanne umwarf und schrie, dass ihre Kinder eins nach dem anderen sterben und nur er und Nicola ihnen bleiben würden, dazu bestimmt, wie eine einzige Person zu überleben, betete Violante, dass das nächste Erdbeben sie alle miteinander verschlingen möge, mitsamt ihrem Haus und dem Ort, um dieses Leben, das sie nicht zu führen verstanden, auszulöschen.

Von den Prophezeiungen des Jungen an der Gurgel gepackt, warf Luigi sich unters Bett und holte das Gewehr hervor.

Unterdessen lag Adelaide da und hustete, ihre schmale Mädchenbrust hob sich in unregelmäßigem Rhythmus, jeder Atemzug war das Geräusch der Krankheit. Wenn sie Luft bekam, rief sie nach Antonio, aber Antonio war nicht mehr da.

Der Bäcker sagte: Jetzt erschieß ich dich, und richtete das Gewehr auf den Jungen.

Der antwortete ihm: Dazu hast du nicht den Mut.

Luigi, der wie alle jemanden gewollt hätte, dem er seinen Beruf beibringen, sein Geschäft übergeben konnte, das er nicht mehr ertrug, jemanden, dem er seine Zukunft anvertrauen konnte, während diese wie Moos in der Sonne verschrumpelte, dachte an die grünen Augen Antonios und ließ wütend das Gewehr sinken.

Der Junge hatte recht, er hatte nicht den Mut.

Geschlagen blickte er auf seine Hände und schüttelte den Kopf, während Cane ihn aus seinen gelben Hyänenaugen ansah, bereit, ihn in die Kehle zu beißen, dort, wo die Halsschlagader das Blut in den Kopf leitet.

Ich gehe mit der Brigade von Gaspare nach Senigallia, sagte Lupo und betrachtete ihn dabei vom hinteren Ende dieses Horts ihrer Streitereien und Bosheiten aus. Und verließ das Haus.

Auf dem Land war es üblich, dass sich einige Kinder, gewöhnlich nur wenige, Brigaden anschlossen, das waren Gruppen, bestehend nur aus Männern, die mit Wein, Käse und ein paar Instrumenten in die Küstenstädte zogen und dort den Sonntag verbrachten.

Gaspare Garelli war erwachsen, er war siebzehn, aber Lupo hielt sich immer an die, die größer waren als er, und die verschmähten seine Gesellschaft nicht: In der Tat war er aufgeweckt, ein guter Arbeiter, zu jedem Spaß aufgelegt, aber auch schlagfertig, wenn er angegangen wurde, und er stand ihnen in nichts nach, wenn es galt, irgendwelchen Unsinn zu machen.

Bevor er ging, verabschiedete sich Lupo von Nicola, der mit seinem vom Gebrauch völlig zerfledderten Heft auf den Treppenstufen saß.

Er wird dich nicht mehr schlagen, keine Angst, sagte er und strich ihm über den Kopf. Ich treffe Gaspare und komme heute Abend zurück, setzte er hinzu.

Kann ich in deinem Bett schlafen?, fragte Nicola und hob das schmale Gesicht vom Heft.

Schlaf, wo du willst.

Lupo sah ihn an, dann setzte er den Hut auf und lief in Richtung der Straße zum Friedhof. Cane kam die Treppe herunter und folgte ihm.

Noch angeschlagen setzte Nicola sich mühsam auf den Stufen zurecht und fing wieder an zu lesen.

Singend und ein paar Tanzschritte vollführend verließ die Brigade der Männer das Dorf, alles Nötige zum Bocciaspielen unter dem Arm. Lupo ging neben Gaspare.

Was hat Ernesto?, fragte er ihn und zeigte auf den Mann, der ihnen finster in einem gewissen Abstand folgte, sogar Cane, gewöhnlich der Letzte in der Reihe, lief ihm voraus. Lupo wollte nicht wissen, was er an diesem Tag hatte, sondern was ihn im Allgemeinen bedrückte, denn jedes Mal, wenn er ihn vor sich gehabt hatte, war er noch verschlossener und stiller, noch schlechter gelaunt und hoffnungsloser gewesen.

Er hat sich nicht mehr erholt, seit Amisia ihn abgewiesen hat, scheinbar sollten sie sich verloben, aber Ernesto hat sich letztes Jahr beim Karneval unmöglich aufgeführt, er kam in einem alten Anzug, zerschlissen und nur notdürftig hergerichtet mit Ruß und Wasser, Amisia kam ganz in Weiß, und beim Tanzen hat er sie schmutzig gemacht, er hat das gute Kleid ruiniert, das sie eben gekauft hatte, ganz Serra hat sich über die beiden lustig gemacht, erklärte Gaspare amüsiert.

Und wenn ich ihr ein neues Kleid kaufe?, fragte Lupo und sah sich nach Ernesto um, der langsam und mühevoll voranschritt wie an einem steil ansteigenden Berghang.

Und woher nimmst du das Geld, hm? Jetzt gibt es nicht so viel Arbeit, bis September ist nichts in Sicht. Wir sind keine Leute, die sich zu jedem Festtag neue Kleider leisten können, geschweige denn für andere, sagte Gaspare.

Wer kann sie sich denn leisten?, fragte Lupo herausfordernd.

Die, die alles haben, diejenigen, die die Felder besitzen, die die Häuser besitzen, erklärte Gaspare.

Wer ist das?, drang Lupo weiter in ihn.

Die Padroni. Das Feld meines Vaters ist schließlich nicht seins, du weißt doch, wie das funktioniert, oder nicht?

Vielleicht, antwortete Lupo und sah sich nach dem Hut von Ernesto um, der mit jeder Bewegung seines leeren Kopfes hin und her schwankte.

Hier hat früher alles den Pfaffen gehört, bevor Italien kam, doch jetzt gehört es den Freunden der Pfaffen, jetzt ist da nur der König, der dir den Kopf abschneiden lässt, sobald du ihn erhebst. Das sind Leute, die sich, wenn sie wollen, auch deine Seele kaufen und sie weiterverkaufen, weil es nämlich eine reine Seele ist.

Lächelnd berührte Gaspare ihn an der Schulter.

Und wie bringt man den König um?, fragte Lupo und blieb mitten auf der staubigen Straße stehen.

Wie meinst du das? Gaspare sah ihn verwundert und verständnislos an, mit der Vermutung, dass er Fragen stellte, die er sich längst selbst beantworten konnte.

Wie wird man ihn deiner Meinung nach los?

Das endet dann wie beim Papst, wenn der eine geht, kommt ein anderer und dann noch ein anderer. Die gehen nie weg, sie wechseln nur das Aussehen. Es gibt keinen Ausweg.

Das ist nicht wahr! Sie haben schon einen König getötet, Umberto I. Das hat mir neulich Tomassini erzählt, in der Schänke, er hat gesagt, vor sieben Jahren hat ihn einer erschossen, der hieß Gaetano. Irgendwer kann das mit jedem König machen, der daherkommt, erklärte Lupo überzeugt.

Gaspare schwieg, mit ein paar Trompetenstößen zog die Brigade dahin. Petri kletterte auf einen Baum, um eine Handvoll Kirschen zu holen, die er verschenkte, auch wenn es in Wahrheit nicht seine waren. Jemand erzählte vom Ruzzola, das sie beim letzten Ausflug gespielt hatten, als Paoletto mit seiner hölzernen Ruzzola-Scheibe beinah die Statue der Vorsehung getroffen hätte. Die anderen lachten.

## In Moll, für meinen Gebrauch

Zaris Haar war mit Perlen übersät und ihre Kleider papageien-bunt, sie lief in der *zeriba* herum, dem großen Garten hinter ihrem Haus, dem einzigen Steinhaus im Dorf, denn sie waren die Kinder des Dorfoberhaupts, und das Dorfoberhaupt konnte nicht auf Lehm und Stroh schlafen.

Während sie schrie wie ein dem Käfig entkommenes Vögel-chen, kniff sie ihren Bruder in den Schenkel und warf ihn dann zu Boden, lachend hüpfte sie zwischen den noch unreifen Kür-bissen herum. Das war ihr Lieblingsspiel: in den Garten laufen und sich hinter dem dicken Bauch ihrer Kuh mit den sehr lan-gen Hörnern verstecken.

Ihr Bruder sagte, sie sei grausam, gemein, sie habe keine Liebe im Leib, aber er war zu klein, um die Worte zu verstehen, die er benutzte.

Zari hatte Hufgetrappel gehört und zu den Nuba-Bergen hinaufgeschaut, für immer würde sie sie so in Erinnerung be-halten, kurz vor der Regenzeit, mit ihren Inseln von einem so grellen Grün, dass es in den Augen schmerzte, mit den kleinen, wasserlosen Lichtungen, mit den schmalen, holprigen Pfaden, die nicht einmal für das Vieh gut waren.

Das Hufgetrappel war nun näher, und es kam von unten, aus dem Teil der Welt, von dem sie nichts wissen wollten. Zari hat-te ihrem Bruder zugerufen, er solle ihre Dienerin holen, doch die war nicht da, auch ihre Mutter war nicht da, sie hatte im Vorübergehen nur die kleine Flamme im Fenster hinterlassen.

Jeden Abend vor dem Einschlafen sagte die Mutter zu Zari, dass diese kleine Flamme sie beschützen würde, sie sei der Seele geweiht, die in allen Dingen lag, in all ihren Schritten, in jedem Ast und in jedem Rinnsal Wasser würden die Götter sie wiegen, sie dicht am Herzen tragen, fern von Schmerz.

Zari war acht Jahre alt, als sie die Männer mit den verhüllten Gesichtern von ihren Pferden steigen und auf sich zukommen sah, sie hatte zu der Flamme hinübergeblickt und gehofft, dass das Feuer sie mit sich forttragen möge, aber die Flamme war klein und still geblieben, sie glomm auf ihrem Votivaltar und sah den Männern zu, die Zaris Bruder auf ein Pferd hievten und dann auch sie, sie wurde an den Hüften gepackt und hochgehoben, federleicht war sie, ohne Gewicht und Willen.

Die Männer sprachen Arabisch mit ihren Pferden, spornten sie an, Zari hatte gedacht, ihr Vater werde kommen, niemand konnte Akil, dem Herrn der Nuba-Berge, die Kinder wegnehmen, er besaß wunderschöne Zuckerrohr- und Hirsefelder, auf die er seine Kinder führte, um ihnen zu sagen, dass dies hier eines Tages ihre Verantwortung, ihre Aufgabe sein werde.

Die Unbekannten waren bis zum unzugänglichsten Ort der Welt vorgedrungen, von dem alle meinten, hier für immer in Sicherheit zu sein, zwischen miteinander verwachsenen Bäumen auf trockenen Höhen, verehrt nur von den Nuba, unwirtlich für jeden anderen, in jenem Teil des Sudan, den sie unter den Schichten einer glanzvollen und vergangenen Zeit verschüttet glaubten.

Die Leute im Dorf hatten die Pferde wie eben abgeschossene Pfeile vorübergaloppieren sehen, die reglosen Körper der Kinder auf ihren Rücken, und sie waren hinterhergerannt, hatten verzweifelt schreiend Himmel und Erde angerufen.

Doch so flink die Nuba auch waren, so gut sie ihre Straßen und Stege auch kannten, so wenig hatten die Männer aus dem Dorf die Araber doch einholen können, einer von ihnen hatte einen bestimmten Weg eingeschlagen, der andere einen anderen, und Zari hatte nicht einmal bemerkt, dass sie ihren Bruder verloren hatte.

Am Abend war das Mädchen mit anderen geraubten Kindern in ein Zelt geworfen worden, dann waren sie am Weißen Nil entlang in Richtung libysche Wüste gezogen, man hatte ihr eine schwere schmutzige Kette ums Fußgelenk gelegt, ihr die Zöpfe mit einer Schere abgeschnitten, die einer der Araber immer in der Tasche trug, und ihre Kleider verbrannt in dem Feuer, das sich lodernd im Lager der Sklavenhändler erhob.

Die Nacht hindurch hatten sie geschrien, keiner von ihnen wollte sich ergeben, und mit Singstimme riefen sie um Hilfe, nur wenige von ihnen sprachen, fragten wer bist du, woher kommst du. Sie verstanden diese Leute nicht, diese Leute verstanden sie nicht, nur mit Schwierigkeiten verstanden die Sklaven sich untereinander, jeder kam aus einer anderen Gegend. Sie teilten nur das Staunen und die Angst.

In der Morgendämmerung einer Nacht, in der keiner von ihnen geschlafen hatte, wurde Zari in die *ganga*, das Joch, gespannt, zusammen mit einem größeren Sklaven, und auch wenn sie nicht wusste, dass sie eine Gefangene war, nicht wusste, wohin sie gehen würde und warum, ging sie los und folgte ihrer Reihe aus Gefangenen. Ihr und den anderen war jedoch klar, dass, wer versuchte zu fliehen, verprügelt oder mit einem Messerstich getötet werden würde.

Eines Abends, in einem nach Sonnenuntergang aufgeschlagenen Lager, hatte Zari die Tamarindenbäume betrachtet und gedacht, dass diese Männer ihr Schlimmeres antun würden als das, was ein Dolch ihr antun konnte, und da hatte sie, als sie abgelenkt waren, versucht zu fliehen, war unter einen dieser Bäume gekrochen, aber sie war müde und wusste nicht wohin, da war sie eingeschlafen.

Das Brüllen eines großen Löwen, der, ohne sie zu sehen, an dem Baum vorbeigegangen war, hatte sie geweckt, und die Hände der Araber hatten nach ihr gegriffen, sie hatten sie hochgerissen und gestoßen, hatten sie mit einem abgebrochenen Ast geschlagen.

Vierundzwanzig Stunden später war Zari in einem Boot auf dem Nil gefahren, eingeschlossen in eine Kiste wie Obst oder Lämmer, und sie wurde auf den Markt gebracht, um verkauft zu werden. Sie wusste nicht, wo sie sich befand, aber sie war in Kairo, dreitausend Kilometer von ihrem Zuhause entfernt.

Ein Türke hatte sie hin und her gewendet wie einen kostbaren Stoff, hatte ihre Arme hochgehoben, hatte die Achselhöhlen überprüft und die Festigkeit der Schenkel, sie hätte ihn zwicken und anbrüllen wollen: Lass mich los, ich bin das böse, das grausame Mädchen, vor dem jeder von euch Angst haben sollte.

Ein anderer Mann war gekommen, hatte ihr zwischen die Beine gefasst, beinahe so, als taste er eine Tomate ab, er hatte sie gekniffen, um das Fleisch zu spüren, um zu sehen, ob sie saftig war, ob sie zu viel Samen enthielt, ob sie für sein Ragout geeignet war.

Zari war eine der wenigen, die nicht weinte und nicht schrie, sie war sicher, noch im *zeriba* zu sein und zu spielen, ihr Bruder würde plötzlich zwischen den Hühnern hervorspringen und rufen: Hier, hier, ich habe drei Eier gefunden.

Einer nach dem anderen hatten die Männer sie gewogen und ihr den Mund geöffnet, hatten ihre Zähne besehen, mit der Fingerspitze die Eckzähne befühlt, sie wollten kein Mädchen, das beißt, aber wenn sie ihre Brustwarzen zwischen zwei Finger nahmen, wussten sie nicht, dass sie eine Braut Christi berührten.

Inmitten der Hitze des ägyptischen Marktes begriffen sie nicht, dass sie den Preis der Heiligkeit nicht zahlen konnten, so viele Münzen sie auch aus ihren Börsen zogen, sie würden nicht ausreichen für diejenige, die die Selige, die Verehrte, La Moretta, die Mohrin, die Äbtissin von Serra de' Conti werden sollte.

Suor Clara sah aus dem höchsten Fenster hinab, vom höchsten Punkt der Mauern aus, die errichtet worden waren, um ihre Stille noch weiter von der Welt abzuscheiden.

In dem schmalen Hof, den sie von dort oben sehen konnte, gab es nur vertrocknete dunkle Wurzeln, wirre Grasbüschel und widerspenstigen Efeu.

Und wenn man bedachte, dass in demselben schmalen Hof einst drei große Zitronenbäume gestanden hatten, weshalb er den Namen Zitronenhain trug, den die Schwestern hegten und pflegten, wie man in den Häusern des Adels das Tafelsilber pflegt.

An den Erntetagen stieg der frische Duft von unten auf und erinnerte alle daran, dass die Zeit der Marmeladen, der Liköre und der in Alkohol eingelegten Früchte gekommen war.

Behutsam wurden die Zitronen einzeln gepflückt, in Körbe gelegt, die in die Küche und die Vorratskammern geschafft wurden, sodann bearbeitet, geschält, aufs Feuer gesetzt und karamellisiert.

Das war es, was sie alle aufrecht, treu und nahe bei Gott hielt: die Zeit, die jede Schwester mit Sorgfalt und Liebe auf ihre Spitzen verwandte, auf ihren Blütenkranz, auf das Schneiden der Schale einer gelben Zitrone.

Sie wollen uns aus der Welt schaffen, dachte Suor Clara, wir sind Zitronenbäume, sie wollen, dass wir vertrocknen.

So war es mit allem ergangen, was dem Kloster genommen wurde; jeder Baum, jede Zelle, jeder Raum wurde ihnen entzogen, zurückgelassen, um auf ewig verschlossen dem Vergessen anheimzufallen.

Aber sie, die schon lang da war und Zugang zu den alten Inventaren und Rechnungsbüchern hatte, zu den akkuraten

Verzeichnissen der Mitgiften, zum Inhalt jeder Lade in den Schränken, als sie noch nicht dazu dienten, Spinnräder aufzubewahren, sie hatte gesehen, wie das Geld der adeligen Familien in die Kassen des Klosters Santa Maddalena floss, sie hatte es verwaltet und das für das Kloster Notwendige beschafft.

Sie wusste, was und wie viel die Nonnen für diese Welt getan hatten, die sie jetzt nicht mehr wollte, die sie wie alte Schuhe in die schmutzigen Winkel verlassener Häuser warf, dem Staub und dem Dämmerlicht anheimgegeben.

Sie hatten die Pächter der Ländereien des Klosters wie Mitglieder einer großen Familie behandelt, der heiligen Familie Gottes, wie Brüder und Schwestern. Niemand hatte mehr Achtung vor den Bauern als die Nonnen, jede Arbeit wurde ihnen entgolten, der Sprechsaal stand ihnen offen, um ihre Ängste und ihre Verzweiflung loszuwerden, ihre missratenen Töchter wurden aufgenommen, um sie zu erziehen, vor dem Altar Christi niederknien zu lassen.

Suor Clara dachte an die Tage des Schweineschlachtens, wenn die Bauern von Serra das Fleisch der getöteten Schweine brachten, ihre Schwarten, ihr Blut. Die Nonnen bereiteten große Kessel voller Kichererbsen, und während die Männer schlachteten, reichten die Schwestern ihnen durch eine Luke Frühstück, Mittag- und Abendessen. Dem Pächter und der Pächterin, die die Schweine gebracht hatten, gaben sie ihren Teil, Knochen, Lendenstücke, Salami und *ciauscolo*. Jeder bekam das Seine, weil diese Schweine zwar auf dem Grund und Boden der Kirche geboren, aber dazu da waren, den Hunger der Söhne und Töchter Gottes zu stillen.

Schon seit einiger Zeit blickte man in Italien nicht mehr mit Wohlwollen auf die religiösen Orden und war dagegen, dass die Klöster irgendwelchen Besitz haben sollten.

Die Schwestern lebten jetzt in engen Zimmern, wurden von Ort zu Ort versetzt, einige von ihnen wurden von einem Tag auf den anderen in den Süden geschickt, weil sie nicht dazu da waren, Orte und Gegenstände, Gesichter und Umarmungen zu lieben, sondern nur das Bild Gottes, und Gott würden sie überall zwischen Neapel und Triest, zwischen Jesi und Verona finden.

Man wollte sie ausrupfen wie Unkraut, nur ein paar Zimmer hatte Suor Clara retten können, die Küche, ein kleines Refektorium, den Raum für die Novizinnen, das Nähzimmer, aber auch über das Wenige, was wieder ihres geworden war, hatten sie keine Verfügungsgewalt, sie hatten im Namen anderer dafür bezahlt, sie waren Waisen.

Die Pächter hatten neue Herrn, die nicht regelmäßig auf die Felder gingen und die Arbeiten verfolgten, die kein Geld ausgaben, um die Erde blühend und die Bäume grün zu erhalten. Die neuen Herren kamen nur, um die Abgaben einzutreiben, und wenn Schweine zu schlachten waren, ließen sie das die Pächter machen und nahmen das Fleisch dann mit in die Stadt, für die Tafeln der Reichen.

Suor Clara war nicht dumm, scharfsinniger und spitzer hätte sie nicht sein können, angefangen bei den Wangenknochen bis hin zu den Fingerspitzen, Nägeln, Knien, Knöcheln, sie besaß die Fähigkeit, zu zwicken, garstig zu sein, und sie wusste, dass Geld Geld anzog und dass, wenn es einige Kirchen und Klöster mit dem Geld von damals verstanden hatten, dieses karge Land besser zu machen, andere sich hingegen bis zur Trunkenheit am Kelch Christi gelabt hatten, bis hinein in Sünde und Nachlässigkeit.

Aber es war doch auch Geld gewesen, womit Pater Celestino sie freigekauft hatte, sie und all die geraubten Mädchen, bis zu achthundert befreite Sklavinnen.

Daran dachte Suor Clara und stellte sich den Duft der Zitronen vor, der einst vom Hof aus durch die Korridore geflutet war, die Laken und die Stirnen der Nonnen geküsst hatte.

In der Tat bestand ihr Leben aus Gedanken und Blicken, Mienen und Zeichen, Verneigungen, gefalteten Händen und

Gewissheiten, und sie war sicher, dass sie ihre Schwestern niemals dem Zugriff dieses Italiens überlassen würde. Dieses Italien, das sie noch als Kind vom Dasein als Klausurnonne abgehalten hatte, jahrelang hatte sie darum gebeten, und sie hatten Nein gesagt. König Vittorio Emanuele hatte ihre Güter beschlagnahmt, ihr Leben inventarisiert, das Noviziat verboten, den Eintritt neuer Nonnen untersagt. Wie alle anderen Orden sollte auch ihrer erlöschen.

Erst der Tod des Grafen Cavour hatte ihnen allen das Überleben ermöglicht, und Suor Clara war überzeugt, dass es Gott aus der Höhe seiner furchtbaren Liebe gewesen war, der dem Leben des Verfolgers Seiner Söhne und Töchter in ebendiesem Moment ein Ende bereitet hatte.

Moretta, rief Suor Anna sie atemlos, blass erschien sie auf der Schwelle des Kontorraums, Suor Clara wandte sich um und ließ von ihren Gedanken ab.

Ihr müsst herüberkommen, sagte Suor Anna, und ihr Gesicht war heller als manche Morgendämmerung über den Feldern von Serra, mit zitternden Händen hielt sie sich am steinernen Türrahmen fest, ihre Stimme war hoch wie ein Gesang, Suor Clara verzog den Mund, jeden Ton, der nicht Musik war, empfand sie als Belästigung wie Männerhände zwischen den Schenkeln.

Etwas ruhiger, Suor Anna, gleich läutet die Glocke zum Nachmittagsgebet, erwiderte La Moretta.

Suor Evelina … Suor Evelina … Mit Tränen der Angst hielt Schwester Anna inne, legte die Hand auf das hölzerne Kruzifix, das sie um den Hals trug. Man hat sie gefunden, erhängt … mit der Kordel des Gewands, fügte sie hinzu.

La Moretta bekreuzigte sich und ging an der Schwester vorbei hinunter zu den Zellen der Nonnen.

Suor Evelina hatte einen Versetzungsbefehl erhalten, ihre Räume reichten nicht für alle, und eine neue, vom Bischof von Ancona sehr geschätzte Nonne sollte kommen und ihren Platz im Kloster einnehmen.

Als sie die Tür öffnete, sah sie die Füße von Suor Evelina unter dem Rock hervorschauen, die Füße einer Leiche.

Sie erinnerte sich, wie sie zum ersten Mal nach Italien gekommen war, klein, schwarz, wütend, und Pater Celestino zu ihr gesagt hatte: Jetzt bist du in Sicherheit, und wie sie das einen Moment lang geglaubt und gedacht hatte, sie würde hier ihre *zeriba* wiederfinden, ihre Kuh mit den langen Hörnern, die Hühnereier und das Flämmchen der Mutter, das immer im Fenster ihrer Erinnerung brannte.

* * *

Was war ihre Bestimmung? Worauf sollte sie hoffen? Das hatte Zari sich gefragt, jeden Tag zu jeder Stunde, die sich aus der Summe aller Minuten ergab.

Sie hielten sie für hart wie das Ebenholz, aus dem sie gemacht schien, in den Maserungen eine dunkle Gewissheit. Denn durch ihre Augen, die weiß in ihrem Gesicht leuchteten, konnte sie einen zum Niederknien zwingen, durch ihre Hände und ihren Gesang stieg die Stimme Christi auf Erden herab.

Doch das war nicht immer so gewesen, es hatte eine Zeit gegeben, da selbst sie ein Kind gewesen war, ein schwieriges, launisches, lästiges, aufdringliches Mädchen.

Mit dreizehn hatte Zari in ihr Tagebuch geschrieben, dass sie bei der geringsten Grobheit in Rage geraten könne, dass sie imstande sei, jemanden am Schopf zu packen und von den Mauern zu werfen, ihn hinunterfallen zu sehen wie einen ausgespuckten unverdaulichen Brocken.

Als sie zum ersten Mal in ein Kloster gekommen war, hatte Zari den ganzen Tag damit zugebracht, die Außenmauern des Gartens abzusuchen, um ein Loch zu entdecken, durch das sie fliehen konnte.

Eine ältere Schwester war zu ihr getreten, und Zari hatte befürchtet, dass man sie schlagen, an Haaren und Nägeln ziehen würde, doch das war nicht geschehen. Die Schwester hatte sie gestreichelt, hatte zu ihr gesagt, das sei bei jeder von ihnen so gewesen, das sei der Schmerz, den man empfindet, wenn man die Welt draußen zurücklässt und sich in sich selbst und im Kloster einschließt, um Gott zu dienen. Sie würde nie eine Sklavin sein, sondern heilig, rein, gebenedeit, über ihren Schlaf würde der Heilige Geist wachen. Das Kloster war Mutterbrust und jungfräuliche Milch.

Als Mädchen fettete sich Zari Gesicht und Arme mit Olivenöl ein, denn ihre Haut brauchte die Myrrhe, mit der ihre Mutter sie einst eingerieben hatte, und in den italienischen Wintern wurde ihre Haut trocken und spröde.

Sie hatte Sinn für Hohn und Spott und mochte zu strenge Priester nicht, und über solche, die mit forschenden Blicken durch die Stirn hindurch bis in den Rücken zu dringen suchten, machte sie sich lustig, zusammen mit den anderen Zöglingen äffte sie einen Prediger nach, der ihnen allen mit verschwitzten Händen die Geistlichen Exerzitien auferlegte. Und die anderen, weiße Mädchen mit glatten Haaren und immer weicher Haut, lachten.

Als sie sich mit zehn Jahren in den Kopf gesetzt hatte, die Glocken des Klosters zu läuten, weil sie zur Musik eine Neigung verspürte wie andere zur gedeckten Tafel, hatten die Schwestern ihr das verboten und sie zwei Stunden lang in ein Zimmer gesperrt, wo sie in sich gehen und gründlich über den Willen Christi nachdenken sollte.

Als Antwort darauf hatte Zari in der Nacht der Madonna di Loreto die im Kloster vorhandenen Glocken eingesammelt, an einen Stuhl gebunden und sie dann um drei in der Nacht mit einem abgrundtief bösen Gesichtsausdruck geläutet und dadurch die Schwestern geweckt. Man konnte sie nicht in den Keller sperren wie den Wein vom letzten Jahr, damit sie

Schimmel ansetzte wie die Marmeladen, sie hatte den feurigen Geist der Musikerin.

Fruchtlos waren alle Versuche geblieben, sie im Zaum und fern der Instrumente zu halten. Als Zari beschloss, dass sie Orgelspielen lernen wollte, konnten die Nonnen nicht anders, als sie den Versuch machen zu lassen, und sie hatte gelernt zu spielen wie die großen Musiker, diese Weißen mit dem buschigen Haar, die in den schönen Häusern Europas zu hören waren. Zari war ein Mädchen aus den Nuba-Bergen, und nach wenigen Jahren spielte sie Orgel wie die besten Organisten Italiens.

Sie war stur, um jeden Preis hatte sie Zimbeln an der Orgel anbringen wollen und eine große Trommel neben den Pedalen, nachts hatte sie alle Partituren in ihre eigene Tonart umgeschrieben.

Jeden Sonntag füllte sich die Klosterkirche, um ihr Talent zu bewundern, die Bauern und ihre Frauen kamen von den Feldern herauf, denn nur sie war imstande, all ihre Ängste zu vertreiben.

Da waren Zari erste Zweifel gekommen, die Schwestern hatten ihr gesagt, sie müsse am Konservatorium studieren und Organistin werden oder als Missionarin in den Sudan gehen, zu ihren Leuten, die Mutter wiedersehen, den Vater, den Bruder, den Schatten der niedrigen Bäume und die Schalen der Kürbisse.

Auch Italien schien sie nicht mehr zu wollen, die Schwestern verschwanden, die Klöster wurden geschlossen.

Niemand dachte, dass eine wie sie für die Klausur gemacht sein könnte, dazu brauchte man Beständigkeit, dazu brauchte man Disziplin, hinter ihren silbernen Gesichtern und ihren goldenen Worten hielten auch sie sie für eine kleine Wilde, ein sanftes Geschöpf Gottes, das vor dem traurigen Los als Analphabetin und Hirsebäuerin errettet worden war.

Aber alle mussten sie sich eines Besseren belehren lassen, die Jahre waren vergangen, die Geschichte hatte versucht, die

Nonnen zu verschlucken wie eine bittere Pille, doch sie hatte standgehalten.

Gott hatte sie gerettet, und sie würde Ihn nie verlassen, würde Ihm so nahe sein, dass sie Seinen Geruch wahrnehmen konnte. Zari war Klarissin geworden, Organistin, Kellermeisterin, Sakristanin, Krankenschwester und dann Novizinnenmeisterin, Buchhalterin und schließlich Äbtissin.

Für keine der Nonnen von Serra de' Conti war sie mehr das schwarze Mädchen, dem man das Beten beibringen musste, dem man erklären musste, was Gnade und was Segen war, sondern das eiserne Antlitz von Suor Clara, die alle beschützt, alle bestraft, alle ernährt und allen Fasten auferlegt.

* * *

Suor Clara erzählte den Novizinnen Geschichten, Geschichten von ihren Nöten und ihren Siegen, um sie die Notwendigkeit des Leidenswegs zu lehren, die Kraft, das Kreuz zu tragen, weil jede Stufe rechten Leidens ein Schritt zu Seiner Verherrlichung war.

Die Jungen dachten, es sei einfach, in der Entsagung zu leben. Von frommen und ehrwürdigen Familien mit Milch und guten Hoffnungen genährt, hatten sie die glühenden Gesichter derjenigen, die die Nacht vor einem lodernden Feuer zubringen, oder sie waren fahl und bleichgesichtig, überzählige Leben, von anderen dazu gebracht, um Aufnahme im Kloster zu bitten, sie bewegten sich ruckartig, eingezwängt, gerade noch so nach Luft ringend in stürmisch bewegter See, die sie mit sich fortriss.

Auch das waren die Klöster gewesen, Suor Cara wusste es wohl: die dunklen Winkel in den Familien, wo man den Staub hinkehrt, der die Luft im Haus erstickend macht.

Sie wusste sie auf den ersten Blick zu unterscheiden und hatte die Aufgabe, die einen wie die anderen zu erziehen:

diejenigen, die an Christus dachten wie an einen wollüstigen Liebhaber und sich mit schriller Stimme zu jedem Verzicht bereit erklärten, musste sie an die Härte des Klosterlebens erinnern, an die Verzweiflung der Einsamkeit, die Selbstaufgabe; denjenigen, die mit Tränen in den Augen nur widerwillig niederknieten und die Außenmauern des Klosters absuchten, um eine Lücke, einen Spalt für die Flucht zu finden, musste sie die Hand auf die Schulter legen und das sagen, was auch ihr gesagt worden war.

Egal ob die Mutter sie verraten, ob der Vater sie verjagt oder ob die Geschwister sie gehasst hatten, das Kloster würde sie geborgen halten wie Kristalle in einer Höhle, und vor allem würde sie, Clara, sie beschützen, auch vor sich selbst.

Als sie Nella zum ersten Mal traf, hatte Suor Clara sie gefragt, warum sie hier sei.

Um zu werden wie Ihr, hatte Nella geantwortet.

Und bist du sicher, dass du das willst? Suor Clara hatte dieses Gesicht von reiner, weicher Schönheit zu ergründen versucht, dieses Gesicht aus warmem Fleisch, Wangenknochen wie Milch, Lippen wie Wassermelonen, Haaren wie Rauch.

Nella hatte den Blick gesenkt: Das ist es, was ich will, hatte sie geantwortet, dann hatte sie die Gazellenaugen zu ihr aufgeschlagen, Augen, wie man sie in den Nuba-Bergen hätte finden können.

Nellas Stimme war unschön, ihr Dialekt kaum verständlich, es war schwer vorstellbar, dass eine so raue Stimme zu diesem Renaissancegesicht gehören sollte.

Das Kloster ist ein Ort der Sammlung und des Zwiegesprächs mit dem Herrn, man muss bereit sein, alles, was uns von Ihm entfernen könnte, aufzugeben und draußen zu lassen. Ich habe die Möglichkeit aufgegeben, den Leuten zu helfen, bei denen ich geboren wurde und die mich geliebt und großgezogen haben, um das Wort Christi zu erkennen, um heute hier zu sein. Bist du bereit, das zu tun?

Ich bin bereit.

Du weißt, dass du geloben musst, Keuschheit, Armut und Stillschweigen zu wahren, dass das Kloster lange darauf gewartet hat, Novizinnen aufnehmen zu können, und dass das eine Sache von großer Bedeutung für unsere Gemeinschaft ist, für dein Dorf, eine Sache, die große Opfer und Verantwortung mit sich bringt. Du weißt, dass das Kloster keine Herberge und keine Pension ist. Wenn man hineingeht, kommt man nicht wieder heraus. Bist du bereit, das zu tun?

Ich bin bereit.

Als ich ins Kloster eintrat, war ich die Jüngste von allen, und viele Jahre lang bin ich das geblieben; bevor ich hier nach Serra kam, war ich ein Kind, und sie waren alt, wir waren nur zu sechst in einem Kloster bei Jesi, und ich musste alles für sie tun, was sie nicht mehr für sich selbst tun konnten, ich habe von frühmorgens bis spätabends gearbeitet, ich habe sie gepflegt, saubergemacht, vielen von ihnen habe ich die Augen geschlossen, bist du bereit, das zu tun?

Ich bin bereit.

Da war eine sehr alte Schwester, sie hieß Caterina, Suor Caterina aus Triest, seit Tagen waren die Zuckungen ihrer Krankheit übergegangen in schreckliche Krämpfe, dämonische Laute kamen aus ihrer Brust, jedes Mal, wenn ich sie mit unserem Essen füttern wollte, spie sie alles auf mein Gewand, ihre Augen wurden gelb, sie sprach mit einer Stimme, die nicht die ihre war, sie nahm meine Hände und wollte mich in ihre Finsternis hinüberziehen. Nie bin ich davongelaufen, jedes Mal habe ich mein Kleid wieder saubergemacht, jeden Tag habe ich ihr Essen gebracht, das ich für sie zubereitet hatte, und habe sie gesegnet. Bist du bereit, das zu tun?

Ich bin bereit.

Welchen Menschen liebst du am meisten, Nella? Suor Claras Augen leuchteten vor Kraft.

Das Mädchen war stumm geblieben.

Es muss jemanden geben, der für dich mehr zählt als alle anderen.

Mein So ... Bruder, hatte Nella mit einer Lüge geantwortet und dabei die schwarzen Augen wie Knöpfe auf einem hellen zerknitterten Kleid unverwandt geradeaus gerichtet.

Bist du bereit, ihn zu verlassen und ihn zu vergessen, uns alle zu deinen Schwestern zu machen, das Kloster zu deinem Bruder?

Nella hatte einen Moment lang geschwiegen.

Ich bin bereit, hatte sie schließlich gesagt. Aber ich will im Chor singen, hatte das Mädchen hinzugesetzt.

Was für eine Ausbildung hast du?, hatte Suor Clara sie gefragt und auf das Verzeichnis mit Namen und Nachnamen der Anwärterinnen, ihre Familien und Herkunftsorte geschaut. Da stand: Nella Ceresa, Tochter des Luigi Ceresa, Bäcker in Serra de' Conti.

Keine, mein Großvater hat mir zu Hause Lesen und Schreiben beigebracht.

Sicher weißt du, dass unsere Chorsängerinnen perfekt Italienisch und Latein können, Partituren lesen und imstande sein müssen, zu singen, hatte Suor Clara erklärt.

Das kann ich lernen, hatte Nella gesagt.

Das glaube ich nicht, liebes Kind, du bist schon zu alt, um Sprachen und die Musik zu erlernen, Lesen und Schreiben reichen nicht aus, um Chorsängerin zu werden, aber ich bin sicher, du wirst eine sehr gute Laienschwester. Jede von uns muss den geeigneten Weg finden, Unserem Herrn zu dienen, und nichts ist erbaulicher, als es mit der eigenen Arbeit zu tun. Du kannst zum Beispiel bei Suor Anna in der Küche sein und ihr am Ofen helfen, und wenn das Jahr des Noviziats vorüber ist, können dir deine Fähigkeiten als Bäckerin gewiss nützlich sein, Brot ist die größte Gabe Gottes.

Ich bin keine Bäckerin, hatte Nella zwischen weißen Zähnen hervorgepresst.

Wer wird sich um deinen Bruder kümmern, wenn du hier bist?, hatte Suor Clara kalt erwidert und ihr Verzeichnis zugeklappt, ohne ein Ja oder Nein für sie.

Gott wird sich um ihn kümmern.

Zehn Jahre waren seit jenem Tag vergangen, und jetzt stand Suor Nella reglos an der Tür, in ihrer quälenden Schönheit betrachtete sie die Füße von Suor Evelina und dachte an die Kordeln, Schnüre und Bänder, die auch sie in ihrer Zelle unter der Matratze verwahrt hatte, oft holte sie eins davon heraus, betrachtete es, stellte sich vor, es werde die Waffe ihres Verbrechens.

In jedem ihrer Albträume waren ihre Schenkel voller Blut, das Kind war im Wald gefressen worden, und ihre Mutter sagte zu ihr: Eines Tages wirst auch du blind.

## Ich habe deine Stimme im Garten
## vernommen und hatte Angst

In seinem Haus am Hügel lag Sante auf der Seite, die Augen geschlossen, sein Schlaf war leicht seit jenem Abend, ruckartig richtete er sich im Bett auf und sagte mit lauter Stimme: Ich habe ihn getötet, den Sohn von.

Sante sah nicht mehr besonders gut, vor allem in die Ferne, die Welt erschien ihm wie in einer tiefen Pfütze gespiegelt, sie schwankte im Wind, verdampfte in der Hitze.

Er war alt geworden unter der Sonne auf den Feldern, noch älter, seit sein Sohn beschlossen hatte, fortzugehen, denn auf dem Land konnte keiner von ihnen gut leben, und er wollte das wirkliche Leben, eines, in dem man ein Schiff besteigt und in See sticht. Und so ließ Sante auf dem recht kleinen Stück Land, das seit vielen Jahren seiner Familie gehörte, ohne wirklich sein Eigentum zu sein, junge Männer, die nicht sein Sohn waren, als Tagelöhner arbeiten, damit sie sich um den Obstgarten kümmerten.

Es waren nicht viele Bäume, und abzüglich dessen, was er dem Padrone schuldete und was verfaulte oder gestohlen wurde, brachten sie immer weniger ein. Doch solange Sante neben dem Vieh und dem Garten seine Äpfel hatte und sie in Kisten auf seinen Karren laden und auf den Markt oder hoch nach Serra bringen konnte, würde er sich seinen Lebensunterhalt verdienen. Sein Sohn schickte Geld und Briefe aus Amerika, die er sich von jemand anderem schreiben ließ, aber nur wenige und in großen Abständen. Er sagte, er wolle heiraten, er hatte ein Mädchen aus North Carolina kennengelernt, sie hieß Kate und hatte veilchenblaue Augen, aber das waren bloß Lügen.

Ich bin ein Mörder, dachte Sante und schob die Hand unters Kissen.

Auf sein Gehör war kein Verlass, und doch schreckte das leiseste Rascheln ihn auf; ob es Geräusche von Lebewesen waren oder nur seine Phantasie, wusste er nicht, jede Stunde stand er auf, weil er meinte, einen Schuss gehört zu haben, aber nie verließ er das Zimmer, um das zu überprüfen.

Als er den ersten Schlag vernahm wie den Stundenschlag der Uhr im Ort, dachte Sante, es sei das Scharren einer der Kühe im Stall. Müde und unfähig zu allem bewegte er weder Muskeln noch Augenlid. Dann wurden die Schläge lauter und rhythmischer, bedrohlicher als die verrinnende Zeit fielen sie in die Stille der Nacht.

Hätte ein anderer Sante da im Bett gelegen, der Sante von früher, der nicht im blendenden Licht des Sonnenuntergangs, das ihn getäuscht hatte, auf den Sohn von geschossen hatte, wäre er vielleicht aufgestanden, hätte das Gewehr genommen und hätte versucht zu schießen.

Doch das tat er nicht, mit aufgerissenen Augen schaute er auf den Wasserkrug auf seinem Nachttischchen und stellte sich vor, er schwankte, stellte sich vor, er fiele herunter und überschwemmte den Boden mit so viel Wasser, dass die Dielen verfaulten, dass es bis ins Erdreich sickerte und diesen Boden segnete, den sie so hartnäckig bearbeiteten, um zu überleben.

Er träumte, er wäre aufgestanden und hätte die Jacke übergezogen, anstelle des Gewehrs hätte er einen Korb Äpfel für diesen Jungen mitgenommen, der einen davon zu stehlen versuchte, und er hätte ihm hundert gegeben, er hätte ihn vom Baum klettern sehen und ihn auf die Stirn geküsst, hätte zu ihm gesagt: Das ist für dich, mein Sohn.

Als der Vater des Jungen zu ihm gekommen war, schon mit den Augen eines Toten und vor dem Mund den Schaum eines vom Unheil Verfolgten, hatte er geantwortet, er habe sich getäuscht.

Ich habe mich getäuscht, ich dachte, dein Sohn ist ein Tier, seit Monaten fressen sie meine Äpfel weg, die Äpfel sind alles, was ich habe.

Und diese beiden Väter hatten geweint, auf dem kahlen Boden des Hauses in den Hügeln.

Ich habe es den Jungen gesagt, als ich sie um den Obstgarten herumstreichen sah, dass sie nicht bei Sonnenuntergang hineingehen sollten, dass ich sie für Räuber oder Tiere halten würde, aber sie haben nicht auf mich gehört, klagte Sante. Diese verfluchten Jungen, die auf die Welt kommen und nach ihren eigenen Vorstellungen groß werden wollen, früher oder später werden sie Männer und gehen fort.

Antonio war ein braver Sohn, hatte Luigi Ceresa ihm geantwortet.

Tage waren vergangen, und Sante hatte begriffen, dass er der Schuld nicht entkommen würde, er hatte daran gedacht, sich selbst zu bestrafen, aber er fühlte sich wie Hase und Kaninchen, er zitterte am ganzen Leib und schüttelte sich vor Angst, und sich selbst zu bestrafen hatte er nicht über sich gebracht.

Don Agostino war zu Violante gegangen, hatte ihre kalten Mutterhände gedrückt und ihr ins Ohr geflüstert, dass sie verzeihen müssten, so wolle es der Herr, dass sie verziehen, Sante sei ein anständiger Mann, und er habe einen Fehler gemacht, es sei ein schrecklicher Unfall gewesen.

Lupo hob erneut die Axt, und als würde er Holz hacken, traf er einen weiteren Apfelbaum an der Wurzel. Ein weiterer Schlag erschallte im Obstgarten und drang bis zu den Ställen, bis zu Santes Haus.

Lupo hatte nicht die kräftigen Arme eines Mannes, er konnte

nicht mit einer großen Axt umgehen, aber mit der kleinen scharfen, die er besaß, hieb er teuflisch fest zu.

Ich mache einen kleinen Spaziergang, hatte Antonio an dem Tag, an dem er starb, zu ihm gesagt, sei schön brav, wildes Kind, hatte er den Bruder geneckt.

Man brauchte die Bäume nicht zu fällen, man musste sie nur an der richtigen Stelle treffen, sodass sie nachher sterben würden.

Die Äpfel waren sauer, sein Bruder war gestorben wegen eines grünen ungenießbaren Apfels, er, der sämtliche Namen der Pilze im Wald kannte, den Lauf der Bäche und die Wege im Gebirge, er, der die Sagen der Marken kannte.

Lupo ging zu einem anderen Baum und durchschlug die Rinde mit seiner Axt.

Tock, tock, Wunde um Wunde, Stunde um Stunde, nahm sich Lupo jeden Baum vor, den er sah.

Antonio hatte seinem Bruder immer gesagt, dass er zu klein sei, um jemandem wehzutun, er hielt seine Drohungen für lächerlich, seine Grimassen für Kinderspiele.

Als er fertig war, fing Lupo an zu schreien, mit schmerzenden Ellbogen, steifen Händen, das Gesicht schweißüberströmt, und Sante sprang auf.

Als Lupo im Morgengrauen verdreckt und voller blauer Flecke nach Hause kam, kroch er mit Schuhen in das Bett, wo Nicola lag.

Während Lupo zur Wand gedreht dalag, schmiegte sich sein Bruder an seinen Rücken, ergriff sein schmutziges Hemd und küsste ihn auf die Schulter.

Mit geschlossenen Augen erinnerte sich Lupo an den Tag, an dem Nicola aus der Schule gekommen war und ihm erzählt hatte, dass in der Bibel nirgends von einem Apfel die Rede sei, es heiße eine Frucht, eine unbekannte Frucht, die den Menschen zur Sünde verleite, ihn der Freude entrissen habe, um ihn in Schande zu stürzen, um ihn Gut und Böse erkennen zu lassen.

Nach Antonios Tod hatte der Priester sie getröstet, indem er erklärte, es sei verständlich, dass auch er sich vom Fleisch eines Apfels habe verführen lassen, vom Geschmack einer Sünde, die Menschen seien fehlbar, wenn sie die Schreie Gottes hörten, versteckten sie sich.

Warum hat er das gesagt?, hatte Nicola gefragt.

Weil sie das tun: Sie lügen, hatte Lupo geantwortet. Und du darfst ihnen nicht glauben.

\* \* \*

So läuft das nicht, denn eigentlich bedeutet Halbpacht, dass man zur Hälfte teilt, Saatgut und Kleie, sagte der junge Mann, der aus Pesaro gekommen war, und teilte mit den Händen die Luft in zwei Hälften: Eine sollte euch gehören, die andere dem Padrone. Heute bekommt ihr, wenn ihr Glück habt, dreißig Prozent, habe ich recht?, setzte er hinzu.

Wie heißt er?, fragte Lupo leise Paoletto, der mit ihm im Schatten des Bauernhauses saß.

Bruno, er ist Sozialist, er kommt aus der Stadt, er ist der Sohn eines Arztes, aber der Großvater war von hier, antwortete Paoletto, der älter war als er, wie alle dort, aber auch untersetzt und gedrungener als ein Fässchen.

Aufmerksam betrachtete Lupo diesen Bruno, der aus der Stadt kam und Sozialist war, wägte seine Worte ab, wendete sie hin und her, um ihren Wert zu ermessen, spürte die möglichen Lügen heraus.

Um eine Teilung halb und halb durchzusetzen, müsst ihr aufhören zu arbeiten, ihr alle, wenn alle aufhören zu arbeiten, sind sie gezwungen, euch anzuhören, die Pachtverträge müssen neu verhandelt werden, das geschieht in allen Orten und Gegenden, die Herren sagen, Im Namen Gottes, so soll es sein, weil sie euch glauben machen wollen, dass das die Gesetze Gottes sind, die keiner ändern kann, wenn ihr aber aufhört zu arbeiten, gibt ihnen niemand mehr ihren Anteil, auch Gott nicht, sagte Bruno erhitzt im Septemberdunst.

Aber dabei verlieren nur wir, wir sind mitten in der Zeit der Weinlese, die Trauben, die wir nicht ernten, fressen die Raben, und von diesen Trauben leben wir, der Padrone hat noch andere Halbpächter, wir haben nur diesen einen Vertrag, entgegnete Gaspare, der der Sohn des Pächters war, weshalb seine Stimme mehr als die der anderen galt.

Es ist an euch, euch Gehör zu verschaffen, seit einiger Zeit schon schließen die Bauern sich zu Gruppen und Ligen zusammen, um gemeinsam zu protestieren, man wird euch anhören, wenn ihr geschlossen vorgeht, alle Pächter und Tagelöhner von Serra und Montecarotto gemeinsam, erwiderte Bruno und beschrieb mit ausgebreiteten Armen einen Kreis, denn in diesem Kreis waren sie, in der heiligen Sphäre der schlichten Seelen.

Wenn wir die Weinlese verpassen, ist es vorbei, wir müssen bis Weihnachten durchhalten, wenn es kalt wird, hören wir auf zu arbeiten, dann verlangen wir, was wir verlangen müssen, sagte Gaspare zu den Jungen gewandt, die für ihn arbeiteten, darunter auch Lupo, nicht viele, aber doch genug für ein bisschen Grund und Boden.

Aufzuhören, wenn es euch in den Kram passt, wird euch nicht helfen, jetzt seid ihr unabkömmlich, jetzt müsst ihr aufhören zu arbeiten. Sie entscheiden, wen ihr heiraten sollt, sie nehmen sich ihren Anteil und nutzen euren für neues Saatgut, für jedes Vieh, mit dem ihr arbeitet, müsst ihr das Futter aufbringen, ihr müsst für die Schweinemast zahlen und Pacht für das Haus, sie lassen eure Frauen schuften wie Dienstmägde. Stimmt's, oder nicht? Bruno trat zu Gaspare, und mit ihren Haaren, ihren schweißnassen Hemden und Hosen standen sie einander gegenüber, Auge in Auge.

Das stimmt, aber ihr kommt aus der Stadt, mit euren weißen Krägen und euren Bärten, und erzählt uns was von euren Ligen und euren Parteien, während wir noch nicht einmal wählen dürfen, oder hast du das vergessen?, entgegnete Gaspare Garelli.

Meine Familie ist von hier, und es stimmt, ich darf wählen, und das nicht, weil ich es mir verdient habe, aber derweil kämpfe ich für die, die es nicht dürfen. Die Ligen gehören uns nicht, sie bilden sich auf dem Land, und die Streiks sind gut, um sich Gehör zu verschaffen, Ärzte, Lehrer, Arbeiter, Bauern, Maurer, Bäcker, Pastahändler, Gerber, Bauarbeiter, Müller, Bergleute, Hafenarbeiter, Leute aus der Stadt und vom Land, wir sind viele, von Castelpiano bis Montecarotto, wir wollen in Serra eine große Versammlung abhalten, wir erwarten mehr als tausend Bauern, beharrte Bruno aus Pesaro, der Sozialist.

Die anderen schwiegen, und Gaspare sah auf die Trauben, die sein Vater, mit Rückenschmerzen ans Bett gefesselt, nicht ernten konnte, die er Schössling für Schössling gesetzt und vor Unkraut und Hagel geschützt hatte, sie gehörten ihm, und sie waren heil geblieben.

Lupo kannte diese Geschichte genau, wie jeder von ihnen, der wusste, was es hieß, nichts zu besitzen als zwei Arme zum Arbeiten.

Jedes Jahr ging mehr als die Hälfte der Ernte an den Padrone, und von diesem Weniger-als-die-Hälfte, das dem Bauern blieb, musste er aussäen und die Tiere füttern, sodass aus diesem Weniger-als-die-Hälfte ein Drittel wurde, zu wenig, um davon leben zu können.

Auf seinen Feldern bestimmte der Padrone, was Gesetz war, er entschied, wer dort arbeitete und wer nicht, wer heiratete und wer nicht, wie viele am Tisch des Bauern sitzen durften, überzählige Kinder schickte der Padrone fort.

Die Herren waren Fremde, den Grund, den sie den Pfaffen

abgenommen hatten, hatten weder der König noch die Regierung den Leuten gegeben.

Er hat recht, wir müssen etwas tun. Ab morgen arbeite ich nicht, sagte Lupo und stand auf, ein großes, aber immer noch kleines Kind, und Bruno, der Sozialist aus der Stadt, erwartete, dass sie ihn zum Schweigen bringen würden, diesen Jungen, dazu gut, den Kühen den Schwanz zu striegeln, er war gerade mal ein Viertel Mann, ein Milchbubi, er konnte höchstens elf sein.

Keiner brachte ihn zum Schweigen, lange herrschte Stille, dann stand nach Lupo noch ein anderer auf und sagte: Ich arbeite nicht, dann stand Petri auf, Paoletto stand auf, Gaspare sah sie aufschießen wie Pilze im feuchten Wald, schließlich richtete er den Blick auf den Jungen.

Nur wenige blieben sitzen, und Bruno, der Sozialist, lächelte Lupo zu, der das Lächeln nicht erwiderte. Im Übrigen hatte auch Gaspare recht: Zu viele Leute kamen aus der Stadt und mischten sich unter ihre sonntäglichen Brigaden, um ihr eigenes Evangelium zu verkünden.

Wir müssen es versuchen, sagte Lupo zu Gaspare, eine Woche können wir warten, die Trauben halten das aus.

Gaspare dachte an den Tag, als der Regen, der sie alle durchnässte, einen Graben aufgerissen hatte: Er war hineingefallen, und ohne einen Augenblick des Zögerns war Lupo auf dem Rücken hinuntergerutscht, hatte mit großer Geduld den Schlamm Schritt für Schritt nach unten festgetreten, um Gaspare mit seinem gebrochenen Bein nach oben zu ziehen; mit einer Kraft, wie anscheinend nur die göttlichen oder die bösen Dinge sie haben, hatte er ihn ins Dorf geschleppt. Mit demselben Willen, der aus seinen Kinderarmen Waffen gemacht hatte, um Santes Bäume zu fällen.

Garelli nickte: Nur eine Woche, danach muss ich Wein lesen, und sollte der Papst persönlich kommen.

Dieses Fleckchen Erde war nur eines der vielen, fein säuberlich eingezeichneten Quadrate auf der Karte der Ländereien der Marken, doch es enthielt sie alle, als ob ihr Olivenhain der einzige, ihr Weingarten der einzige, diese Männer, fast alle Jungen, die letzten Verbliebenen wären.

Doch so war es nicht.

Eine Woche Streik allein würde nicht genügen, sie würden eine weitere und dann noch eine dranhängen müssen, zum ersten Kampf Ja zu sagen würde bedeuten, am Fuß eines Berges mit verhangenem Gipfel und steilen Felswänden zu stehen, ein zweiter, ein dritter Kampf würden folgen, erreichen würden sie nur wenig, die Minderung des Pachtzinses würde wieder und wieder verlangt und nicht gewährt werden, dann also herbeigeschrien und wieder nicht gewährt werden, dann mit Gewalt erzwungen werden, indem man Hände abschnitt, Schlösser niederriss, die Kinder der Reichen erschreckte.

So würden sie Mal für Mal in Wut geraten, aufbegehren und sich verausgaben, auf Gerechtigkeit warten, die wer weiß wann kommen würde.

\* \* \*

Die Ceresa waren mit der Vorstellung groß geworden, dass sie dazu ausersehen waren, früh zu sterben.

Wenn sie vorübergingen, stellten die Leute im Dorf sie sich schon unter der Erde vor, in kleinen Särgen, geküsst von der blinden Mutter, beweint vom mürrischen Vater, in Gesellschaft all derer, die vor und nach ihnen verschwunden waren, aus dem Leben gerissen, als sie es gerade erst beginnen sollten, beim ersten Wimmern, bei den ersten schwankenden Schritten, als sie anfingen, die Dinge der Welt zu benennen und den eigenen Schatten an der Wand zu erkennen.

Lupo lebte jeden Tag wie den ersten, er schien keinen Gedanken auf davor oder danach zu verschwenden, er klammerte sich nicht an Erinnerungen oder Ängste; was kommen mochte, würde er in Angriff nehmen, wie eine Wand würde er sich aufrichten, um die Unwetter draußen zu halten.

Jede Geste war wie die reife Frucht, die plötzlich an einer Pflanze hing, seine Präsenz eine Waffe; war da ein Graben, setzte er darüber hinweg, war da ein Baum, kletterte er hinauf, sein biegsamer Körper passte sich der Erde an, dem Wind, den Schlägen der Menschen, ihren bösen Worten, für jeden hatte er eine Antwort parat, eine Ohrfeige.

Wenn er Nicola benommen und zitternd auf die heiße Fläche der Felder starren sah, packte er ihn am Handgelenk, schüttelte ihn wie beim Aufwachen und sagte zu ihm: Ninì, du darfst nicht daran denken.

Denn Nicolas Verzweiflung war ganz in seinem Innern. Die anderen wuchsen draußen heran, er besah seinen Bauch und seine Hände und fand sie falsch und mangelhaft, er hasste sie, wie man Eindringlinge hasst.

Nicola fühlte sich als Bewohner eines verfallenden Hauses, er sah zu, wie sich die Bruchstücke seiner selbst verstreuten, im Kampf mit einer zu zarten Haut, die für jeden Riesen ein schmackhafter Fraß gewesen wäre. Er war wie die Kinder im Märchen, leicht zu fangen, ohne Weiteres zu einer Fleischpastete zu verarbeiten, unfähig, sich zu befreien, würde er in einem Käfig fett werden, um dann auf kleiner Flamme geröstet zu werden.

Lupo wiederholte ihm immer wieder, Nichtstun werde ihn nicht vor der Gefahr bewahren, wenn ihm etwas zustoßen sollte, werde es ihm in jedem Fall zustoßen, wie allen, wie ihm selbst.

Sie lebten in einer Welt von arbeitenden Menschen, und wer arbeitet, weiß, dass er sich wehtun kann, mit einer Sichel, mit einem rostigen Nagel, durch einen Sturz vom Heuboden, zerquetscht von einem Karren, geschlagen mit einem Holzschuh, mit dem Fischerboot abgetrieben, verbrannt von einer Schaufel mit heißem Brot, zwischen Hammer und Amboss geraten: Ihre Körper waren dazu da, verletzt zu werden.

Damit musste man sich abfinden, musste wachsam und vorsichtig mit Werkzeugen und Menschen umgehen, mit dem Vieh und dem Sturm, musste sich aber für stark genug halten, nicht davon weggeweht zu werden.

Nicola war ein Kind des Schattens, und wie ein Schatten hätte er verschwinden mögen.

Als sie ihm sagten: Sie haben deinen Bruder erschossen, hatte er sich Lupo vorgestellt, der zwischen Schulter und Herz getroffen fiel, eine eiserne Kugel, die ein- und wieder austritt. Schmerz ließ ihm den Schädel zerspringen, und unter der Lunge hatte er ein Ziehen und Zerren gefühlt, sein Körper war zusammengesackt, mitten auf der Straße hatte er sich vollgepinkelt, und der Wirtssohn, der ihn zuerst mit betrübtem Gesicht angesehen hatte, war in Gelächter ausgebrochen.

Doch auch als er erfuhr, dass es sich um Antonio handelte, war die Angst nicht gewichen, denn wie eine Infektion hatte sie ihn im Innersten gepackt, und von innen beherrschte sie ihn, ließ ihn vor sich hin sprechen, tagelang war er Lupo mit aufgerissenen Augen wie besessen gefolgt und hatte gemeint, von einem Moment auf den anderen den Gewehrschuss zu hören.

Lupo war respektlos und verärgerte das Dorf, ergriff das Wort gegen die Erwachsenen, suchte Streit, widersetzte sich, am liebsten hätten sie ihm was angetan.

Nicola hatte keinen Speichel mehr, im Bett hielt er immer die Augen offen, im Brustkorb hob und senkte sich der gelbe Fluss seines Schreckens, nachts stand er auch zehnmal auf, um in seinen Pott zu pinkeln, sein Bauch fühlte sich immer voll an, er spürte, wie ihm die Flüssigkeit davonrann, und er zitterte so sehr, dass er nur mit Mühe gehen konnte, eisige Schauer stiegen ihm von den Daumen zu den Ohren, so tastete er im Bett nach dem Bruder neben ihm, krallte ihm die Finger ins Haar und riss ihm Stücke der Haut weg, bis er aufwachte.

Nini, du darfst nicht dran denken, du musst schlafen, sagte Lupo verärgert.

Niemand hatte Antonios Bett abgezogen oder beiseitegerückt, all ihre Betten waren in dem Zimmer stehen geblieben und leerten sich, denn die Wohnung hatte nur zwei Zimmer, Küche und Bad, die Kinder wurden wie Mehlsäcke in das eine hineingestopft, bis sie verdarben, ihre Betten standen an den Wänden, eine Schublade pro Kopf für ihre Kleidung, ein großer Spiegel neben der Tür, die Nachttöpfe zum Pinkeln, ein Krug Wasser, ihre Laken blieben dort liegen, ihre Kleider blieben dort liegen, die Überlebenden würden eines Tages die Kleider der Toten anziehen.

Die einzige Veränderung in all den Jahren war die Anwesenheit Canes, der unter ihrem Bett schlief und jedes Mal, wenn Nicola einen Schritt tat, die Ohren aufstellte.

Adelaide hustete zwei Betten weiter, und der Einzige, der aufstand und ihr zu trinken gab, ihre Hand hielt, wenn sie es brauchte, war Antonio, die anderen hatten sie schon aufgegeben, Lupo eingeschlossen, ja, Lupo als Erster, er war schnell bei der Hand und sagte: Es kommt, wie es kommen muss.

Sogar Violante wachte bei ihr, als ob sie schon nicht mehr am Leben wäre, sie segnete ihre leibliche Hülle, ihren Leichnam mit offenen Augen, ohne ihn sehen zu können, stundenlang saß sie schweigend im Dunkeln bei ihr und betete, sie ließ Don Agostino kommen, um für sie zu beten, für das mit achtzehn Jahren schon tote Mädchen.

In der Nacht, als Adelaide wirklich starb, war Nicola wach, in der Stille des Schlafs der anderen hörte er sie zum letzten Mal den Mund öffnen und schließen, wie ein Fisch, der am Ufer des Flusses auf dem Trockenen gelandet ist, ohne zu wissen, warum.

Er erinnerte sich an sie noch als Gesunde, die schwarzen Haare im Nacken zusammengebunden, sie trug Schuhe, die sie für das Dorffest geliehen hatte, und sagte, sie sind mir zu eng, aber ich kann es aushalten.

Nicola war klar, dass er hätte aufstehen und zur Tür gehen müssen, Violante und Luigi herausklopfen und sagen: Vielleicht ist Adelaide etwas zugestoßen, oder er hätte Lupo wecken und ihn bitten müssen, es zu tun, sich über dieses Bett zu beugen, zu horchen, wo keine Atemzüge mehr waren, und festzustellen, sicher zu sein, dass.

Aber er tat nichts, reglos und wie eingepökelt, eingeklemmt in seinen Schrecken, mit kurzen Atemzügen und langer Atemnot, die Hände um die Handgelenke des Bruders geschlossen, der Stamm und Fels schien, ein Blitzableiter, es kam ihm in den Sinn, dass er beten müsste, Gott bitten müsste, Adelaide aufzunehmen, dass er hinübergehen, ihr die Augen schließen, den Rosenkranz für sie beten müsste.

Aber er rührte sich nicht, und alles, was er sagen konnte, war: Lupo, ich bitte dich.

* * *

Die schönen Häuser, sagte Nicola. Wenn er als ganz kleines Kind an Lupos Hand durch diese Straßen ging, dann hob er die hellen Augen, die den Himmel verstehen wollten, und wies auf sie, die schönen Häuser im Dorf, die in den oberen Gassen, innerhalb der Mauern, neben den Kirchen, die schönen Häuser, die nicht das ihre waren.

Das sind bloß Häuser, entgegnete Lupo und zog Nicola an der Hand, die wie Butter in seiner zergehen konnte.

Er wollte nicht, dass Nicola träumte, dass er nachts in seinem Kopf diese Häuser seine werden sah, dass er im Traum Türen öffnete, die er nie würde öffnen können, dass er nach Höhen strebte, die in ihrer Landschaft stets unerreichbar am Horizont bleiben würden.

Der Grund für Lupos Wut, für seine zusammengekniffenen

Augen und das Kribbeln in den Händen war nicht, dass er besitzen wollte, was andere hatten, er ging abends nicht mit dem
Gedanken schlafen: Ich möchte das, ich möchte jenes.

Seine Gedanken waren immer einfach gewesen, ihm gefie-
len Pflanzen, Baumstämme, Rebstöcke, alles, was nach natürli-
chen Gesetzen wuchs, weil es wirklich musste, wohingegen sie,
die Menschen in den Marken und im übrigen Italien, vielleicht
auch über Italien hinaus, an all den unbekannten Orten sich un-
gesunde Gesetze geschaffen hatten.

Von sich aus hatten sie Ortschaften auf Hügel gebaut und
beschlossen, dass oben eine Kirche sein sollte und dass unten
die wohnten, die weniger hatten, diejenigen, die einsamer waren, die nicht genug zahlen konnten, dass unten die lebten, die
Gott am meisten gebraucht hätten.

Deshalb hätte er Don Agostino hinunterschleifen wollen,
aufs Land zerren, ihn in die Ebene führen, hätte ihn auf dem
Feld sehen wollen, mit dem Kopf in der prallen Sonne.

Lupo lief durch die ansteigenden Gassen mit den schönen
Häusern und erinnerte sich an den Tag, da er beschlossen hatte,
nicht mehr in die Kirche zu gehen. Das war geschehen, als der
alte Giuseppe ihm, dem Fünfjährigen, erzählt hatte, dass sie einem, wenn man es wollte, das Paradies gaben, mit Geld konnte man sich alles kaufen, auch die Reise dorthin, Engelsflügel
konnte man bekommen, die Verfehlungen waren vergessen, die
Haut wurde frisch, das Herz würde zum Himmel emporsteigen.

Und das Kind hörte zu, spitzte die Ohren, dann dachte es
nachts allein darüber nach, was gut war und was nicht.

Fürs Paradies zu bezahlen war nicht gut, das war keine gerechte Sache.

Nicola war drei Jahre alt, als Lupo zu ihm gesagt hatte: Ich
gehe nicht mit in die Kirche. Antonio hatte unterdessen seinen
Sonntagsanzug angelegt.

Ich will nicht mitgehen, hatte er wiederholt, als Violante
ihm widersprach.

Was würde der Pfarrer denken?, was würden die Leute denken?, dass sie keine Ehrfurcht hatten, ausgerechnet sie, diese Familie, die all ihre Sünden büßte, Luigi, der mit zusammengepressten Zähnen in die Kirche kam und kein halbes Gebet aufsagen konnte, der Onkel, der in der letzten Bank saß, immer auf dem Sprung, und der Großvater Giuseppe, der fluchte, sobald er ein Kruzifix sah.

Lupo hatte angefangen zu schreien und sich auf den Boden geworfen, der Fußboden war seine zweite Haut, niemand hätte sie ihm nehmen können. Das heilige Feuer seiner Weigerung war ein Schlag ins Gesicht und eine Verführung, sie hatten sich gefügt und gesagt: Ist ja gut, sei ruhig jetzt, nicht mehr schreien jetzt. Er war eine Plage, sie waren müde, und so hatte Adelaide, die damals in ihrer Ruhe als Tochter des Hauses glänzte, Nicola auf den Arm genommen, war hinausgegangen und hatte die Mutter mit sich fortgezogen.

Lupo war den Sonntag über allein geblieben, am Boden ausgestreckt, wie an allen folgenden Sonntagen.

Sie lassen uns fürs Paradies bezahlen, sie verlangen Geld von denen, die keins haben, für etwas, das nie jemand gesehen hat.

Die Jahre vergingen, und wenige Monate nach Adelaides Tod, an deren Beerdigung er nicht teilgenommen hatte, ging Lupo in die Kirche und dann in den Pfarrsaal. Nicht einmal am Tag der Schafe hatte er das getan, er hatte die Tiere mit Paoletto hinaufgeführt, war an der Schwelle stehen geblieben und hatte zu ihm gesagt: Treib du sie hinein.

Als Lupo im Pfarrsaal erschien, glühend in seinem Hass, hob Don Agostino den Blick von der Bibel und sah ihn an.

Komm mit nach Haus, Niní, sagte Lupo und packte den Bruder am Handgelenk.

Wie schon des Öfteren war Nicola mit anderen Kindern, Kindern der Reichen, in den Pfarrsaal gegangen, weil der Pfarrer Bücher und die Geduld hatte, sie zu unterrichten, er hielt sie den Nachmittag über dort, sprach über die Bibel und ließ sie die Evangelien lesen.

Nicola tat das, ohne Lupo etwas davon zu sagen, wenn der bei der Arbeit war, weil Nicola wusste, dass ihn das wütend machen würde, aber an diesem Tag war der Bruder früher heimgekommen, auf dem Feld hatten sie beschlossen, die Arbeit niederzulegen, und mindestens eine Woche lang würde er Tag und Nacht da sein, er würde Nicola nicht aus den Augen lassen.

Nicola stand auf und nahm mit der freien Hand sein Heft.

Dein Bruder ist hierhergekommen, um zu lesen, sagte Don Agostino erbost, dies ist das Haus Gottes und das Haus des Wissens, was wir hier tun, ist lernen, und Nicola braucht einen sicheren Ort.

Sein sicherer Ort bin ich, Lupo trat vor den Pfarrer hin mit der Entschiedenheit der Sonnenuntergänge, die unwandelbar jeden Abend wiederkehren und es Nacht werden lassen.

Nicola sagte nichts, auch wenn alle anderen Kinder ihn ansahen und untereinander grinsten, auch wenn der Priester ein enttäuschtes und beschämtes Gesicht machte.

Nicola ließ sich von Lupo durch die Gassen ziehen, vorbei an den Mauern der schönen Häuser, er hatte die Augen niedergeschlagen, hatte sie auf die Pflastersteine geheftet, auf die sie mit ihren Stiefeln traten, doch als sie zu Hause ankamen, zog er die Hand zurück und machte sich vom Bruder los.

Du darfst nichts tun, ohne es mir zu sagen, zischte Lupo wie ein Tier, das kriecht, beißen und Gift verspritzen kann.

Ich gehe für dich hin, damit ich mehr Dinge lerne, und du verstehst es nicht, du hast mich zum Trottel gemacht, sagte Nicola und sah ihn unverwandt an, die Augen starr von einem kleinen, aber tiefgehenden Schmerz, ein Schmerz wie ein eingeschlagener Eisennagel.

Dann kehrte er dem Bruder den Rücken zu, ließ Lupo mitten in ihrer Küche stehen, die Hände an den Seiten herabhängend.

Nicola ..., sagte Lupo und versuchte ihm zu folgen, aber er hatte sich bereits im Bad eingesperrt, war zu der Wanne gegangen, in der sie sich wuschen, derselben, in die all die Totgeburten getaucht worden waren, die gewaschen werden mussten, bevor man sie bestattete, lang hatte er die Wanne angesehen, während Lupo an die Tür klopfte und sagte: Nicola, mach auf, ein-, zwei-, drei-, viermal.

Nicola, mach auf, und er machte nicht auf, Lupo wollte seinen Willen durchsetzen, rief, wenn ich sage, mach auf, musst du aufmachen, aber Nicola machte nicht auf, und Lupo brüllte: Mach auf, und trat gegen die Tür.

Sie wollen einen Pfaffen aus dir machen, sie wollen dich wegbringen, sie erzählen Lügen, aber Nicola machte nicht auf, ohne einen Laut blieb er durch eine Tür von ihm getrennt, und er sollte sie noch lang nicht öffnen.

Nicola füllte die Wanne mit Wasser aus den Kannen, zog sich aus, stieg ins Wasser und tauchte mit dem Kopf unter, die Hände auf die Ohren gepresst hielt er den Atem an, er hörte den Bruder noch immer an die Tür poltern, er wollte herein, weil er kein Nein und keine Grenze ertragen konnte, weil er nicht in einem eingeschränkten Bereich bleiben konnte.

Eingetunkt in seine eigenen Schwierigkeiten, war Nicola nicht bewusst, dass er, um ihn aufzuhalten, früher oder später das Gewehr auf ihn anlegen und schießen müsste.

## Und doch ist unsere Vorstellung
## nur Vorstellung von Liebe

Großvater Giuseppe sollte Lupo sehr früh verlassen, er würde ihn nicht mehr streiken oder Parolen skandieren sehen: Das ist nicht unser Italien, Tod dem König. Er würde ihn nicht unter den Aufständischen der Settimana Rossa, der Roten Woche, sehen, würde nicht sehen, wie er an die Hauswände von Fano NIEDER MIT DEN PFAFFEN schrieb, er würde ihn nicht sagen hören: Mein Großvater hat uns vom Papst befreit, mein Großvater war Mazzinianer, mein Großvater war Anarchist.

Doch an dem Tag, als Luigi Nicola ins Haus brachte, saß Giuseppe auf seinen Stock gestützt auf dem Stuhl, sah durch den Türspalt die Schwiegertochter wieder einmal in einem Bett voller schon gestocktem und eingetrocknetem Blut liegen und hörte, wie sie nach einem Kind fragte, das tot war.

Hier ist es, hatte Luigi Stunden später gesagt und ihr ein Kind in die Arme gelegt, das nicht ihres war, ein Kind, das bereits einen Monat alt war und ihr in nichts glich.

Sie sah nicht gut, verstand nicht. Das ist dein Sohn, und er ist gesund. Violante hatte ihn an die Brust gelegt, und Nicola hatte angefangen zu weinen.

Er hat ein Prinzengesicht, hatte Giuseppe, Lupo auf seinem Schoß, bemerkt.

Für dich haben alle Prinzengesichter, war Luigi ihm über den Mund gefahren.

Als er und Violante in der Kirche heirateten, hatte Giuseppe eine Woche lang nichts gegessen, aus Protest gegen diesen Sohn, der es mit den Pfaffen hielt, Brot für die Padroni backte und kein Herz für seine Leute hatte, keinen Ehrgeiz, keine Wünsche und keine Neugier, der gallig war und hart wie ein wochenaltes gekochtes Ei.

Adelaide hatte am Bett der Mutter gesessen und versucht, Nicola mit Koseworten und frischem Wasser, mit langsamen Bewegungen und Zärtlichkeiten vom Weinen abzubringen, er aber hatte nicht aufgehört, Violante tastete nach ihm und sagte: Passt gut auf, er ist zerbrechlich.

Geht's ihm gut? Geht's ihm gut?, fragte sie immer wieder, und Luigi sagte Ja und dachte: Es geht ihm gut, weil er nicht dein Kind ist, Frau mit dem verteufelten Bauch.

Wie sieht er aus? Wie sieht er aus?, fragte Violante, die nur einen Schatten sah und sein verzweifeltes Weinen hörte, ein Mondgeheul, eine Bitte um Erlösung.

Schön, hatte Adelaide mit entsetztem und verlorenem Gesichtsausdruck geantwortet, weil sie ein stilles, totes Mädchen aus der Mutter hatte herauskommen sehen und jetzt einen Jungen in ihren Armen fand, der hinausschrie, dass er hier nicht zugehörig war.

Am Abend hatte Luigi Adelaide und Antonio hinunter in die Backstube gerufen und zu ihnen gesagt: Das bleibt unter uns, eure Mutter darf es niemals erfahren, das Kind heißt Nicola und ist ihrs.

Aber was ist aus dem Mädchen geworden?, hatte Antonio mit aufgerissenen Augen gefragt.

Ich hab es weggeworfen, hatte der Vater gesagt und war wieder nach oben gegangen.

Nicola hatte weiter geweint, er hatte eine Trompete in der Brust und hörte nicht auf, damit einen Höllenlärm zu machen, ganze Nächte hielt er sie alle wach.

Luigi verließ das Haus und ging geradewegs zu seinen Freunden ins Wirtshaus oder bis zum Morgen in den Feldern spazieren, Antonio ging zum Schlafen zu Giuseppe, weil er frühmorgens arbeiten und sich ausruhen musste, Adelaide bemühte sich, den Kleinen zu füttern, zu waschen und zum Atmen zu bringen, während die Mutter ihr mit geschlossenen Augen Anweisungen gab, die vom Schrecken diktiert waren.

Der Neuankömmling hatte ein großes Geschrei veranstaltet, um seine Ankunft zu verkünden, und hatte das ganze Haus in Beschlag genommen, was Lupo wütend machte, er fühlte sich als Geisel und Marionette, alle anderen Kinder waren verschwunden, nur dieser Nicola wollte um jeden Preis bleiben.

Lupo war zwei, als er eines Nachts versucht hatte, Nicola umzubringen: Während Adelaide in der Küche war, hatte er ihn aus dem Bett der Mutter gezerrt und auf den Boden geworfen wie einen Stein oder verdorbenes Essen, er hatte sich von ihm befreit.

Das Kind war gegen die Füße der Kommode gerollt, Violante hatte sich im Bett aufgerichtet und geschrien: Du hast ihn umgebracht, du warst das! Sie hatte Lupo an seiner Gestalt, seinen Gesten und Bewegungen erkannt. Als Adelaide gleich darauf zurückgekommen war, hatte Nicola still auf dem Rücken gelegen.

Sie hatte ihn aufgehoben und angesehen, die Augen des Kindes waren vor Schreck geweitet und die Lippen fest geschlossen.

Warum, Lupo?, hatte sie den Bruder gefragt und war mit Nicola im Arm losgelaufen zum Doktor.

Dieser Gemeindearzt, der wer weiß wo war, wenn es überhaupt einen gab, weil keiner mehr nach Serra kommen wollte, die Leute zahlten schlecht und waren immerzu krank, der Letzte war ein Pfuscher gewesen, der sich geweigert hatte, Blutegel anzusetzen, weil er kein Blut sehen konnte, also hatte er den Kranken mit dem Griff eines Schirms verprügelt.

Mit noch schmerzendem warmem Bauch war Violante aufgestanden. Du bist ein Mörder, hatte sie zu Lupo gesagt, der sich seither nicht mehr gerührt hatte.

Du bringst nur Unglück, du Sohn der Sünde, du bist hierhergekommen, um meine Kinder zu töten, hatte sie gefaselt, und ein paar Stunden lang waren sie allein geblieben, Violante und Lupo, reglos in diesem Zimmer der Fehlgeburten, sie beschimpfte ihn, und er saß noch immer an der Stelle, wo Nicola hingestürzt war.

Als Nicola heranwuchs und sich herausstellte, was alles an ihm missraten war, seine Ängste und Schrullen, das vollgepinkelte Bett und die vollgepinkelten Hosen, die Unfähigkeit, lang in der Sonne zu sein, die Blasen auf dem Rücken beim leichtesten Schwitzen, seine Vergesslichkeit, das Schaukeln des Kopfes, da hatte Luigi Lupo die Schuld gegeben.

Du hast ihn kaputtgemacht, du hast ihn behandelt wie ein altes Kissen, und jetzt, wo er mir zu nichts nutze ist, wirst du dich um ihn kümmern, du wirst es wieder ganz machen, dieses kaputte Kind. Er hatte ihm Nicola in den Arm gelegt, und er hatte ihn belogen: Er ist dein leiblicher Bruder, er ist deine Sache.

Von diesem Zeitpunkt an schaute Lupo jedes Mal auf, wenn einer von ihnen Nicola nahm, und fragte: Wohin bringt ihr ihn? Und wenn er weinte, fragte er: Wer hat ihn zum Weinen gebracht? Und wenn er nicht lief, nahm er ihn hoch, wenn er sich in der Sonne verbrannte, brachte er ihn ins Kühle.

Die Jahre waren vergangen, und Nicola war jetzt zwölf, er war herangewachsen mit Gedanken so krumm wie knorrige Wurzeln, aber er hatte noch immer dieses Gesicht mit den sahneweichen Zügen, schwache lange Hände, silbrige Augen, die Haare leicht vom Wind zu zausen, das Prinzengesicht.

Wenn er hinfiel, wenn er weinte, wenn er nicht verstand, wenn er nicht so war, wie er hätte sein sollen, sagte Lupo sich jedes Mal: Ich war es, er ist mein leiblicher Bruder, er ist meine Sache.

Beim ersten Schaf, das er reißt, werden sie ihn erschießen, hatte Luigi gesagt, als er den vom Fluss mitgebrachten Wolfswelpen im Haus sah.

Hier ist kein Platz für ihn, er wird die Bettlaken zerfetzen, ins Haus pinkeln, wird uns unser Essen wegnehmen, er wird Krankheiten einschleppen, hatte er den Sohn angeschrien, der den Welpen schon unter dem Bett platziert hatte und ihm auf dem Bauch liegend Stücke alter Salami zu fressen gab.

Ich rackere mich nicht den ganzen Tag ab, um so eine Bestie großzuziehen, hatte Luigi hinzugesetzt und mit der Hand auf den großen Küchentisch geschlagen, dass die Polenta hüpfte, und Violante hatte sich die Ohren zugehalten und gebeten: Leise, seid bitte leise.

Darum kümmere ich mich, hatte Lupo geantwortet, der schon wusste, wie er dem Vater beikommen konnte, er musste nur das Geld auftreiben, das der Alte ihm nicht geben wollte, um ihm zu beweisen, dass er ihn nicht brauchte, um ihm zu zeigen, dass, wenn er die Leine stramm zog, er, Lupo, ihn umreißen würde.

Adelaide hatte ihm geholfen, die Pfote des Welpen zu verbinden und in den ersten Tagen Essensreste für ihn zu finden, während Nicola verängstigt war, nie näher kam und sich weigerte, mit Cane in einem Zimmer zu schlafen, er hatte eine Decke genommen und sich in der Küche auf den Boden gelegt.

Sehr bald schon war klar geworden, dass Cane immer das tun würde, was Lupo befahl, der Junge war sein Rudel geworden, seine Mutter, sein Vater und seine Braut, er fraß, wenn Lupo ihm zu fressen gab, und er lief los, wenn Lupo sagte: Lauf.

Nicola trat ins Schlafzimmer, blieb an der Schwelle stehen, schaute ihnen zu, wie sie einander kennen und verstehen lernten, als ob Cane Lupos Worte wirklich begreifen könnte und die beiden zu einer Art Meinungsaustausch gefunden hätten, einer Gemeinsamkeit.

Lupo gab ihm keine banalen Befehle, sondern zeigte ihm, dass er nur ihm vertrauen sollte, dass sie dasselbe Fell hatten, dieselben Ohren, dieselbe Schnauze und denselben Willen.

Ninì, komm her, er tut dir nichts, hatte Lupo ihn nach ein paar Tagen eingeladen, als er ihn neugierig, wenngleich verschreckt an der Tür stehen sah.

Er beißt mich, hatte Nicola geantwortet und das rötliche Fell am Rücken des Welpen angesehen, der überhaupt nicht wie ein folgsamer Hund wirkte, und obwohl er diesen Namen trug, würde er doch immer ein Wolf bleiben.

Nicola mochte die Hündin von Gaspare Garelli, die ab und zu bei ihnen vorbeikam, sie folgte ihm mit eingekniffenem Schwanz und wartete draußen, sie war ängstlich, ihre Augen waren trüb, triefäugig war sie, das Fell struppig und hell, der Körper war robust und schwerfällig; sobald sie ein lautes Geräusch hörte, versteckte sie sich hinter einem Fass oder einem Karren.

Lupo hatte ihr den Spitznamen Lagna, Jammerhündin, gegeben, denn sie winselte, sobald man ihr näher kam; auch wenn man sie noch nicht einmal gestreift hatte, drückte sie Schmerz aus, bevor sie ihn spürte, und mit dem Schwanz wedelte sie nur, wenn sie Gaspare die Treppe herunterkommen sah.

Hat jemand sie geschlagen?, hatte Nicola Gaspare eines Tages gefragt.

Sie ist so auf die Welt gekommen, hatte der geantwortet, und Nicola hatte an sich herabgesehen: Er, der ein Jammerlappen war, allen im Weg und allen eine Last, er war auch so auf die Welt gekommen.

Er beißt dich nicht, siehst du? Lupo hatte Cane eine Hand ins Maul gesteckt, der zum Spiel daran herumgebissen und sie dann abgeleckt hatte.

Da hatte Nicola einen Schritt auf ihn zu getan, und Cane hatte ihn angeblickt, das Kind hörte das unterdrückte Knurren und sah seine aufgestellten Ohren.

Ich habe Angst, hatte Nicola gejammert und sich zur Tür zurückgezogen, aber ohne wegzulaufen.

Lupo war aufgestanden und hatte ihn am Arm genommen, hatte ihn ins Zimmer gezogen und die Tür zugemacht, und je häufiger Nicola sagte, dass er Angst hatte, umso näher hatte er ihn zu Cane hingestoßen, und auch als Nicola anfing zu weinen und Cane ihn verwirrt ansah, hatte Lupo ihn nicht weggeschickt, hatte seine zitternde Hand ergriffen und sie zu dem Tier hingeführt, hatte Cane daran schnuppern lassen, und während Nicola schluchzte, hatte er immer wieder versichert: Er tut dir nichts, Nini.

Er frisst mich, hatte der Junge geweint, überwältigt von der Angst, die ihn im Bauch und am Kopf packte und ihn die Umrisse der Dinge nicht mehr klar sehen ließ, sie verschluckte ihn ganz ohne Wasser, sie zermalmte seinen gesunden Menschenverstand und all seine guten Absichten.

Aber Cane hatte ihn nicht gefressen, weder an jenem noch an den künftigen Tagen.

Mit den Jahren war es schwierig geworden, Lupo im Haus zu halten, er ging raus zur Arbeit, er ging raus mit den Freunden, er ging raus wegen der Streiks und Kundgebungen in der Stadt, er ging morgens los und kam abends voller Kratzer und blauer Flecken wieder, er verschwand in den Bergen, drang in Höhlen ein, für ihn gab es immer irgendeinen Kampf, in dem man die Fahne schwenken musste.

Nicola blieb zurück und wartete, es war undenkbar für ihn, ihm zu folgen. Lupos Freunde, auch Gaspare, der freundlich war und Nicola Gebäck mitbrachte, das die Mutter mit Traubenmost zubereitet hatte, sorgten dafür, dass er sich fühlte wie ein alter Pantoffel, ein ausgeleierter Teppichklopfer, das Ersatzrad eines verkauften Karrens.

Wenn Gaspare zu ihm trat, um ihm etwas Liebevolles zu sagen und ihn zu streicheln, wie man es mit allen Kindern tut, zog Nicola sich scheu zurück, dennoch versuchte der Junge es immer wieder, hatte jedes Mal etwas für ihn dabei.

Die anderen Freunde übergingen ihn immer, weil sie dachten, er sei krank, weil sie ihn für dumm hielten, sie redeten über ihn, als ob er nicht da wäre. Wenn sie vor dem Haus auf Lupo warteten und Nicola oben an der Treppe stand, sagten sie: Was für ein Unglück für den Bäcker, einen Krumenbub zum Sohn zu haben, und lachten.

Mit den Jahren hatten sich einige Dinge geändert, die Freunde kamen nicht mehr bis vors Haus, wie Lupo waren sie ständig damit beschäftigt, Äcker zu beschützen, um Saatgut zu streiten, die Aktionen der Liga der Bauern zu organisieren. Lupo ging immer häufiger los und kam nicht zurück.

Cane, der ihm anfänglich immer gefolgt war, hörte nun, da Lupo vierzehn Jahre alt war, damit auf, fast immer blieb er lieber bei Nicola.

Der hatte nie Schulkameraden gehabt, die in den Gassen mit ihm spielen wollten, oder Freunde, die man sonntags einlud, und die Kinder aus dem Pfarrsaal betrachteten ihn mit Misstrauen oder Spott, so erkannte er am Ende in Cane seinen einzigen Freund.

Ihre Freundschaft bestand darin, gemeinsam auf Lupo zu warten, unter den Fenstern zu sitzen, sich in den Schatten zurückzuziehen, und wenn es kälter war, an den Kamin, aus einem Winkel der Bäckerei heraus Luigi zuzusehen, wie er Kunden bediente und Mehlwolken aufwirbelte.

Hin und wieder rief Nicola nach Cane, wenn er ihn eine Weile lang nicht gesehen hatte, oder suchte nachts mit der

Hand unter dem Bett nach ihm, wenn er allein schlafen musste, aber ihm Befehle erteilen, das konnte er nicht.

Wenn Lupo nach Hause kam, schloss er sich mit Cane und Nicola im Zimmer ein und erzählte von den Dingen, die er getan, von den großen Abenteuern, die er erlebt, den Ungerechtigkeiten, die er bestraft, vom Obst, das er geerntet, und von den Zäunen, die er repariert hatte, und sie hörten zu.

Wenn die Freunde ihn aufforderten, für eine Woche mit nach Ancona zu kommen, antwortete Lupo: Ich kann nicht, ich muss mich um meinen Bruder kümmern, ich muss nach Hause.

In dieses Zimmer, wo mittlerweile nur sie drei geblieben waren: zwei Wölfe und ein Prinz.

* * *

Es gibt nichts Schlimmeres, als seine Kinder den Pfaffen zu schenken, und du, du hast sogar das fertiggebracht, Giuseppe hatte mit dem Finger auf Luigis Kinn gedeutet, das Gesicht glänzend vor Wut und Schweiß.

Du warst immer nur besonders gut darin, Urteile zu fällen, den Richter hast du gespielt, mir gegenüber, deinem Bruder gegenüber, unserem Geschäft, der ganzen Welt gegenüber, du hast bestimmt, was getan werden soll und was nicht, hatte Luigi geantwortet. Ohne Onkel Raffaele hätten wir auf der Straße gestanden und um Brot gebettelt, statt es zu backen, von deinen schönen Ideen sind wir nie satt geworden, und jetzt, wo er nicht mehr da ist, verkaufen wir immer weniger Brot.

Giuseppes Haus war klein, ein einziger Raum außerhalb der Mauern von Serra, und nach dem Tod seiner Frau war es bald zu einem Ort ohne Familie geworden.

Wie er bist du geworden, wie Raffaele, mit eurem Mehl in diese Stube gesperrt, für etwas anderes habt ihr keine Augen, als dass um Himmels willen nur ja keiner eure Backschaufel anrührt, aber wenn der Mehlpreis raufgeht, ist das nicht eure Sache, ihr verkauft das Brot teurer, hatte Giuseppe sich ereifert, mit der Linken an seinen Stock geklammert, den er seit Jahren nie losließ, er hatte daraus eine Waffe gemacht, um die Hindernisse der Erde zu überwinden.

Dieser Laden läuft immer schlechter, und ich kann bald nicht mehr, aber auch wenn ich nicht mehr kann, muss ich weitermachen, bis meine Kinder das Handwerk erlernt haben, denn das haben wir getan, während du immer weg warst, während die Polizei, das Militär, die Carabinieri vor unserer Tür standen und dich suchten, das Haus auf den Kopf stellten, wir haben das Handwerk deines Vaters und Großvaters weitergegeben, wir haben überlebt. Luigi hatte sich zur vollen Größe des reifen Mannes aufgerichtet, der seinen Vater wieder zum Kind werden sieht, der an ihm den erloschenen Blick derjenigen erkennt, die mitangesehen haben, wie die Geschichte alle in den Abgrund reißt.

Schöne Kinder hast du da, dieser Antonio taugt gar nichts, er tut nur, was man ihm anschafft, nicht einmal den eigenen Namen kann er schreiben, wer wird Buch führen, wenn du einmal nicht mehr bist? Adelaide? Das Mädchen, dem der Tod ins Gesicht geschrieben steht und das ein X nicht von einem U unterscheiden kann. Die einzig vernünftige Tochter, die dir geboren wurde, hast du ins Kloster gesteckt. Giuseppe hatte den Stock fest auf den Boden gestoßen, ein kurzer, heftiger Schlag, in dem seine ganze Verzweiflung über die Abwesenheit der Enkelin lag, der einzigen, die dieses Zupackende, diese Neugier, diesen Willen in den Augen hatte, sich nicht mit dem Tagtäglichen, dem Diktat des So ist es und nicht anders abzufinden.

Sie hätte Schlimmeres verdient, deine Enkelin, du wolltest, dass sie so wird wie du, aber das ist dir nicht gelungen, so eine Tochter will ich nicht, von der Polizei gejagt, jeden zweiten Tag im Gefängnis, gebrandmarkt wie eine Kuh vor dem

Schlachthof, im Dorf haben alle sie für verrückt gehalten. Antonio wird ein sehr guter Bäcker, und wir werden noch mehr Kinder bekommen, viele Kinder, die es schaffen werden, wir machen weiter, auch ohne dich und deine Verwünschungen, ohne deine Wut über das, was dir nicht gelungen ist. Sieh dich an, alt und lahm, und Serra ist immer noch das Gleiche. Luigi hatte gelächelt, ein Lächeln, bitter wie abgestandener Kaffee, der langsam in der Kehle zergeht, er wollte ihn verletzen, ihn mit einer scharfen Klinge zerhacken, eine gute Einlage für die Minestra aus ihm machen.

Für solche wie dich habe ich in Fano gekämpft, gegen die Teuerung, gegen die Getreideenteignungen, gegen die Mahlsteuer, für den Kampf gegen die Österreicher, gegen den Papst habe ich mich gemeldet, freiwillig habe ich dem Tod ins Auge gesehen, ja, ich habe alle zwei Tage im Gefängnis gesessen, wie du sagst. Nicht einmal für Geld würdest du auch nur die Hälfte dessen tun, was ich getan habe. Während mein Bruder einen guten Bäcker aus dir gemacht hat, bin ich immer wieder ins Gefängnis gegangen, für alle, nicht nur für dich, nicht nur für die Bäckerei und das Haus, für die Enkel und deren Kinder. Giuseppe war aufgestanden und hatte mit dem Stock auf den Holzboden geschlagen. Und ich bereue nichts, ich bereue nicht, gekämpft und meine Leute geliebt zu haben, schrie er dem Sohn ins Gesicht.

Ich weiß nur allzu gut, dass es dir immer um alle geht und nie um uns. Aber deine Märchen sind mittlerweile dreißig Jahre alt, alte Geschichten, wenn du jetzt zum Pinkeln auf die Felder gehst, weiß die Polizei das, sie weiß auch, wie oft im Monat du die Unterhosen wechselst. Noch habt ihr nicht alle Könige umgebracht, hatte Luigi geschlossen und ihn dabei unverwandt angestarrt, Auge in Auge mit diesem Scheitern, diesem Wir haben daran geglaubt, diesem Das werden wir tun, eines Tages werden wir es schaffen, und dann haben wir es nie, niemals geschafft.

Ich will meine Enkelin sehen, lass sie mich sehen, bevor ich sterbe, hatte Giuseppe zwischen den Zähnen hervorgebracht.

Vielleicht, hatte Luigi ihm geantwortet, war aus dem niedrigen Haus getreten und die Anhöhe hinaufgestiegen.

Doch das sollte nicht geschehen. Nella sollte nicht zurückkommen, und Giuseppe sollte sterben, ohne sie wiederzusehen.

Am Tag seines Todes sollte Luigi ihm von der Tür des Hauses aus zusehen, wie er sich die Seele aus dem Leib hustete, sollte ihm anbieten, den Priester für den letzten Segen zu holen, um die Vergebung Gottes zu erbitten, und er sollte Nein sagen.

Es gibt keinen Gott, hatte Giuseppe geantwortet, die weißen Haare auf dem Kissen plattgedrückt, während sich auf das, was das Gesicht eines Deserteurs, eines Verblendeten, eines Verlierers gewesen war, die Nacht herabsenkte.

Da hatte Luigi den fünfjährigen Lupo in den Raum geschoben, hatte die Tür geschlossen und dem Vater das Einzige gegeben, was ihn ein letztes Mal glücklich machen konnte.

Der Junge war auf das Bett geklettert und hatte sich auf den Bauch des Großvaters gelegt, ohne Angst, auch wenn der Alte runzlig war wie eine vom Baum gefallene und liegengelassene Orange.

Lupo roch nach verkohltem Holz und konnte einfach nicht Ja sagen; wenn man versuchte, ihm etwas zu befehlen, wurde er fahrig, und nur für ihn hatte Giuseppe angefangen, die einzigen Lieder zu singen, die er kannte.

* * *

In diesem Zimmer standen fünf Betten, fünf volle Schubladen, fünf Wasserkrüge, fünf Waschschüsseln, fünf Kissen, aber sie waren nur zu dritt, und Cane brauchte keines dieser fünf Dinge.

Lupo und Nicola hatten trotz allem die Gewohnheit beibehalten, wie als Kinder im selben Bett zu schlafen, auch wenn

Lupo vielleicht nie Kind gewesen war und sich jetzt groß genug fühlte, um die Revolution zu machen.

Das Bett war zu schmal und zu kurz geworden, Laken und Decken reichten nie aus, und um es beim Schlafen warm zu haben, mussten sie beide eng aneinandergeschmiegt schlafen wie die zwei perfekt zusammenpassenden Hälften eines nie gepflückten Apfels.

Lupo fühlte, wie sein Körper größer wurde und sich streckte, anders wurde, als er immer gewesen war, und für ihn ungewohnte Dinge tat, er ächzte wie ein mit Wasser vollgelaufenes Boot, bereit zu kentern, die Planken zu sprengen.

Luigi hatte ihm gesagt, dass er mit vierzehn schon mit Violante verlobt gewesen war, seit jenem Mal, als er sie ganz in Weiß gekleidet im Garten des Schwiegervaters gesehen hatte, und Lupo dagegen – wozu glaubte er denn groß zu werden, um herumzubummeln, zu verschwinden, sich verhaften zu lassen?, so würde er gewiss allein bleiben.

Bei jedem Fest im Dorf oder auf dem Land gab es das eine oder andere Mädchen, das ihn wie eine Heuschrecke ansprang, sich in seinen Kleidern festkrallte und ihn stach, wenn er sich dann zur anderen Seite drehte. Sogar ältere Mädchen, die ihm zwei, drei, vier Jahre voraus waren, blieben am Rand des Feldes stehen und sahen ihm zu, wie er die Eicheln herunterklopfte.

Er war nicht leicht zu beeindrucken, aber sein Körper reagierte an seiner statt und verlangte Dinge von ihm, die er ihm noch nicht gegeben hatte.

Nach dem Trinken im Wirtshaus, wo die Augen der Wirtstochter den ganzen Abend über fest auf ihn geheftet gewesen waren, nach Hause zu kommen und in das Bett zu kriechen, wo der schlafende Nicola lag, ihn an sich zu ziehen, damit er nicht hinausfiel, damit ihm nicht kalt wurde, damit er überhaupt kein Missbehagen verspürte, war ihm schwer geworden, etwas, das ihn umtrieb und plagte.

Diese Nähe erschien ihm falsch, und Lupo war niemand, der verkehrte Dinge lang ertrug, er musste sie in Ordnung bringen.

Daher kam er eines Nachmittags nach Hause und begann die Schubladen auszuleeren, die Betten abzubauen, die Bettlaken wegzuräumen.

Was machst du da?, fragte Nicola verängstigt von der Schwelle des Zimmers aus.

Hier sind nur du und ich, wozu dann fünf Betten?, antwortete Lupo barsch und zertrümmerte mit sicherer Hand und einem Hammer die Bretter von Adelaides Bett, was Nicola zusammenfahren ließ.

Halt, hätte er rufen wollen, du tust ihr weh, du hackst sie in Stücke, doch er blieb stumm, und bei jedem Hammerschlag kniff er die Augen zusammen, um den Blick dann doch wieder auf das zu richten, was Lupo zerstörte und wegwarf.

Mit Antonios Bett tat er dasselbe, was er mit Santes Apfelbäumen und der Votivtafel gemacht hatte.

Als Kind nämlich war Antonio bei Montecarotto in einen Abgrund gestürzt, hatte sich aber nicht wehgetan, unverletzt war er nach diesem Sturz, der ihn ins Grab hätte bringen können, wieder aufgestanden, und deswegen hatte Violante an dieser Stelle eine Säule aus Kalkstein und ein Kreuz errichten lassen, um der Muttergottes zu danken, um ihre Dankbarkeit für diesen geretteten Sohn auszudrücken, den guten Sohn, der ihnen im Alter beistehen würde, der ihre Stirn küssen und sie begraben würde. Nach Antonios vorzeitigem Tod war Lupo dort hinaufgestiegen und hatte auf die Votivtafel eingeschlagen, bis der obere Teil des Kreuzes abgebrochen war.

Unter Antonios Kissen lagen noch das Hemd und die Hose, in denen er geschlafen hatte, zu viele Jahre waren schon vergangen. Lupo warf die Wäsche auf einen Haufen: Sie würden nicht die Kleider der Toten tragen, er würde andere finden, er würde sie sich schenken lassen, würde sie leihen, ja, sogar dafür bezahlen, um Luigi zu zeigen, dass sie am Leben waren.

Lupo öffnete die Schubladen und leerte die ersten beiden aus, die Kleider von Antonio und Adelaide landeten bei den Bettbezügen, die er draußen auf den Feldern verbrennen würde, wo der Rauch nicht störte, wo es normal war, dass Dinge verbrannt wurden.

Bis zuletzt hob er sich das Bett von Nella auf, der unbekannten Schwester, die seit fast fünfzehn Jahren fort war, und niemand hatte es je gewagt, ihre Laken anzurühren, ihr Kissen zu verrücken, als ob die, die dort geschlafen hatte, jeden Moment wiederkommen könnte.

Aber sie war nicht wiedergekommen, und jedes Mal, wenn Lupo fragte, wem gehört dieses Bett?, antwortete Violante, deiner Schwester, und wenn er dann weiter fragte, welcher Schwester?, wurde ihm immer gesagt, der Schwester, die im Kloster ist.

Nie sprach jemand über sie, Fotografien von ihr hatte es im Haus nie gegeben, und wenn im Dorf von Nella die Rede war, mussten sie auf die andere Seite schauen, als ob das nicht ihre Verwandte wäre, sondern nur der Name eines Nachtkästchens oder eines Vorhangs, eines Bettvorlegers aus Sisal.

Mit der Wut des Nichtverstehens begann Lupo auf Nellas Bett einzudreschen.

Und wenn sie wiederkommt und ihr Bett nicht findet?, fragte Nicola, Tränen zitterten in seinen Augen.

Sie kommt nicht wieder, hast du das noch nicht kapiert? Keiner von ihnen kommt wieder. Lupo wandte sich an ihn mit einer Stimme, die dabei war, zu der eines Mannes zu werden, und schon tief und böse klingen konnte.

Dann griff er in Nellas Schublade und warf ihre Kleider auf den Boden, die Röcke, die Strümpfe für den Winter, die Aussteuer, die sie nie brauchen würde, die Arbeitshemden, die Unterhosen und Halskettchen, die Hefte, mit denen sie Lesen und Schreiben gelernt hatte, er erreichte den Grund des Fachs und zog eine Fotografie heraus.

Was ist das?, fragte Nicola und tat einen Schritt ins Zimmer.

Nichts, antwortete Lupo und steckte sie in die Tasche. Hilf mir lieber, die Kleider einzusammeln und rauszubringen.

Nicola gehorchte und brachte alles hinaus, während ihm Tränen über die Wangen liefen, und Cane, die Schnauze auf dem Küchenboden, sah ihm dabei zu.

Violante hatte sich im Schlafzimmer eingeschlossen, durch die Finger ließ sie den Rosenkranz ihrer vergeblichen Gebete gleiten, überzeugt, dass Lupo sich täuschte, dass ihre Kinder eines Tages wiederkommen würden.

Als er das Zimmer leergeräumt hatte, stellte Lupo die zwei verbliebenen Betten einander gegenüber, eins an die eine, das andere an die andere Wand, wie Bild und Spiegelbild.

Du schläfst dort und ich hier, sagte Lupo zum Bruder, sein Kissen fest aufschüttelnd.

Warum?, fragte Nicola weinend, er kam ins Zimmer und trat an Lupos Bett, wie um zu sagen, ich will bei dir bleiben, ich bitte dich, lass mich bei dir bleiben, ich werde nicht lästig sein, ich werde keine Strafe, keine Krankheit, kein Unglück sein, aber er sagte nichts, mit halboffenen Lippen schnappte er nach Luft, erstickt von dem, was für ihn ein Abschied, die Errichtung einer Grenze war.

Weil wir mittlerweile groß sind und jeder sein eigenes Bett haben muss, ich habe nichts mehr mit dir zu tun, mach nicht so ein Theater, du bist fast dreizehn, Nicola, du musst allein schlafen, du bist nur drei Schritte von mir entfernt, ich jag dich nicht weg, du machst alles nur schlimmer, als es ist, antwortete Lupo nicht freundlich und wohlmeinend, sondern voller Wut, einer Wut, die nicht nur Nicola galt, sondern vor allem der Zeit, die vergangen war und die sie heranwachsen ließ, ohne ihn um Erlaubnis zu bitten.

Dann ging er hinaus, um das Holz zu zerkleinern und die Kleider zu verbrennen, während Nicola sich auf sein Bett setzte, in dem er erwachsen und gerecht werden, Wurzeln schlagen und oben Blätter ansetzen würde.

Als Lupo tief in der Nacht nach Hause kam, fand er Nicola in dem Bett, das er ihm zugewiesen hatte, zur Wand gedreht, das Kissen fest an sich gedrückt.

Er blieb hinter ihm stehen und war im Begriff zu sagen, das war falsch, du musst mir verzeihen, komm wieder zu mir, denn du bist meine Sache, wir werden nie erwachsen, und man wird uns nicht trennen, doch er tat es nicht, er legte sich auf seine Matratze.

Er schloss die Augen und seufzte, steckte die Hand in die Tasche, wo die Fotografie war.

Auf dem Bild saß Giuseppe fest aufgestützt auf den Stock unter den Ästen eines herbstlichen Nussbaums, um den Hals die schwarze Schleife, am Bein die Wunde, die ihm seine Liebe eingebracht hatte.

# Niemand wird dich mehr wegbringen

Orte, die dem profanen Leben entzogen wurden, um Weihestätten zu werden, besaßen für sie vor allem eins: einen Zauber.

Auf den Knien, die Hände zur Muschel gefaltet, lauschte Suor Clara der vertrauten Stille, die ihre Kirche verströmte, wenn sie geschlossen war, ihr Geruch war der von Mausoleen und Gräbern, ihr Licht das der Verstecke.

Sie hatte den Blick zu dem großen Gemälde auf dem rechten Seitenaltar erhoben, von allen in ihrer Kirche zog es sie zu diesem hin, wenn sie beten musste, und erst mit den Jahren hatte sie gelernt, dass das Gebet keine Bitte war, sondern Sache jeden Augenblicks, es hieß nicht: Ich möchte, es hieß: Amen.

Niemand, der zur Messe kam, hielt sich je dort auf, denn es war ein dunkler Winkel, und die anderen Gemälde waren besser ausgeführt, schöner, sie hatten ein Gesicht und einen Namen, wohingegen die Madonna vom Karmel immer eine Waise gewesen war, gering und bescheiden, hier gab es kein aus himmlischen Höhen leuchtendes Blau, keinen meisterhaften Pinselstrich, es war ein Bildnis für Krämer, die Jungfrau war sturmgewitterblau, und ihre roten Ärmel waren ein Zeichen von Blut.

Die Madonna mit ihrem Kind auf dem Arm vor einem gelben Hintergrund, den in Gold zu halten das Geld gefehlt hatte, ließ ihr Skapulier auf den heiligen Simon Stock herabfallen, dieses Gewand konnte jeden vor den Strafen des Fegefeuers erretten. Der Mönch, der den Orden der Karmeliterinnen angeführt hatte, nahm das Geschenk an, er war umringt von den beliebtesten Heiligen, die ihre Segnungsgesten zur Schau stellten.

Für Clara lag in diesem Gemälde die Heiligkeit, Männer und Frauen auf den Knien, mit abgenutzten Kleidern und gepeinigten Körpern, verwundet und ausgelöscht, wie der von Pfeilen durchbohrte heilige Sebastian oder der heilige Petrus Martyr mit einem Messer im Kopf und einem Schwert in der Brust, die Hände von Nägeln durchbohrt und die Füße von Hunderten Hämmern zertrümmert.

Sie waren verbrannt oder gehängt worden, man hatte ihnen die Eingeweide herausgerissen, dann hatte man sie gemalt, für immer festgehalten in ihrem Unglück, das die Jahrhunderte zu Legenden verdichtet hatten, und so wollte sie sein: Raum und Zeit überwinden, ewig werden.

Während Clara sie betrachtete, dachte sie an die Hände der Händler, die ihre kindliche Existenz gewogen hatten wie eine Rinderzunge: gut für die Suppe, gut, um in Scheiben geschnitten zu werden. Die Zudringlichkeit der Finger ihres ersten Herrn kam ihr in den Sinn, des Türken, der ihr Arabisch beigebracht hatte, der verlangte, dass sie die Fenster öffnete und schloss, in den Stunden der Schwüle den großen Fächer bewegte, seine langen Pfeifen immer blank hielt, und ihr am Abend befahl, sich zu ihm auf das wassergrüne Sofa zu setzen, zu ihr sagte: Wenn du größer bist, und sie dann mit feuchten Lippen auf den Kindermund küsste.

Suor Clara, wir sind bereit für die Wahl, hatte Suor Anna sie aus ihren Gedanken gerissen. Da hatte La Moretta sich erhoben und bekreuzigt, hatte das wenig kunstvoll ausgeführte Bildnis der heiligen Klara angesehen und geantwortet: Ich komme.

Im Refektorium waren alle fünfzehn Nonnen versammelt, dieselben, die den Tod der vorherigen Äbtissin Suor Maria Prospera beweint hatten und nun mit erwartungsvollen Augen auf sie blickten.

Suor Anna hatte die Urne auf den Tisch gestellt, an dem sie ihre Mahlzeiten einnahmen, und die Anwesenden gezählt, zuerst sollten die Novizinnen wählen, dann die Laienschwestern und dann die Chorsängerinnen, jeder hatte sie zwei Steine gegeben, einen schwarzen Stein, der Nein bedeutete, und einen weißen, der Ja bedeutete.

Mit schnellen Schritten hatten die Nonnen, als sie an der Reihe waren, den Saal durchquert und ihren Stein in die Urne gelegt, den anderen in ihrem Gewand zurückhaltend; erst am Ende würden sie in dem Tongefäß, das für den Wahlvorgang verwendet wurde, Weiß und Schwarz wieder vereinen.

Einer um den anderen waren die Steine blitzartig in die Urne gefallen, die Steine für Suor Clara, *tock, tock* hatten sie gemacht, in ihren Ohren brachte ein jeder seinen eigenen Klang hervor, wie ein Ton, der Ton einer weißen und einer schwarzen Taste.

Suor Clara hatte ihre Hände angesehen, die hellen Nägel, die dunklen Finger, die Haut, die in diesem Klima austrocknete, die Sonne, Wind und Felsen gebraucht hätte; wenn in Serra Schnee fiel, litt sie, an nichts hatte sie sich wirklich gewöhnt, weder an die Kälte noch an das Essen, die Gerüche oder die Sprache, auch nicht an die Art, sich zu kämmen oder die Wäsche zu waschen, sie war sie selbst geblieben, aber zur Märtyrerin geworden.

Nella hatte ihren Stein genommen, als Novizin war sie unter den Ersten an die Urne getreten, hatte ihn hineingeworfen, dann war sie schweigend an ihren Platz zurückgekehrt.

So hatten es alle gemacht, und nachdem sie selbst ihre Stimme abgegeben hatte, hatte Suor Anna das Gefäß genommen und auf dem Tisch ausgeleert, sie hatte die verstreuten Steine betrachtet und still mit den Fingern gezählt. Bei sich hatte sie gedacht: eins, zwei, drei vier, sie war schon bei zehn angelangt, bei elf, sie hatte weitergezählt.

Vierzehn weiße und ein schwarzer, hatte sie am Ende verkündet und ihre eigene Unterstützung für Suor Clara durch ein breites Lächeln zum Ausdruck gebracht.

Alle hatten ihr die Hand gedrückt, auch Nella, aber Suor Clara bedachte sie mit einem skeptischen Blick, zum ersten Mal wurde ihr klar, dass sie in diesen Mauern womöglich eine Feindin hatte.

\* \* \*

Die Stille hüllte sie ein wie Samt, im Liegen, in den Türrahmen lehnend, wenn das Wasser aus den Waschschüsseln ihre Körper benetzte, im Garten gebückt, auf Bänken sitzend, mit Tinte an den Fingern, die Stille hielt sie sicher umfasst.

Das war die erste Regel, die Suor Clara Nella beigebracht hatte, die Regel der Stille.

Die ersten Jahre waren die schwierigsten gewesen, die Grausamkeit von Verbannung und Stille hatte sie ausgeschabt wie den Boden eines schon leeren Fasses, nur noch Gerippe und Trommel, das brachte keine hohen Töne hervor, erstarb unter den wiederholten Bewegungen.

Untereinander erlaubt waren Blicke, Andeutungen, kaum merkliche Gesten, zusammengezogene Brauen bei bevorstehenden Strafen, Flüstern in Augenblicken der Mühsal, im Übrigen aber mussten ihre Kehlen stumm bleiben.

In Nellas Zelle gab es ein Bett, einen Schrank, ein Kruzifix und einen Wasserkrug, das Fenster war klein und hoch oben, vergittert, jeden Abend wurde der Schlüssel zu ihrem Zimmer zweimal herumgedreht, jeden Morgen wurde der Raum nur zum Gebet geöffnet.

Nella hatte sie gezählt, die Tage, die sie in dieser Zelle verbracht hatte, wenn sie etwas falsch machte; wenn sie murrte, wenn sie sich beklagte, wenn sie lästig war oder aus Trotz etwas Böses tat, sperrte Suor Clara sie dort ein, um sie die Einkehr zu lehren, das stille Gespräch mit Gott, die Bitte um Vergebung, die sie nur in der Einsamkeit würde erlangen können.

Sie, die Gebete hasste, musste sie auswendig lernen, um sie sich selbst vorzusagen, obwohl doch eine Bitte rein, ohne die Vermittlung von Worten, dem Herrn vorgebracht werden musste.

Ihr fehlten die Geräusche, alle, vom Rauschen des Misa über das Plumpsen der Mehlsäcke und das Getrappel der Pferde in den Gassen bis zum Krachen eines morschen Baumes, der gefällt wurde, sogar die Stimme ihres Vaters, die Stimme Violantes, das Weinen Adelaides, wenn sie sich im Spiegel ansahen und sie Nella schöner fand und zu ihr sagte: Du bist schrecklich.

Auch die lästigen Geräusche, wie Hunde nachts unter dem Fenster, die Rufe der Menschen auf der Piazza, das Knarren der von sommerlicher Feuchtigkeit gequollenen Türen, ließen sie aufseufzen, wie in ihrer Kindheit, als sie sich vom Hügel herunterrollen ließ und sagte, ich will keinen Mann, ich will keinen Segen, ich möchte reisen und die Anarchie erleben.

Das einzige Geräusch im Kloster war das Läuten der Glocke, die die Stunden des Tages einteilte, in Zeit fürs Gebet, Zeit fürs Lernen und für die Arbeit, jede der Schwestern hatte eine bestimmte Anzahl von Glockenschlägen, die ihren Name anzeigten und sie bei Bedarf zur Äbtissin riefen, ihr waren sieben zugeordnet, und jedes Mal musste sie sich unterbrechen, die Hand vom Buch heben und zählen, eins, zwei, fünf, sechs und hoffen, dass der letzte Schlag nicht käme, doch er kam immer, der siebte Glockenschlag.

Die Gebete des Tages wurden an die Türen geheftet, die Bibelstellen, mit denen man sich befassen sollte; mit dem Finger wurde eine jede von ihnen beim Appell gezählt, wurde ihr ein Platz am Tisch im Refektorium zugewiesen, wurde sie zum Putzen in die Küche geschickt.

In den wenigen Momenten, in denen es erlaubt war, zu sprechen, durfte von nichts anderem die Rede sein als von Gott, musste man die Gebete, Bücher und Parabeln deuten.

Dank des Unterrichts durch ihren Großvater konnte Nella lesen und schreiben, sie war nie besonders lerneifrig gewesen, doch sie wollte Suor Clara beweisen, dass nichts sie zwingen konnte, Küchenmagd zu sein, also lernte sie Tag und Nacht, sie nahm die Bücher mit in ihre Zelle, ging sie immer wieder durch. Während die anderen in der Kapelle die Hände falteten, wiederholte sie im Stillen die lateinischen Konjugationen, ich bin, ihr seid, wir sind.

Die Zeit war zum Raum der Worte geworden, nichts anderem widmete sie ihre Aufmerksamkeit, Buchstaben lagen ihr stumm auf der Zunge, und im Lauf der Monate und Jahre konnte sie, wenn die Rede auf Gesänge, Oden, Gleichnisse kam, besser darüber sprechen als die anderen, ganze Passagen kannte sie auswendig, sie korrigierte die Choristinnen, wenn sie einen Fehler machten, die Musik war ihre Leidenschaft geworden, die Musik, die sie hören konnte, wenn Suor Clara Orgel spielte.

Oft spielte sie nur für die Schwestern, fernab von den Leuten, durch die Klosterfenster strömte ihre Musik bis hinunter in den Ort, und die Menschen blieben unter den Mauern stehen, doch dieser Klang gehörte allein den Nonnen, und Nella wiederholte im Stillen die Töne, die Suor Clara hervorbrachte, indem sie die Tasten anschlug, durch das Vibrieren der Orgelpfeifen, die Triller der Zimbeln.

Worte reichen nicht aus, um Gott nahe zu sein und Ihm zu dienen, meinst du, meine Gebete allein hätten ausgereicht zu erwirken, dass wir nicht aus unserem Kloster vertrieben werden?, hatte Suor Clara sie eines Tages gefragt und beiseitegenommen.

Du bist dabei, die Beziehung zu deinen Schwestern und den Gaben Gottes zu verlieren, unsere Aufgabe ist es, uns im Gleichgewicht zu halten, hast du je einen dieser Männer vom

Zirkus gesehen, die auf einem gespannten Seil gehen? Ich habe das als Kind erlebt, ich war eben in Italien angekommen, auf einem Jahrmarkt bei Jesi. Wir stehen auf dem Seil zwischen der Wirklichkeit und dem Himmel Gottes, zu viel Wirklichkeit entfernt uns von Ihm, zu viel Himmel macht Ihn uns feind, unsere Aufgabe ist es, uns in der Mitte zu halten, zu beten und zu arbeiten, deine Hände sind nicht nur dazu da, Seiten umzublättern und Gesänge zu schreiben, hatte sie entschieden hinzugesetzt und ihr ein Blatt gegeben mit den notwendigen, sich geziemenden und unumgänglichen Aufgaben für die Woche: Von Montag bis Samstag sollte sich Nella mindestens zwei Stunden am Tag handwerklichen Tätigkeiten widmen.

Verärgert hatte Nella auf das Blatt geschaut, hatte die Liste gelesen, mit den Augen eines Kindes, das im Zimmer bleiben muss, während draußen die Sonne scheint.

Von diesem Montag an und für immer würde Nella mit einer der Laienschwestern zusammenarbeiten, würde das Wachs auf den Papierblumen erkalten sehen, den Duft des Rosengelees atmen, Leintücher besticken zum Verkauf in Senigallia, die Weinflaschen ins Kühle stellen, vor allem aber das Gemüse in dem kleinen Klostergarten ernten, der sie allein ernähren musste, da das umliegende Land schon längst nicht mehr ihnen gehörte.

Die Schwestern Gärtnerinnen säten, sahen die Pflanzen wachsen, versorgten und ernteten sie, mit ihren Strohkörben zwischen den Reihen der Pflanzen umhergehend und still wie beim Jüngsten Gericht pflückten sie etwas, um ihre Tafel maßvoll zu bereichern.

Jede Gärtnerin kannte wie die Pachtbauern das unumstößliche Gesetz: Nichts von dem, was mit ihrer Hände Arbeit gepflanzt worden war, würde je ihnen gehören.

Die Schwestern waren keine Herrinnen, über nichts konnten sie verfügen, nichts konnten sie verkaufen oder verschenken, außer dem, was die Äbtissin festlegte, weil sie es für das

Kloster und zur Erfüllung des Willens Gottes für schicklich hielt. Persönliche Einkünfte gab es nicht, das Geld gehörte der Gemeinschaft.

Nach einem heftigen Regenguss mussten sie den Schlamm wegschaufeln, nach einem schrecklichen Wind die Blätter einsammeln und die jungen Pflanzen hochbinden, nach einem Hagelschlag beweinten sie Wirsing, Kohl und Kürbisse, die vernichtet worden waren, und pflanzten sie am nächsten Tag neu.

Nella sah sie arbeiten und tat, was ihr aufgetragen war, jeden Tag dieselben Handgriffe, und sie fragte sich, was die anderen wohl denken mochten, weil sie noch nicht gelernt hatte, die eigenen Gedanken zum Schweigen zu bringen, und wenn die Worte sie zu beschäftigen und von ihren Sorgen abzulenken vermochten, machte die Arbeit sie wieder wachsam, und jede Stunde des Rosenschneidens war eine Stunde des Schreckens und der Unruhe: Die Welt draußen existierte, und sie hier waren Gefangene.

Es gab Zeiten, da sie alles hasste, ihre Nächte auf dem Bett sitzend verbrachte und sich sagte: Ich stecke alles hier in Brand, und sie dachte an den Garten, der von den Flammen verzehrt würde, zusammen mit den Altären, den Vorhängen, den Kuchenformen, dem immer mit bitterem Kakao gefüllten Krug, den Suppenschüsseln, den Kränzchen aus Wachsblumen, ich stecke alles hier in Brand, und ihr werdet verschwinden.

Einmal hatte Suor Clara ihre Verfassung bemerkt und ihr einen Zettel aufs Kissen gelegt: Die Angst vor den Menschen hat Pilatus dazu gebracht, den Erlöser zum Tode zu verurteilen, stand darauf, und das sollte Nella warnen, dass sie sich von diesem Zeitpunkt an ihren Ängsten zu stellen habe, um sie aus ihrem Herzen zu verbannen und Frieden zu finden.

Am folgenden Mittwoch war Suor Clara zu den Schwestern Schneiderinnen gegangen und hatte ihnen ein zu nähendes Brautkleid mitgebracht, was selten vorkam bei den Nonnen, die allenfalls Kopfkissenbezüge, Laken oder Altartücher verfertigten. Diesmal hatten sie es übernommen, eine sehr fromme Adelige am Tag ihrer Hochzeit einzukleiden, denn sie wollte keusch sein, wollte, dass reine Nonnenhände sie zum Altar geleiteten.

Suor Clementina hatte ihr den weißen Stoff in die Hände gelegt und ihr den Schnitt gezeigt, den sie entworfen hatte, würdevoll, schmucklos, schlicht und rein, hatte ihr die Schere in die Hand gedrückt und vorgeführt, wie man den Stoff zuschneidet.

Nellas Hände zitterten, als sie an Suor Clementinas Markierungen entlangfuhr, die sie für sie angebracht hatte, auch wenn sie wie jede Frau in Serra all ihre Kleider seit jeher selbst nähte, für die Festtage, für die Feldarbeit, für die Beerdigungen; seit ihre Mutter fast vollständig blind war, nähte Nella für sie alle.

Und doch war es, als hätte sie es verlernt, die Nadel wollte nicht ins Gewebe eindringen, sie verlor den Faden, der Schnitt war ungenau, der Stoff kräuselte sich: Sie hasste Bräute.

Eines hättest du nicht tun sollen, eine einzige Sache: schwanger werden, bevor du einen Bräutigam hast. Ist das so schwer? Sie hörte die Stimme ihres Vaters, spitz wie die Nadel.

Ist das so schwer?

Ist das so schwer?

Ist das so schwer?

Mit Tränen in den Augen bewegte sie die Nadel auf und nieder, führte sie ungeschickt durch den Stoff, ermattet vom eigenen Abscheu, wenn sie gekonnt hätte, hätte sie auf jede Braut und auf jeden Schleier gespien.

Da war Suor Clara hinter sie getreten, hatte ihr eine Hand auf die Schulter gelegt, still und ruhig hatte sie sie dort liegen gelassen, ohne Druck auszuüben, jede Träne, die fiel, fing diese Hand auf, sie verzieh und sagte: Dies ist der Ort, an dem du nie Angst haben wirst, mit mir verblasst jeder Albtraum, deine Schwestern sind deine Bräute, wir brauchen keine Schleier und Kränze, Ehemänner und Mitgiften.

Wir sind für immer stark, Gott wird uns unbesiegbar machen.

\* \* \*

Das Amt der Äbtissin wurde im Lauf der Jahre von Frau zu Frau weitergegeben, eine mühsam errungene weibliche Eigenständigkeit, eine mit Hingabe aufrechterhaltene Möglichkeit der Selbstbestimmung.

Die Nonnen wählten ihre Führung selbst, diejenige, die die Buchhaltung überwachen, einer jeden die richtige Aufgabe zuweisen, auf Abwege Geratene wieder heimholen und die verlorenen Geister der Vergessenheit entreißen musste, die sich vor allem aber nicht von der Welt tyrannisieren lassen durfte, denn viele klopften an die Pforte des Klosters, nicht nur, um Gehör, Hilfe, eine Fürbitte zu erlangen, sondern auch um zu schmähen, zu verspotten und verächtlich zu machen, und wie ein Damm würde sie das süße Wasser fließen lassen, das unreine abhalten, sie würde den Sumpf zurückdrängen, seine Zuflüsse ableiten.

Das war die Aufgabe, die Suor Clara übernehmen wollte. Vom ersten Tag an, da sie das Kloster der Musikschule oder ihrem Heimatland vorzog, hatte sie Äbtissin werden wollen.

Als Nella gerade ins Kloster gekommen war, hatte Suor Maria Prospera noch gelebt, eine lange Krankheit hatte sie mittlerweile ans Bett gefesselt, auf ihrem Altar aus Dornen und Runzeln lag sie und starrte auf das Kreuz, und sie, vor allem die Jüngeren wie Nella, mussten bei ihr wachen, sie füttern, sie mit Gazetüchern waschen, mit ihr und für sie beten.

In Suor Maria Prosperas Zimmer hing schon der Geruch des Todes, aber trotz ihres Leichengesichts verlangte sie nach wie vor Nachrichten aus dem Kloster, erteilte halbherzige Befehle, wollte sich jeder Schwierigkeit annehmen, ließ Suor Clara allein rufen und flüsterte ihr ins Ohr, bat sie, Dinge für sie zu übernehmen.

Eines Tages im Februar, als Nella erst siebzehn war, hatte Suor Maria Prospera Suor Clara gebeten, den Priester zur Letzten Ölung zu rufen, weil sie nun sterben werde.

Nach diesen Worten von Suor Maria Prospera hatte Suor Clara unverzüglich Don Agostino gerufen, in der Tat war es in seltenen Fällen wie Krankheit und Tod – vor allem Geistlichen – erlaubt, die Schwelle des Klosters zu überschreiten.

Da hatte Don Agostino an die Pforte des Klosters geklopft, und die Schwester Pförtnerin hatte gesagt: Ich werde die Äbtissin rufen, womit sie Suor Clara meinte, als ob sie schon gewählt wäre.

Suor Clara war herbeigeeilt, hatte das Sprechgitter öffnen lassen und das schmale Gesicht und die hellen Augen des Priesters vor der Tür gesehen und gesagt: Wartet, Pater.

Dann war sie wieder hineingegangen, über Treppen und durch Korridore, hatte die Nonnen aus Küche, Garten und den Vorratskammern durch Klingeln in den Hauptkorridor mit den Zellen zusammengerufen.

Jede in ihr Zimmer, hatte sie resolut befohlen und mit allen Schlüsseln in der Hand eine um die andere ihrer Schwestern in ihre Zelle eingeschlossen.

Mit gespenstisch aufgerissenen Augen hatte Nella zugesehen, wie sie sie einsperrte, während sie im Herzen hoffte, dass jemand von draußen gekommen sein mochte, um Nachrichten aus Serra oder von ihrer Familie zu bringen, doch als Don Agostino zum Zimmer von Suor Maria Prospera hinaufgestiegen war, hatte er dort nur Suor Clara angetroffen, steif in ihrer Nonnentracht, ihr Kraushaar unter dem Schleier zusammengehalten, mit dem Ausdruck von jemandem, der ihn, wenn es nicht unumgänglich notwendig gewesen wäre, lieber nicht gesehen hätte.

Bitte, Pater, hier entlang, und sie hatte ihm den Raum der Sterbenden gewiesen. Möge Gott sie zu sich nehmen, hatte sie noch hinzugesetzt.

Wo sind die anderen Nonnen?, hatte er verwundert gefragt, als er die sie umgebende Leere bemerkte.

Jede an dem Ort, der ihr gebührt, hatte Suor Clara mit einem leichten Lächeln auf den Lippen geantwortet, das kein Säumen oder Geplänkel duldete, in der Tat erlaubte die alte Ordensregel Begegnungen zwischen den Nonnen und Besuchern nur, wenn es unbedingt nötig war, und Suor Clara hatte die volle Absicht, die alten Regeln zu befolgen, denn die hatten sie bisher am Leben erhalten: Wie Quitten, wenn man ihnen den Saft entzieht, so würden ohne feste Regeln auch sie in ihren Gläsern vertrocknen.

Don Agostino hatte noch rechtzeitig Amen sagen und Suor Maria Prospera die Hand drücken können, damit sie zwei Nächte später unter unablässigen Qualen und Schmerzen diese Welt verlassen konnte.

Im Lauf der Jahre hatte Don Agostino oft an die Pforte des Klosters geklopft und um Gehör gebeten, und immer hatte er nur Suor Claras unerschütterliches Gesicht zu sehen bekommen.

Ich muss mit Suor Nella sprechen, in ihrer Familie ist ein schreckliches Unglück geschehen, hatte er eines Tages vor dem Sprechgitter stehend zu ihr gesagt, die Hände vor dem Körper gefaltet.

Worum geht es?, hatte Suor Clara gefragt.

Ihr Bruder, Antonio Ceresa, ist durch den Irrtum eines Bauern auf dem Feld erschossen worden, hatte Don Agostino erklärt.

Wir werden für ihn beten, hatte Suor Clara gesagt, ohne weiter etwas hinzuzufügen.

Vielleicht wäre es gut, wenn Suor Nella in Kenntnis gesetzt würde und an der Beerdigung des Bruders teilnehmen könnte, der Familie geht es fürchterlich schlecht, der Vater verliert all sein Geld, die Schwester ist entsetzlich krank, und die beiden Jungen ...

Ich danke Euch, Don Agostino, aber ich denke, ich bin imstande zu beurteilen, was für meine Schwestern das Beste ist, und ich glaube, dass es für Suor Nella gar nicht gut ist, von der Sache in Kenntnis gesetzt zu werden, das würde sie nur von ihren Aufgaben und vom rechten Weg abbringen, den sie in diesen Jahren mühevoll gefunden hat, und Ihr werdet der Familie beistehen, wie Ihr das immer getan habt, vor allem den beiden Jungen, hatte die Nonne geantwortet, und Don Agostino hatte nicht erkennen können, ob in ihren Worten jene Ironie verborgen war, die an Verachtung grenzt.

Jemand anderer an seiner Stelle hätte sicher auf seinem Standpunkt beharrt, wie all die Kirchenmänner, die sich stets verpflichtet fühlten, den Schwestern Weisungen zu erteilen, sie zu tadeln und fügsam zu machen, aber da nun einmal sie da war und mit ihrer eisernen Haltung durch die Jahre hindurch nur selten jemandem von ihnen Einlass und Einblick gewährt hatte, hatte Don Agostino auch dieses Mal nachgegeben, wie jedes Mal.

Nicht lange nach Antonios grässlichem Tod hatte Suor Evelina sich an einem Balken erhängt und ihrem Leben ein Ende gesetzt, ihre nackten Füße hatten im Leeren gebaumelt und um Vergebung gebeten für ein Leben, das zusammen mit dem letzten Todesschweiß auf den Boden troff.

Als alle herbeigeeilt waren, hatte Suor Clara in Nellas Augen den Widerschein eines Wunsches gesehen: Mehrmals hatte das junge Mädchen in diesen zehn langen Jahren daran gedacht, auf dieselbe Weise zu gehen, und vielleicht hatte nur La Moretta sie von einem unumkehrbaren Schritt abgehalten, indem sie von ihr behütet und poliert worden war wie Gold und Silber von den sorgenden Händen eines Juweliers.

Verlasst das Zimmer, hatte Suor Clara gesagt, Nella mit ihrer warmen Hand am Arm genommen und aus der Zelle der Erhängten hinausgeführt.

Leise hatte sie zu ihr gesagt: Du musst beten, und sie in ihrer Zelle eingeschlossen.

Gesagt hatte sie, du musst beten, doch gemeint hatte sie: Du musst der Versuchung widerstehen.

Als Don Agostino zum Zimmer von Suor Evelina hinaufstieg, die man vom Strick genommen und auf das Bett gelegt hatte, das Gesicht durch die Erstickung blau angelaufen, die Lippen weiß und trocken, die Glieder steif, die Augen erst seit Kurzem geschlossen, waren sämtliche Nonnen wieder in ihre Zellen geschickt und dort eingeschlossen worden.

Don Agostino hatte sich bekreuzigt und gesagt, nein, dass man sie nicht in der gemeinsamen Grabstätte der Nonnen beisetzen und ihr auch kein Begräbnis bereiten könne, auch nicht unter Ausschluss der Öffentlichkeit im Kloster, denn Selbstmord sei Sünde, und Unser Herr werde keine befleckte Seele in Seinem Paradies aufnehmen.

Versteht doch, Suor Clara, das ist nicht möglich, das ist Häresie, hatte der Priester wiederholt und eine gewisse Genugtuung kaum verhehlen können, weil diesmal er derjenige war, der auf die Regeln pochte.

Haltet die Paramente für morgen früh bereit, die Zeremonie findet hinter verschlossenen Türen in unserem Kloster statt, und Suor Evelina wird bei ihren Schwestern beigesetzt, hatte Suor Clara in einem solchen Ton gesagt, dass den Priester ein Schauder überlief.

Das ist nicht möglich, Schwester, darin werdet Ihr mir beipflichten, das darf nicht sein, wir könnten uns höchstens an den Bischof von Ancona wenden und ihn um seine Meinung in dieser schwierigen Angelegenheit bitten, hatte er erwidert und dabei heftig und gequält seine Hände gerieben.

Ich glaube nicht, dass wir das tun werden, Pater.

In diesem kleinen Raum, wo nur sie beide waren und eine Nonne, die sich erhängt hatte, hatte Suor Clara ihn gemustert, er mit ergrauendem Haar, sie mit einem glatten Gesicht, das kein Alter zu kennen schien, mild strömte die Luft durch das Gitterfenster, die Sonne drang nicht durch die Wolken, er war ein Mann, sie war eine Heilige, ihr würden die Leute Denkmäler errichten, ihn würden sie vergessen.

Es sei denn, Sie wollen, dass ich den Bischof in einer Reihe von uns alle betreffenden Fragen konsultiere, hatte Suor Clara hinzugesetzt, mit einer Betonung auf dem uns alle, als wäre es die Taste eines verstimmten Klaviers. Der Ton war schrill gewesen und hatte ihn an der Kehle gepackt.

Der Priester hatte geschwiegen, eingehüllt in seinen Schrecken, er, der aus Como hierher in diesen Flecken Land gekommen war, wegen dieses anonymen Grüppchens von Nonnen und Schwestern, und jetzt fühlte er sich als ihre Geisel.

Zwischen fest verschlossenen Lippen hatte er zu dem Kruzifix an der Wand gewandt hervorgepresst: Vergib ihr, dann hatte er mit langen, bitteren Schritten den Raum verlassen.

Suor Clara hatte ihre Hand auf die von Suor Evelina gelegt, eine eiskalte, schlecht gewordene Hand, eine Hand für Würmer und Maden, die Hand einer Selbstmörderin, und hatte zu ihr gesagt: Keine Sorge, meine Liebe, niemand wird dich mehr wegbringen.

* * *

Suor Orsola hatte davon geträumt, ihre Tage in der Klosterküche zu verbringen, die Töpfe mit Butter auszustreichen, Öl in die Pfannen zu gießen, für das Gebäck die wie Ähren aussehenden Backformen zu benutzen, Glasuren zu schmelzen, aber sie hatte dafür einfach kein Talent, sie verbrannte jede Pastete, jedes Ei fiel ihr aus der Hand, beim zehnten Glas, das sie auf die Stufen des Refektoriums fallen ließ, hatte Suor Clara sie beiseitegenommen und ihr zu verstehen gegeben, dass ihre Tage in der Küche vorbei waren.

Sie hatte ihr erklärt, dass sie von nun an eine ebenso wichtige Aufgabe haben werde, die Verantwortung und Geschick erfordere, Intuition und Festigkeit, sie hatte sie an die Pforte gesetzt, jeden Tag war sie nun von morgens bis abends dort, mit offenen Augen und gespitzten Ohren, empfing oder verjagte diejenigen, die an der Klosterpforte klopften.

Suor Orsola lebte nur in Teilklausur, sie redete und sah mehr als die anderen, Gesichter und Hände jenseits des Sprechgitters redeten auf sie ein, baten um Aufnahme, unter Tränen, schreiend, stumm.

Ich bitte Euch, Schwester, helft mir, sagten sie zu ihr.

Das Kloster war nie verschlossen gewesen, die Einwohner von Serra hatten dort immer Zuflucht gefunden, für die Beichte, in Freud und Leid, vor dem Hunger.

Hoch oben auf seinen Mauern saß das Kloster wie ein Adler, brütend in seinem Horst, hob die Krallen, um aufzufliegen, hackte auf die trotzigen Köpfe der Feinde ein, ein steinernes Denkmal, das jedoch seine Wurzeln in die Fundamente der Häuser treiben, unter den Straßen hindurchwachsen, das Mauerwerk verwittern lassen und bis in die Felder hineinwachsen konnte.

Jedes Mal, wenn jemand klopfte, war es an Suor Orsola, zu entscheiden, wie zu antworten war, ob sie ihn abweisen, der Äbtissin Bescheid sagen oder ihm ein Geschenk geben sollte, und diese sanfte Macht hatte jeden Groll darüber, dass sie nicht diejenige sein konnte, die ihre Schwestern nährte, aus ihrem Herzen vertrieben.

Die erste Nacht, da Suor Orsola das Kind sah, war eine von denen gewesen, die früh hereinbrechen, schon zur Stunde des Abendgebets, die Pförtnerin wollte das Sprechgitter gerade schließen und die Kette vorlegen, bald würde die Stunde kommen, da man im Kloster zur Ruhe ging, jahrhundertelang hatten sie dieselben Rituale beachtet, dieselben Zeiten eingehalten, waren beim letzten Glockenschlag zu Bett gegangen.

Habt Ihr Brot?, hatte der Junge gefragt und war wenige Schritte vor dem Gitter stehen geblieben.

In der Dunkelheit hatte ihn Suor Orsola angesehen: Der Junge hatte zerzauste schwarze Haare, schwarze Augen, die das Gesicht wie einen Albtraum wirken ließen, hohlwangig, sonnenverbrannt, spitzes Kinn, ein angedeutetes Lächeln auf den Lippen.

Ich kann dir welches holen, hatte die Schwester da gesagt. Ich sehe in der Küche nach.

Doch bevor sie ging, hatte sie ihn noch einmal betrachtet, hatte die schmutzigen Arbeitshosen bemerkt, die Hände mit den verletzten Gelenken, er hatte sich zum Sprechgitter vorgebeugt, sie hatte seine langen Wimpern gesehen, die Milchzähne, das Lächeln des Jungen war breiter geworden.

Die Schwester war zurückgewichen, fast hatte sie Angst, er wolle sie beißen, sie hatte gedacht, der Herr wolle sie auf die Probe stellen.

Da hatte sie sich umgewandt und war mit schnellen Schritten in die Küche gegangen. Unter einem Tuch standen da in einem Korb die Brotreste vom Morgen, in der Kruste etwas hart geworden, innen aber noch weich, sie würde dem Jungen sagen, er solle die erste Scheibe abschneiden und für eine Suppe verwenden, dazu genügten heißes Wasser, Salz und ein Büschel Kräuter.

Aber als sie zur Pforte zurückkam, war von ihm keine Spur mehr: Er hatte die kalte Luft zurückgelassen, die den Schlaf ankündigt, seine Spuren am Boden waren mit ihm verschwunden, als ob er mit dem Wind davongeflogen oder aus einem Graben herausgekommen wäre, wie vom Erdboden verschluckt.

Unter Schaudern hatte Suor Orsola das Stück Brot trotzdem dagelassen, eingepackt in ein Stück Papier ins Rad gelegt, weil das ja womöglich kein Traum gewesen war, sondern nur ein Zeichen der Schüchternheit, ein Zeichen des göttlichen Willens, sie mussten den Armen geben, auch wenn sie nicht darum baten, auch wenn sie sich schämten und davonliefen, und vielleicht würde der Junge ja wiederkommen.

Das Brot war im Rad liegen geblieben, andere hatten es später verzehrt, aber sie mussten schon zwei Scheiben für die Suppe abschneiden.

In den folgenden Nächten hatte Suor Orsola schlecht geschlafen, sie hatte sich an die schimmernden Zähne erinnert, hatte gedacht, sie sei von irgendeinem Bengel, der neugierig war und dumme Streiche spielte, an der Nase herumgeführt worden.

Zeit, viel Zeit war vergangen, und der Junge war zwei-, dreimal wiedergekommen, einmal im Jahr kehrte der Junge zurück.

Jedes Mal hatte Suor Orsola das Spiel mit dem Brot mit ihm gespielt, er bat darum, und sie ging es holen, er verschwand, und sie träumte vom schiefen Lächeln einer Puppe, die aus dem Fenster geworfen wird.

Jedes Jahr wurde der Junge größer, und auf seinem Gesicht machte sich ein erwachsener und spöttischer Ausdruck breit, die immer schwärzeren Augen waren Holz, Rauchfang und Ofen, die Stirn von Staub und Schweiß gezeichnet, in den Händen mit den vortretenden Adern pulsierte das Blut, sie wären stark genug gewesen, dieses Tor niederzureißen.

Als sie ihn fragte: Wie heißt du?, hatte er geantwortet: Ich habe keinen Namen.

Nach etlichen Jahren war aus dem Jungen ein Mann geworden.

Als sie ihn schließlich eines Tages vor sich sah, verändert und verwundet, begriff Suor Orsola, dass das Spiel mit dem Brot vorbei war, und beschloss, mit Suor Clara darüber zu reden, ins Ohr flüsterte sie ihr: Seit langer Zeit kommt da ein Junge, bittet um Brot und verschwindet dann, er ist jetzt da, ich glaube, er leidet …

Da stieg Suor Clara in die höchstgelegenen Zimmer des Klosters, in den Raum für die Rechnungsbücher und Inventare, aus deren Fenster man sich nur schwer hinauslehnen konnte.

Sie rückte Möbel und Schränke beiseite, gelangte ans Gitter, und von dort aus sah sie ihn: Der Junge vor den Klostermauern stand jetzt still und schaute nach oben, die dunklen Augen zum Himmel gewandt, in der Linken einen hölzernen Gehstock, am Bein einen Verband bis zum Knie.

Suor Clara erkannte ihn, und von dort oben betrachtet schien ihr der Junge zu beben vor Zorn und Tränen.

## Er, ja, er wird böse zu dir sein

Rekrut Nummer dreißigtausendfünfhundertvier vortreten, hatten sie zu ihm gesagt, und er war vorgetreten.

Um sechs Uhr morgen früh hast du dich zum Appell bei deinem Oberst im Hof einzufinden, und er hatte genickt.

Abtreten, und er war abgetreten.

Er war fleißig, hilfsbereit, stark und verlässlich wie jede Nummer.

Er hatte sich gefragt, welches Geräusch ein Kopf macht, wenn er abgeschnitten wird, über den Boden rollt, wo dieser Kopf ohne Hals, ohne Arme und ohne Herz sich verstecken würde, wie viel Blut tags darauf andere Köpfe wegwischen müssten.

Wenn man nur die erste Klasse Volksschule besucht, kann man mit den Fingern zählen, wenn man größer wird und arbeitet, sind die Zahlen das Geld, das man verdient und nach Hause bringt, wenn es beim Zählen weniger Finger wurden, ging er nicht mehr zur Arbeit, wenn es mehr wurden, überkam ihn Misstrauen, denn bestimmt sind die Herren nicht dazu da, einem Geschenke zu machen, wenn sie mehr geben, wollen sie auch mehr.

Um sechs Uhr morgens am dreißigsten Oktober des Jahres neunzehnhundertelf ging der Rekrut Nummer dreißigtausendfünfhundertvier in den Hof und reihte sich ein.

Euer Vaterland braucht euch, sagte der Oberst zu allen angetretenen Rekruten.

Die Sonne war kalt, sie zeigte sich gerade erst nach einer unruhigen Nacht, sie wusste nicht, was an diesem Tag geschehen würde, und in ihrer Ignoranz als Himmelsgestirn ging sie weiter auf und wärmte, auch wenn vom Boden her Nebel aufstieg.

Von heute an zählen eure Frauen nicht mehr, eure Verlobten, eure Mütter, von heute an ist das Vaterland alles für euch, für das Vaterland müsst ihr kämpfen, der Oberst rückte die Uniformjacke zurecht, das Gesicht so ernst und angespannt wie das von jemandem, der weiß, was er sagen muss, leuchtender Stahl über fernen Bergen, von der Höhe aus die Bewegung der Winde in der Luft nachzeichnend.

Er werde sie zum Olymp führen, zu Ruhmreichen machen, eingereiht würden sie unter die Namen derer auf den Gedenktafeln auf den Piazze; von allen bewundert, würden an Festtagen Blumenkränze für sie niedergelegt werden, zerstreut würden die Passanten im Vorübergehen ihre Namen, ihr Geburts- und Todesdatum sehen, Carmine, Francesco, Augusto.

Dieses Vaterland ist arm, es braucht Nahrung, und wenn es hier nicht genug davon gibt, muss man sie bei anderen suchen, unter ihren Truhen, in den Körben in der Küche, in den Gärten hinter dem Haus.

In den Häusern der anderen werde es fettes Fleisch an glutheißen Spießen geben, erklärte der Oberst, Obstbäume voll goldener Mispeln, grüne Täler als Weide für wundersame Tiere, die immer wohlschmeckend und zart seien, an denen sich dreißig, vierzig Menschen satt essen könnten, in diesen Tälern werde jeder sein eigenes Tier finden, das er zerlegen konnte.

Die Frauen in den Häusern der anderen würden nie altern, ihre Körper seien aus Wachs, und auf weißen Betten würden sie nur mit einem Leintuch bedeckt warten, in den langen Nächten werde das Vaterland den Frauen der anderen bessere Söhne schenken.

Das Vaterland werde den Reichtum in den Wüsten, in den Häfen, an den Küsten und in den Städten der anderen suchen, das hatte sogar Giolitti gesagt: Dieser Krieg ist notwendig, alle müssen sich an Libyens Tafeln laben dürfen.

Das Vaterland wächst, das Vaterland macht sich zum Herrn, nimmt in Besitz, kolonisiert, raubt.

Der Rekrut Nummer dreißigtausendfünfhundertvier war in einer Familie mit zu vielen Kindern aufgewachsen, er hatte unablässig gearbeitet, hatte die Schuhe der Bauern geflickt, an den Stadträndern Baracken errichtet, das Vieh gepeitscht, um es anzutreiben.

Alle Mühsal, alles Wollen, alle Widerstandskraft gehörte nun dem Heer, dem Oberst, Giolitti und dem König, sie besaßen ihn wie das Geld, das seine Beerdigung kosten würde, ein paar Lire für einen Sarg aus wurmstichigem Holz, ebenso viele für ein Loch von ein paar Metern, ein Kreuz, zwei Zweige, mit Zwirn zusammengebunden. Auf den Marmortafeln der Piazze würde sein Name nicht landen.

Der Dunst strich um die Mützen der Soldaten, drang in die Falten ihrer Uniformen, unter die Sohlen ihrer Stiefel, dem Oberst würden sie im Gedächtnis bleiben wie der Rauch eines Lagerfeuers, sie waren Brennholz, Kohle, sie sollten in Flammen aufgehen.

Sie waren Soldaten, bereit, in den Krieg zu ziehen.

Der Rekrut Nummer dreißigtausendfünfhundertvier namens Augusto Masetti, der nicht die geringste Absicht hatte, für sie in den Krieg zu ziehen und zu sterben, hatte sein Gewehr genommen, hatte es auf die Schulter seines Vordermannes gelegt, hatte gezielt, wie man es ihm beigebracht hatte, und auf den Oberst geschossen.

Sofort hatten sich die anderen Soldaten auf ihn gestürzt, hatten ihn überwältigt und in eine Zelle gesteckt.

In den folgenden Tagen hatten sie ihn verhört, hatten ihn nach seinen Beziehungen zur Bewegung im Besonderen und zur Politik im Allgemeinen befragt, wollten wissen, wer ihm die Tat befohlen habe und warum, er hatte geantwortet, er habe allein gehandelt, und in den Zeitungen war von der anarchistischen Gefahr die Rede gewesen, die wiedergekehrt sei, die nie erlösche und niemals gebannt sein werde.

In den kommenden Jahren war er interniert und für verrückt erklärt worden, für gestört und gefährlich, man hatte ihn verlegt und wieder eingesperrt, weil es immer noch einfacher war, einen Verrückten zu bestrafen, als einen Anarchisten zum Märtyrer zu machen und damit heiligzusprechen.

Im Krieg ist Schießen erlaubt, hatte man ihm gesagt, auf die Türken zu schießen ist eine gerechte Sache, auf das Vaterland zu schießen ist ein Sakrileg, eine verfluchenswerte Tat, ein Verbrechen, das mit der Hölle bestraft wird.

Sie hatten ihn weggesperrt, wie sie es mit allen hätten tun wollen, die so waren wie er, die sich in Kellerverliesen versteckten, sich verschworen und Magie betrieben, Dolche schwangen, Bomben bauten und immer Schwarz trugen.

Er hatte erklärt: In den Krieg muss der König ziehen, nicht das Volk. Das Volk soll nicht für euch sterben.

\* \* \*

In den Feldern taten sich neue Wege auf, die Menschen folgten den Trampelpfaden der Tiere an den Hängen, im Tal genügte es, dass ein Bauer sich seinen Weg bahnte, dass ein zweiter ihn sah, dann ein dritter und ein vierter, und von dem Tag an war das eine Straße, aber der Pfad, auf dem sie gingen, war nicht neu, er war schmal und versteckt, verlief im Zickzack zwischen Bäumen und Sträuchern, man ging ihn still entlang.

Wohin gehen wir?, fragte Nicola, der hinter dem Bruder herlief und nur mit Mühe dessen Tempo halten konnte. Lupo war nervös, machte kurze schnelle Schritte wie ein fliehendes Reh, und plötzlich blieb er stehen, ging langsamer, überlegte.

Wir sind fast da, du wirst gleich sehen, antwortete Lupo, ohne sich umzudrehen.

Cane hatte sich im hohen Gras entfernt, er suchte etwas, das er jagen konnte. Als Lupo sah, dass er zu nah an die Zäune kam und den Geruch von Schafen witterte, rief er ihn wütend zurück, wie man es mit eigensinnigen Kindern macht.

Lupos Schultern waren Gebirge geworden, der Körper hatte sich zu den Wolken gestreckt, die Arme waren mächtiger, beim Gehen riss er mit Gewalt das hohe Gras an den Wegrändern aus, und Nicola hatte Angst, er könne sich verletzen, könne anfangen zu bluten wegen all des Grolls, den er im Lauf der Jahre still eingesteckt hatte, wie man es mit reifem Weizen tut.

Warum bist du wütend? Was habe ich getan?, fragte er im Gehen, und unterdessen suchte er mit den hellen Augen auf dem Rücken des Bruders nach einem Zeichen der Nachgiebigkeit, einem Zeichen dafür, dass er die Pose des zornigen Anarchisten ablegte und wieder das Kind wurde, das er gewesen war.

Nie schenkte er ihm ein Lächeln, nie setzte er sich mit ihm im Wald nieder, nie näherte er sich ihm mit einer Liebkosung oder einem Kuss, er war wie Brot, das man zu lang auf dem Tisch stehen gelassen hat, hart, schwer verdaulich, bitter, es lässt sich kaum kauen, es kratzt in der Kehle, ist ungenießbar.

Ich bin nicht wütend, aber wenn du dich beeilst, sind wir früher da, antwortete ihm Lupo und drehte sich nur einen Moment lang um, ihre Blicke begegneten sich, und in diesem Blickwechsel erkannte Nicola eine Spur Dämmerung.

Mittlerweile kam Lupo nur noch mit der Bitte zu ihm, etwas für ihn zu lesen, er konnte es auch allein, aber wenn er hängenblieb, wenn er nicht verstand, schämte er sich, andere um Hilfe zu bitten, also ging er mit den Heften, Broschüren, aus der Zeitung ausgerissenen Artikeln zum Bruder und bat ihn, laut vorzulesen.

*Wir glauben, dass ein Großteil der Übel, die die Menschheit plagen, von der falschen Organisation der Gesellschaft herrührt und dass* die Menschen, wenn sie ein Bewusstsein und den Willen haben, diese Übel beseitigen können, las Nicola beim Fenster am Boden sitzend.

Lupo nickte und sagte: Lies weiter.

*Abschaffung des Privateigentums an Grund und Boden, Rohstoffen und Arbeitsgerät.*

Lies weiter.

*Krieg den Religionen und allen Lügen, auch wenn sie unter dem Deckmantel der Wissenschaft daherkommen.*

Lies weiter.

*Die Institutionen, wie die Geschichte sie hervorgebracht hat, bergen Widersprüche in sich, die wie tödliche Keime sind: Wenn sie sich entwickeln, bewirken sie die Auflösung der Institutionen und die Notwendigkeit der grundlegenden Veränderung.*

Lies weiter.

*Wir müssen danach trachten, dass das Volk in seiner Gesamtheit oder in Teilen alle Verbesserungen und alle Freiheiten, die es wünscht, fordert und durchsetzt oder sich selbst nimmt ...* Lupo, was ist das alles, wer sagt das?

Das ist ein politisches Manifest, lies weiter, es ist noch nicht zu Ende, sprich lauter, ich kann dich nicht gut hören.

Da hatte Nicola weitergelesen, an diesem Tag und an den folgenden Tagen, Lupo kam mit einem Flugblatt, einem Stück bedrucktem Papier, Seiten aus einem Buch ins Zimmer, und Nicola las, er hatte angefangen, ungeduldig darauf zu warten, dass Lupo mit etwas zu lesen zurückkehrte, weil das der einzige Moment zu sein schien, in dem sie am selben Ort sein konnten, er ihn zum Bleiben bewegen und ihn festhalten konnte.

Der Weg stieg an, und oben auf dem Hügel sah Nicola ein kleines dunkles Haus, es hatte ein Holzdach, Türen und Fenster waren geschlossen, auch wenn der Wind seine Räume gern durchlüftet hätte.

Was ist das?, fragte Nicola und verlangsamte den Schritt, mit den Augen suchte er Cane im Gras, und als er ihn nicht sah, verspürte er Lust, nach ihm zu rufen, aber wenn Lupo ihn weggeschickt hatte, konnte er ihn nicht zurückrufen, seine Autorität endete dort, wo die Lupos begann, er stellte ihn in den Schatten, ließ ihn verschwinden.

Ein Haus, komm mit und basta, antwortete Lupo, und wenn sie Kinder gewesen wären, hätte er ihn an der Hand genommen und gezwungen, schneller zu laufen, er hätte ihn gezogen, hochgehoben und getragen, aber sie waren keine Kinder mehr, und Nicola war so groß wie er.

Sie kamen an die Tür. Lupo klopfte, Nicola hinter ihm zuckte zusammen.

Eine Frau öffnete und lächelte, sie war jung, mager und hatte zerzaustes Haar, braune Locken fielen ihr in die Stirn, sie trug Lippenstift, Violante sagte, in der Kirche dürfe man keinen Lippenstift tragen. Die Frau sagte: Ciao Lupo, da bist du ja wieder, mit einer kristallklaren Stimme, sie schien sich zu freuen, ihn zu sehen, naiv und glotzäugig sah sie aus, ihr Mund mit dem Lippenstift, Nicola neigte den Kopf, um sie besser zu sehen.

Ich habe meinen Bruder mitgebracht, wie wir's besprochen haben, ich warte heute draußen, antwortete er in nachtdunklem Ton, und alle Freude wich aus ihrem Gesicht.

Ist gut, er soll reinkommen. Sie sprach undeutlich, ihre Augen waren schwarz umrandet, sie roch wie der eben angeheizte Ofen in der Bäckerei. Nicola bemerkte, dass sie unter dem Schal wenig anhatte.

Na los, komm rein. Lupo trat beiseite, um ihn vorbeizulassen, und er rührte sich nicht.

Was ist das hier? Nicola wurde ängstlich und sah an der Frau vorbei: Weitere Frauen saßen auf Stühlen, die Türen zu den Zimmern waren geschlossen, eine offene Flasche Wein stand auf einem Tisch, schmutzige Gläser, Tabakreste, ein mit Wasser gefülltes Becken, gefaltete Lappen.

Du weißt genau, was für ein Ort das ist, jetzt geh rein und basta, du bist alt genug, es ist nicht normal, dass du es nicht probierst, und er schob ihn mit der flachen Hand am Rücken hinein, er berührte ihn wie Dinge, die man loswerden will, die einen kitzeln.

Lupo, ich will nicht, bitte... Nicola drehte sich um, der Schrecken stand ihm ins Gesicht geschrieben, wie wenn von Hitze die Rede war, oder von Schreien, Tritten ins Gesicht, brennenden Heuschobern, an der Amöbenruhr verstorbenen Mädchen, von Nächten auf dem Friedhof, von Adelaides letztem Atemzug. Bitte, Lupo, ich bitte dich...

Geh rein und basta, das machen alle, es gefällt dir bloß nicht, weil du nicht weißt, wie es ist, Lupo gab dem Mädchen ein Zeichen, weiterzumachen, er werde sich schon beruhigen, und wenn Lupo zu ihm sage, er solle das tun, dann werde Nicola es tun, er hatte darum gebeten, dass man freundlich zu ihm sein sollte, und er hatte das Mädchen ausgewählt, das ihm am nettesten erschien.

Nicola warf ihm einen Blick voller Verzweiflung und Scham zu, denn vor all diesen Frauen das Flennen anzufangen, da hätte er sich zu Tode geschämt, er, der dumm, keusch und sonderbar war, er, der sich niemandem zu nähern wagte und starke Gerüche verabscheute, der nachts nie allein aus dem Haus ging und mit dem Kopf zwischen den Beinen dasaß, wenn es dunkel war.

Alle sagten, er sei kein Mann, sei etwas Halbes, etwas Schreckhaftes, und jetzt dachte das auch Lupo, wollte, dass er anders wäre, dass er die Mütze keck aufsetzte, die Hemdsärmel hochkrempelte, auf Bäume kletterte, auf dem Stroh in der Sonne lag, unbefangen den Gürtel löste.

Dann schloss das Mädchen die Tür und führte ihn hinein, sagte Du bist sehr hübsch, in starkem Dialekt, was ihn erschauern ließ, die anderen Frauen musterten ihn von Kopf bis Fuß, erkundeten seine Unvollkommenheiten, die Züge eines Priesters, die zitternden Knie und die zu kurzen Kleider, denn seit Lupo die von Antonio verbrannt hatte, hatten sie kaum neue kaufen können.

Sei ganz ruhig, das Mädchen nahm ihn bei der Hand, und er wollte sie instinktiv zurückziehen, Bremsen stachen ihn, Wespen fielen über ihn her, er sah eine von fünf Türen offenstehen, die Tür, die ihre sein würde, er hätte schreien und davonrennen und Lupo sagen mögen, dass das nichts für ihn war, doch er lief nicht weg, er hatte Blei in den Füßen, Seidenpapier im Kopf.

Er trat in das Zimmer mit den geschlossenen Fenstern, die Luft lastete auf dem Mund und den Händen, er fühlte, wie sie um seine Stirn strich und ihm die Kehle zuschnürte, das Mädchen schloss die Tür und legte den Schlüssel auf den Tisch, das Bett war ungemacht, ein Lämpchen brannte da wie in der Kirche, überall am Boden Kerzen, aber draußen war es Tag, und das Licht hätte sie geblendet.

Nicola fühlte sich wie eine Fledermaus, wie ein Vampir.

Sie begann ihre wenigen Kleider abzulegen, man brauchte nicht lang zu warten, es waren Fetzen, die sie alle drei Stunden an- und wieder auszog und auf den Boden warf, Staub verfing sich in ihnen, und sie kamen nie an die Luft.

Nicola schloss die Augen und bedeckte sie mit den Händen, die Schläfen pochten im harten Rhythmus seines Herzens.

Das Mädchen neigte sich zu ihm und nahm ihm die Finger vom Gesicht, sie sagte: Hab keine Angst, und strich ihm über die Wange, vom Ohr zum Mund.

Nicola erinnerte sich an sie: Sie war die Tochter des Totengräbers Gastone, der vor ein paar Jahren nach schweren Kopfschmerzen verstorben war, sie und die Mutter hatten ohne alles dagestanden, sie hatten nur noch sich, und danach hatte Nicola Lupo wochenlang gefragt, ob er Schmerzen in den Schläfen habe, er hatte Angst, auch ihm könne der Schädel zerspringen.

Sie strich ihm mit der Hand über die blonden Haare und sagte noch einmal, er sei sehr hübsch, sie setzte hinzu: Du kannst dir ja nicht vorstellen, was für Leute hierherkommen, Leute, die nicht so sind wie du, und Nicola begann still zu weinen.

Als sie vor ihm niederkniete und ihm das Gesicht trocknete, hörte man Geräusche im Flur, jemand brüllte, die Frauen waren aufgesprungen und bewegten sich alle gleichzeitig, sie protestierten und verlangten Ruhe.

Man hörte es an der Tür klopfen, mit Händen und Füßen, die groben Arbeitsstiefel erschütterten den Raum.

Lass ihn sofort raus, schrie Lupo und schlug gegen das Holz, die Tür bebte, und Nicola öffnete die Augen.

Lass ihn raus, oder ich schlag die Tür ein, brüllte Lupo, und je heftiger er hämmerte, desto mehr jammerten und kreischten die Frauen, desto mehr Männer schauten aus den anderen Zimmern heraus, desto mehr überkam sie Staunen und verflog der Zauber.

Das Mädchen stand auf, ohne sich zu bedecken, und öffnete die Tür, sie sah Lupos bestialisches Gesicht vor sich, der mit weißen Lippen und dem Blick eines Verrückten ins Zimmer stürmte, Nicola beim Handgelenk packte und ihn vom Bett hochzog.

Er riss ihn am Hemd, das sie in der Kürze der Zeit nicht einmal aufgeknöpft hatte, und führte ihn unter dem Geschrei der Frauen hinaus, machte sich auf den Rückweg, ohne Nicolas Handgelenk loszulassen, auch wenn der sagte Lass mich los, auch wenn er zog und wiederholte: Lass mich los, du bist gemein, Lupo, du bist ein gemeiner Mensch.

Es ist nichts passiert, sagte Lupo, es ist alles vorbei, er ging mitten durchs Gras und bahnte dabei einen neuen Weg, die Grashalme waren Klingen, sie schlugen Nicola ins Gesicht, der Weg zurück war ein anderer.

Nicht weinen, ich bring dich nicht mehr hin, ich schwör's dir, er wiederholte Ich schwör's dir alle drei, vier Schritte auf dem ganzen Weg: Ich schwör's dir.

Als sie endlich nach Serra kamen und Lupo sein Handgelenk losließ, stieß Nicola ihn weg und lief davon.

* * *

Violante war keine Mutter. Sie war keine Ehefrau.

Sie hatte nie von einer Familie geträumt, ihr einziger Wunsch war es immer gewesen, aus dem väterlichen Haus herauszukommen, um in ein anderes einzutreten, das nicht das eines Halbpächters in Serra de' Conti war, schon als Kind hatte sie nicht so werden wollen wie ihre Mutter und wie die Mutter ihrer Mutter, Frauen, die es verstanden, ein Lämmchen großzuziehen, ein Huhn zu rupfen, eine Wunde zu versorgen, die Seidenraupen im Warmen zu halten, Frauen für Wachteln und Täubchen, die zu Vergnügungen nur in Begleitung gehen durften.

Bei der Hochzeit ihrer Schwester Agata, die, wie nicht anders zu erwarten, irgendeinen kleinen Bauern geheiratet hatte, hatte sie die Augen der künftigen Schwiegermutter beobachtet, die die Schwester mit der Begierde ansah, mit der man alles betrachtet, was man besitzen und dann im Keller unter Verschluss halten will.

Violante war nicht fürs Feld gemacht, für den Wechsel der Jahreszeiten, sie hatte einen Mann gewählt, der ein Geschäft besaß, einen starken, aufrechten Mann, der durch die Arbeit der Halbpächter reich werden konnte, sie würde weiße Blusen tragen und sich Korallenanhänger kaufen, solche, wie ihre abergläubische Großmutter sie zerstieß und ihren Töchtern gab, wenn sie stillten.

Sie wollte nicht verliehen werden, mit dem ganzen Haus und allen Kindern, jemandes Besitz sein, der ihnen, wenn es ihm in den Sinn kam, den Grund wegnehmen konnte, sie wollte in ihren eigenen vier Wänden leben, morgens auf den Markt gehen, lang geschmortes Essen zubereiten, nach vier in ihrem

Sessel sitzen, auf die Kinder warten, die von der Arbeit heimka-
men, ihre von Mehl schmutzigen Hosen einweichen.

Nach Adelaides Tod verließ Violante ihr Zimmer fast gar
nicht mehr, im Bett liegend oder auf ihrem Nachttopf sitzend,
betete sie und bat nur um eins: dass ihre Kinder wieder nach
Hause zurückkehrten.

Wenn Don Agostino sie besuchen kam, hatte er, wie bei allen Alten und Kranken, immer etwas Gebäck, ein paar Hostien
bei sich, brachte ein wenig Gesellschaft, dann dankte sie ihm,
sie schien dankbar, aber im Stillen brütete sie Beschimpfungen
und Verwünschungen aus.

Und hätte sie gekonnt, hätte Violante ihn von oben bis unten zerkratzt, mit spitzen Fingernägeln hätte sie sein Fleisch
aufgerissen, um seine Knochen zu sehen.

Sie, die ihm geglaubt, ihm vertraut hatte, die ihre Zukunft
weiterhin in Gottes Hand legte, sie war endlich, nach vielen
Jahren der Blindheit und des Unverständnisses, der Verleug-
nung und der Tränen, sehend geworden.

Ihr Erwachen vollzog sich an einem Nachmittag, viele Jahre
nach jenem Abend, da Don Agostino zu ihr gesagt hatte: Das
Mädchen ist besessen, etwas Schreckliches hat sich in ihrem
Herzen eingenistet. Liebe Violante, dem, der Gott nicht kennt,
kann man nicht trauen.

Don Agostino trat ins Haus Ceresa, ohne anzuklopfen, er
ging durch die Küche, sah auf die verschlossene Tür, hinter
der sich Nicola befand, und steuerte direkt auf das Zimmer der
Todgeweihten zu, der Kranken, der Siechen, setzte sich an den
Bettrand und fragte: Wie geht es Euch heute, Violante?

Sie streckte die Hand aus, schnell und schmerzlos, ein Wim-
pernschlag, grub ihm die Nägel ins Handgelenk und sagte: Du
musst mir mein Mädchen wiederbringen.

Er sprang auf und stand vor dem halboffenen Fenster, Violantes Körper war wie immer unter einem schwarzen Kleid verborgen, demselben, in dem sie Antonio und Adelaide beerdigt hatte,

sie wusch es nur, wenn unbedingt nötig, wartete so lange nackt im Bett, bis es trocken war, dann sagte sie Nicola, er solle es ihr bringen, und bedeckte sich wieder, legte die Rüstung an, mit der sie sich als Mutter verkleidete.

Wovon sprecht Ihr?, fragte der Priester und rückte seine Soutane zurecht.

Wo ist Nella? Du musst mir sagen, wie es ihr geht, ich will meine Tochter sehen, schrie Violante, und das Geschrei vereinigte sich mit dem Geräusch des Wasserkrugs, den sie zu Boden warf, das Wasser rann bis zu den Sandalen des Priesters.

Das Mädchen ist im Kloster, wie Ihr wisst, in all diesen Jahren habe ich immer wieder versucht, Nachricht von ihr zu bekommen, aber da ist nichts zu machen, die Äbtissin hält sie versteckt, sie lässt sie nie aus ihrem Zimmer, wenn ich das Kloster betrete, rechtfertigte er sich.

Dann musst du es wieder probieren, Violantes Augen öffneten sich auf die Nacht im Raum.

Das kann ich nicht, ich kann sie nicht einfach zurückholen, die Stimme des Priesters zitterte.

Ist es dir lieber, dass ich Lupo die Wahrheit sage? Er, ja, er wird böse zu dir sein. Violante setzte sich auf und reckte das Kinn.

Ihre Haare waren nie gekämmt, denn sie wollte nicht wie eine der vornehmen Damen erscheinen, die sich, egal wie krank, lahm und zahnlos, weiterhin pflegen und Haltung bewahren, ihre Mutter hätte so etwas gemacht, sich zum Sterben die guten Kleider anziehen, sie dagegen würde sich von den eigenen Fehlern aufzehren lassen.

Der Priester schluckte und ging aus dem Zimmer, ein heftiges Zittern hatte ihn befallen und ließ ihn beim Gehen stolpern, er rutschte auf der Treppe dieses vermaledeiten Hauses aus, er spürte, wie der Knöchel unter seinem Gewicht nachgab, er schleppte sich auf die Straße und dann durch die Gassen, den leuchtenden Schein des Kreuzes auf seiner Kirche stets im Blick.

Nicola beobachtete ihn von seinem Fenster aus, wie er hinkend davonlief und über die Soutane stolperte, er wandte sich zum Zimmer der Mutter, die schrie und zeterte, sie hatte das Bett umgekrempelt und den Schrank durchwühlt.

Was ist das für eine Wahrheit, die wir Lupo nicht sagen sollen, hätte er fragen wollen, doch er hatte nicht die Kraft dazu, er trat ins Zimmer, seine Füße wurden nass, während Violante sich Arme und Handgelenke aufkratzte und dabei glaubte, sie berühre die Haut des Priesters. Nicola rückte an sie heran und hielt ihre Hand fest.

Mama...

Sagte er und drückte ihre Hand, hielt sie mit beiden Händen fest, Violante begann zu weinen, an den mageren, weichen Jungen geklammert, den sie jahrelang in die Kirche geschickt hatte, um einen Heiligen aus ihm zu machen, ihn zu opfern und damit den Segen für sich zu erwirken, um die Mutter eines Priesters zu werden und nicht die noch eines Bauern, dieses Phantom ihrer vergangenen Leben, dieses Phantom der nie gehabten Kinder.

Schwör mir, Nini, dass ihr nie weggeht, du und Lupo, und Violante küsste ihm Gesicht und Hände, ihm, den sie in ihrem Herzen nie als ihr eigen Fleisch und Blut empfunden hatte.

Ich schwöre es dir, antwortete Nicola, auch wenn er wusste, dass er nicht für beide schwören, sondern nur für sich sprechen konnte.

Lupo blieb jeden Tag länger fort, die Welt rief nach ihm, und sie blieben im Hintergrund, Statisten in der Inszenierung seiner Revolte.

Als sie sich beruhigt hatte, wischte Nicola das Wasser am Boden auf, machte ihr eine Kartoffelsuppe und legte sie schlafen. Im Geschäft war niemand, Luigi ließ es mittlerweile fast immer geschlossen, nur zweimal in der Woche sperrte er auf, das einzige Geld, das hereinkam, war das von Lupo, der ihnen das strikt Notwendige abgab, damit sie nicht verhungerten.

Am Abend kam Lupo zurück. Von dem Besuch im Bordell auf dem Hügel hatten er und Nicola nicht mehr gesprochen. Nicola drehte das Gesicht zur anderen Seite, wenn der Bruder heimkam, und aß schweigend zu Abend, obwohl er sich beobachtet fühlte und die Worte vernahm, die Lupo halblaut vor sich hinsprach.

Nicola sah ihm zu, wie er sich auszog, wusch, sich zum Schlafengehen bereitmachte, und war drauf und dran, ihm zu sagen, was vorgefallen war, denn wenn es da eine Wahrheit zu entdecken gab, würde er sie entdecken, nichts konnte Lupo von der Wahrheit fernhalten, auch die Märchen nicht.

Und wenn diese Wahrheit nicht Lupo anging, sondern ihn selbst, wenn es Nicolas Geschichte war, die es zu erzählen galt, wenn der Priester seine Sache wäre, sein Makel, seine Schuld, würde Lupo ihn dann noch als Bruder betrachten?

Das fragte sich Nicola, während Lupo in der Gewissheit zu Bett ging, dass es Blutsbande waren, die ihn dort hielten, sein Sinn für Gerechtigkeit und Verantwortung war sogar stärker als seine Wut, und es war richtig und gerecht, sich um den schwachen Bruder zu kümmern, es war richtig und gerecht, das Geld der blinden Mutter zu geben.

Was ist die Wahrheit, die wir Lupo nicht erzählen dürfen, dachte Nicola, als er zu seinem Bett hinüberging, wäre die Wahrheit gerecht, würde sie sie retten?

Gehen wir morgen mit Cane an den Fluss?, fragte er stattdessen schließlich, es war Juni, es war heiß, manchmal waren sie als Kinder bis zum Misa gelaufen und hatten nackt gebadet, Lupo hatte ihm gezeigt, wie man Aale fing, ihm Geschichten von Seeräubern erzählt.

Morgen fahre ich nach Ancona, das Militär feiert das Statuto Albertino, und wir demonstrieren, auch wenn man es uns verboten hat, Malatesta hat alle auf der Piazza Roma zusammengerufen, erwiderte Lupo und drehte sich zur Wand.

Und wofür demonstriert ihr?

Gegen den Krieg in Libyen, sie haben einen Genossen ins Irrenhaus gesteckt, der auf einen Oberst geschossen hat, um nicht an die Front zu müssen. Sie schicken hunderte von Bauern in den Tod, nur um sich zu bereichern. An den Fluss können wir ein andermal gehen, schloss Lupo.

Da setzte Nicola sich auf sein Bett und sah ihm beim Einschlafen zu. Ihm fiel wieder einer der Artikel ein, den Lupo ihm vor einiger Zeit zu lesen gegeben hatte, laut sollte er ihn vorlesen, wieder und wieder, mindestens zehnmal, darin war die Rede von einem Anarchisten, der in Bologna während einer Zeremonie zum Aufbruch an die Front als Zeichen des Protests auf seinen Oberst geschossen hatte.

Nicola konzentrierte sich und versuchte sich daran zu erinnern, wie er hieß, er sah den Artikel und das Gesicht des Mannes deutlich vor sich, aber er konnte sich nicht an den Namen erinnern, da versuchte er es mit den Zahlen, die ihm manchmal besser im Gedächtnis blieben als Buchstaben.

Nummer dreißigtausend.

Nummer dreißigtausendfünfhundert.

Nummer dreißigtausendfünfhundertvier.

\* \* \*

Als Gaspare ihm gegenüber zum ersten Mal von Anarchie sprach, hatten sie am Fuß von Garellis Weinberg gesessen und Trauben gegessen.

Nachdem er ein paar Kerne ausgespuckt hatte, erzählte er: Ich habe einen aus Ancona gehört, der hat ein paar Sachen gesagt, die haben mir gefallen.

Er hat gesagt, dass wir nicht wählen sollen, auch wenn wir das jetzt könnten, auf die Regierung zu hoffen sei, wie darauf zu warten, dass der Mond ins Meer fällt, er hat gesagt, es sollte keine Unterschiede geben, es sollte keine Ungerechtigkeiten geben, wir sollten nicht für andere arbeiten, sondern nur für uns selbst, es sollte keine Herren oder Eigentümer geben, es sollte keine Kirchen und keine Pfarrer geben, weder Gesetze noch Verpflichtungen noch Verbote, außer denen, die dazu dienen, dass es einem gutgeht, wir sollten gemeinsam entscheiden, zusammenleben und zusammenarbeiten, Gleichheit für alle, es ist an uns, zu kämpfen.

Lupo ließ den Blick über die Hügel und Zäune schweifen, über dieses Land, die Marken, wo die Wälder klein und dunkel waren und der Weizen gehörig gekämmt, alles fein säuberlich abgezirkelt und auf Hochglanz poliert, wo jeder auf immer kleineren Stückchen Land umgrub, ausspuckte und säte, es würde noch so weit kommen, dass sie sich die Pfützen und Beete streitig machten, es gab kein Feld ohne Grenzstein, keinen sich selbst überlassenen Strauch, jeder Hang war das Tal von irgendwem, wehe, man betrat falschen Grund, um Himmels willen, lasst das Vieh nicht auf die Weide von jemand anderem.

Die einzigen Diebstähle, die keiner anzeigte, waren die zum Schaden der Padroni; Pächter und Bauern begingen sie aus Protest, sie schlachteten Kühe ohne Erlaubnis, brachten Hühner auf den Markt, versteckten Weizen auf den Speicherböden: Irgendwie musste man sich ja zur Wehr setzen, durfte nicht verhungern.

Unter dem reinlichen, vollkommen geometrischen Äußeren verbargen sich das Gift der Armut, die traurige Schuld der Diebe und Bettler, die Gebete der Räuber.

Recht hat er, hatte Lupo ihm geantwortet, ein paar Trauben abgepflückt und Kerne und Schalen ausgespuckt.

Ich kenne Leute, die mit ihnen in die Camera del Lavoro gehen, die Versammlungen abhalten, sich in der Stadt treffen, hatte Gaspare gesagt.

Gehen wir hin, hören wir uns an, was sie zu sagen haben, hatte Lupo geantwortet.

Von diesem Tag an hatten sie Kontakt zu ihnen gesucht und waren jeden Sonntag bis in die Stadt gegangen, um zu hören, zu lesen, teilzunehmen. Endlich wurde Lupo die Kraft dessen klar, was Nicola ihn gelehrt hatte: selbständig ein Stück bedrucktes Papier in die Hand zu nehmen und Gaspare sagen zu können, dass er diese Buchstaben verstand.

In der Mehrzahl der Fälle aber lief er nach Hause und bat Nicola, ihm zu helfen, die komplizierteren Wörter zu entschlüsseln, ihm die schwierigen Passagen zu erklären.

Die Ideen dieser Leute waren wie seine eigenen, das bemerkte er bei jedem Artikel, jedem Flugblatt, jedem Buch, bei allem nickte Lupo und dachte: Das ist richtig, so müsste man es machen, das sind Dinge, die die Bauern von Serra wissen müssen, die man in den Marken bekanntmachen muss, die Italien hören muss, die man dem König ins Gesicht schreien müsste.

Zu den Versammlungen kamen aber nicht viele Bauern, eher Handwerker, kleine Ladenbesitzer, Hafenarbeiter, nicht allen waren die Halbpächter sympathisch, auf dem Land waren die Menschen dumm und leicht, jeder Windstoß trug sie davon wie Weinblätter.

Die ersten Male betrachteten die anderen ihn und Gaspare mit Misstrauen, wenn sie durch die Hintertür hereinkamen und den Reden zuhörten.

Die beiden aus Serra hatten die törichten Gesichter von Jungfrauen und die glühenden Augen derer, die nachts beim Feuer sitzen, sie wussten nicht einmal, was Politik war und weshalb es sie gab, sie sahen, dass die anderen von einer unbekannten Kraft strahlten, die alles erfasst und scheinbar alles mitreißen kann, vom Apennin bis zum Meer.

Lupo dachte an seine kleinen alltäglichen Kämpfe, zu denen er sich allein entschlossen und die er allein ausgefochten hatte, und an die großen, gewaltigen, mächtigen, die er mit ihnen würde gewinnen können.

Einer ist lästig, zwei stören, tausende hingegen machen alles dem Erdboden gleich: Die Worte aus den Versammlungen wirbelten ihm durch den Kopf, wenn er abends zu Bett ging.

Als sie anfingen, Fragen zu stellen, misstrauisch zu werden und sich von diesen beiden Bauern vom Land bedroht zu fühlen, von denen keiner wusste, wer sie waren, diese beiden, die jenseits der Felder von Serra waren wie alle anderen, wie die letzten, da hatte Gaspare Mut gefasst.

Das ist der Enkel von Giuseppe Ceresa, und er hatte Lupo nach vorn, vor alle hin gestoßen.

Köpfe wandten sich um, und Blicke hoben sich zu diesem Jungen, der dastand mit seinen einsachtzig, die Haarspitzen vom Laufen verschwitzt und geringelt, Venen an den Armen, die hervortraten, wenn er Gewichte hob, der Sohn des Ladenbesitzers, der sich für das Leben auf dem Land entschieden hat.

Schweigend ließ Lupo sich betrachten, wie Hund und Katze beschnupperten er und die Anarchisten einander, um zu sehen, ob sie Tiere derselben Art waren, Schurken desselben Schlages, Bewohner derselben öden Orte, Verwandte, Freunde, Genossen.

Sie waren näher gekommen und hatten ihm die Hand geschüttelt.

Giuseppe sei ein großer Mann, hatten sie zu ihm gesagt.

Nicola hatte sich von diesem Leben des Bruders ausgeschlossen gefühlt, nur durch Lektüre hatte er Zugang zu diesem Universum, es war schwierig für ihn, unverständlich, es war eine Welt bestehend aus Aktionen und Körpern, die sich hin und her warfen, brüllten, tobten, sich die Haare rauften.

Wozu war es gut gewesen, ihn zur Schule zu schicken, welchen Sinn hatte es, ihm Bücher und Hefte gekauft zu haben, wenn er sich nicht einsetzte, wenn er nicht das, was er am besten konnte, benutzte, um sich zu bilden, sich zu engagieren?, fragte ihn Lupo ab und zu, und er wusste keine Antwort.

Du könntest in Lokalzeitungen schreiben, die russischen und französischen Bücher über die Revolution studieren, stachelte Lupo ihn an, und er wurde blass.

Nicola und seine schöne Kugel aus hartem, dichtem Pappmaché, er sieht nicht hinaus und will nicht gesehen werden, bleibt gefangen in erbaulichen Lektüren, Parabeln und Gleichnissen, verliebt in Märchen, Nicola, der nur unzusammenhängende Worte niederschrieb, Kinderreime und Gedanken, er, so verschlossen und unfähig, brandete an Lupos Felsen, an dessen Entschlossenheit, um jeden Preis zu wachsen und zu verstehen.

Alle, sogar Luigi, hätten sich von Ninì einen Moment der Wandlung erwartet, einen Sprung ins Offene, dass er Geografielehrer werden würde, ins Piemont aufbrechen und am Gymnasium Latein lernen würde, dass er Gedichte und Balladen schriebe, die er auf Festen vortragen und in nationalen Zeitungen publizieren würde, er aber hatte nichts getan, war in seinem Zimmer auf seinem Bett mit seinen Blättern und seiner Tinte sitzen geblieben, die Hände verkleckst von Unverständnis, und sie hatten ihn dort gelassen, während das Geschäft pleiteging, der Vater trank, Violante verkam, Lupo unterwegs war.

Der Bruder hatte sich aufgeopfert, um ihm etwas beizubringen, aber Nicola hatte nicht das Auftreten eines Gelehrten oder Weisen, er war immer in der Minderheit, und wenn er das Wort Anarchie hörte, bekam er es mit der Angst. Er stellte sich die Anarchie vor wie eine Frau von ungeheurer Schönheit mit stolzem Gesicht und der finsteren Miene der Kriegerin und mit Worten im Mund, die härter waren als die der Männer, sie war keins von diesen armen Mädchen in den geschlossenen Häusern, sie war nicht die Tochter eines Pächters, nicht die kleine Schwester von Gaspare, nicht die Nichte des Gemüsehändlers, sondern eine statuarische Gestalt mit großen Händen und lauter Stimme, und für eine solche Frau würde Lupo ihn vielleicht verlassen.

***

Wie ist dein Name?

Lupo.

Wessen Sohn bist du?

Von niemandem.

Hast du keine Familie?

Ich bin der Enkel von Giuseppe Ceresa, Anarchist aus Serra de' Conti.

***

Am frühen Morgen dieses Tages hatte es angefangen zu regnen, als sie schon auf der Piazza waren, es war kein sommerlicher Regen, leicht und unschuldig, es war ein sintflutartiger Regen, er rauschte durch die Straßen, um sie zu segnen. Die Militärparade zur Feier des Statuto Albertino würde mit Verspätung beginnen, die Straßen von Ancona hatten sich in Flüsse verwandelt.

Lupo und die anderen warteten unter den Arkaden der Piazza Cavour, beim ersten Fanfarenklang, beim ersten Federbusch, beim ersten Soldaten zu Pferde würden sie anfangen zu johlen und zu pfeifen, sie würden ihnen das Fest verderben, die Torte zerhacken, die geladenen Gäste mit dem Kopf nach unten aufhängen.

Der Regen hielt an, der Präfekt hatte die Kundgebung verboten, er hatte ihnen keinen Platz zugewiesen, keine breitere Stelle auf der Straße, keine Biegung, keine Kreuzung, wo sie rechtmäßig hätten demonstrieren können, man hatte sie aus ihrer Stadt verjagt.

Mörder!, zum Schreien bildete Lupo mit den Händen einen Trichter um den Mund.

An diesem Morgen war er im Morgengrauen aufgewacht, hatte das schwarze Hemd, die schwarze Hose und den dunklen Hut aus seiner Schublade geholt, war mit langsamen Schritten an Nicolas Bett getreten, hatte ihn auf den Mund geküsst und gesagt: Sei nicht bös auf mich, während der Schlaf die Augen des Bruders noch geschlossen hielt.

Eine halbe Stunde später saß er auf dem Karren von Gaspare Garelli.

Unter den Arkaden der Piazza Cavour war es kalt und zugig wie im Winter, auch wenn es ein Junitag war, wie viel Geld wohl für diese Parade ausgegeben würde, für die Rangabzeichen, für die Pferdehufe, wie viel für die Gewehre, die Gamaschen und die schön gebügelten Hemden, wie viel, um sie alle in den Kampf zu schicken, wie viel, um sie nicht wiederkehren zu sehen?

Lupo rief: Ihr seid alle verkauftes Schlachtvieh! Es lebe Masetti, nieder mit dem König!

Ein Junge, der wie er achtzehn Jahre alt sein durfte, dunkles Haar, eng beieinander stehende Augen, kleiner und magerer, Lupo hatte ihn noch nie bei ihren Versammlungen gesehen, vielleicht ein Republikaner oder Sozialist, der Junge legte ihm eine Hand auf die Schulter wie ein Freund und fing an das zu rufen, was er rief, und je mehr sie drückten, je weiter sie auf den Platz hinausdrängten, desto weniger ließ man sie hinaus, desto dichter blieb dieser Junge bei ihm.

Seid ihr vom Land gekommen?, fragte er ihn im Dialekt.

Ja, aus Serra de' Conti, und du?, antwortete Lupo.

Ich bin aus Ancona, ich heiße Nello, sehr erfreut. Der Junge ergriff seine Hand, Lupo sann diesem Namen nach, er führte ihn vor die Mauern des Klosters, zu der Fotografie in der Schublade, zu den Blicken der Leute, wenn sie sagten, deine Schwester ist eine Freundin des Teufels, man musste sie einsperren, nur Gott kann sie heilen.

Lupo sah ihn an und schob ihn nach vorn: Schrei lauter, pfeif, Nello, stachelte er ihn an.

Als sie die Nachricht erreichte, dass Malatesta von der Polizei festgenommen worden war, flammten ihre Seelen auf wie Wachshölzer und Feuerwerkskörper, es bildeten sich kleine Gruppen von Genossen, die sofort zum Polizeipräsidium gehen und seine Freilassung fordern wollten.

Lupo war nie ein guter Redner gewesen, lieber hörte er zu und fasste Entschlüsse, und wenn Malatesta sprach, hörte er zu, seine Worte waren Medizin, waren Beistand, seine Worte brachten Ordnung in seine Gedanken, in seine Wut und sein Unverständnis, wenn er sprach, fühlte Lupo, dass er nicht der lästige Junge war, der Spielverderber, der immer Nein sagt, der Einzige, der Mitleid hat mit dem, der sich keine Festtagskleidung kaufen kann, dem nach Monaten von der Ernte nur ein paar Kilo Weizen übrig bleiben, weil er den Rest an den Padrone abgeben muss, und der nicht weiß, wie er die Familie ernähren soll, es war ein schwieriges Jahr, es war ein Jahr, das uns ins Grab bringen wird.

Die Artikel, die er Nicola zu lesen gab, waren vor allem von ihm, die, die in der Zeitschrift *Volontà* erschienen, er hatte sie ausgeschnitten, versteckt und unter Verschluss gehalten wie die Reichen ihre Perlen, für Errico Malatesta hätte er sich ein Bein abhacken lassen.

Doch bevor sie ins Polizeipräsidium eindringen und seine Freilassung fordern konnten, ließ ihn die Polizei von sich aus laufen, und Malatesta sagte zu allen, man würde sich bei der Villa Rossa treffen, dem Sitz der Republikaner, wenn die Polizei sie nicht in den schönen Straßen der Innenstadt haben wollte, würden sie eben anderswo protestieren, Radau machen und ihre Versammlung abhalten, an einem sicheren Ort.

Also machten sich die jungen Sozialisten, Republikaner und Anarchisten auf den Weg zur Villa Rossa, und während sie auf die Bürger und Sympathisanten warteten, die Streikenden, die empörten Arbeiter, fingen sie an zu singen. Lupo setzte sich neben Nello an eine Wand und sah ihnen zu.

Sie hielten ihre Versammlung ab, über fünfhundert Menschen waren bei der Villa Rossa zusammengekommen, um Nein zu sagen zur Parade der Lügen, zu diesem Spektakel, zu diesem Marionettentheater: der Feier des Statuto, der Feier des Zugeständnisses, das der König von der Höhe seiner unermesslichen Gnade aus, mit seinen Juwelen, seinen Kronen, seinen Prinzessinnen, seinen Tafeln mit gebratenem Zicklein und glasiertem Gebäck ihnen, den Elenden, zu machen geruht hatte.

Malatesta sprach von Masetti, sprach von Moroni, sprach von allen, die aufgrund ihrer revolutionären Taten für verrückt erklärt, eingesperrt, versteckt worden waren, ohne jedoch Märtyrer zu werden, sie mussten als unzurechnungsfähig gelten, ausgerechnet sie, die Träger des Willens.

Nach beendeter Versammlung wollten die fünfhundert durch die Straßen bis hinunter in die Innenstadt gehen, unter den geöffneten Fenstern vorüberziehen, die Hüte schwenken, die Menschen an den Fenstern grüßen, die Mütter, Frauen, Kinder, wollten ihnen zurufen: Der Krieg ist vorbei, niemand wird mehr eingezogen.

Der Polizeipräfekt ließ vier Reihen Carabinieri und Militärs aufmarschieren, die die Ausgänge der Villa Rossa abriegelten, um sie nach oben zu zerstreuen, aufs Land, weit weg von der Innenstadt, doch der Großteil von ihnen blieb beharrlich und geschlossen in der Villa und unmittelbar davor.

Als die Polizei sie einkesselte, stiegen viele in die oberen Stockwerke hinauf und ließen von den Fenstern aus Tischchen, Flugblätter, Stühle, Ton- und Emaillegeschirr hinabregnen.

Die, die unten hinausdrängten, wurden mit Gewehrkolben geschlagen, rasch machte sich Panik breit, unter Gebrüll, Gekreisch und Pfiffen versuchten die Menschen, den Polizeikordon zu durchbrechen, Nello schaute aus einem der Fenster und berichtete Lupo, dass sie im Stockwerk darunter ihre

Genossen verprügelten, die Polizei ließ drei Trompetenstöße als Warnsignal erschallen.

Lupo lief mit ihm die Treppe hinunter, hob Gefallene und Verletzte vom Boden auf, bat um Hilfe für die, die nicht mehr laufen konnten.

Es war gerecht, nicht in den Krieg zu ziehen, es war gerecht, dass sie den Lohn bekamen, den sie verdienten, es war gerecht, Nicola in die Schule schicken zu können, es war gerecht, dass Gaspare die Hälfte von dem bekam, was er angebaut hatte, es war gerecht, nicht wegen eines gestohlenen Apfels sterben zu müssen, es war gerecht, das Land, das man den Pfaffen abgenommen hatte, ihnen zu geben, denjenigen, die dort lebten, die es bearbeiteten und liebten, dann begann die Polizei zu schießen.

Ein Schrei ließ Lupo herumfahren, und er sah Nello zu Boden fallen.

Am folgenden Tag und noch an vielen Tagen danach würde er in den Zeitungen und auf den Flugblättern den Namen Nello Budini lesen, er würde sich an ihn erinnern, niedergestreckt von einem Bauchschuss, die Polizei würde sagen, dass von der Villa Rossa aus geschossen worden sei, aber keiner von ihnen war je bewaffnet gewesen.

Lupo versuchte zu ihm zu gelangen und ihm zu helfen, aber die anderen hatten sich um ihn geschart und brüllten: Mörder. Aus den Häusern an der Via Torriani kamen einige Bewohner und nahmen ihn auf, konnten ihn aber nicht mehr retten.

Komm weg hier, Gaspare packte Lupo am Arm, der wehrte sich, er musste bleiben, verstehen, helfen, schreien.

Es ist zu gefährlich, Lupo, wir müssen nach Hause, Gaspare packte ihn wieder, schleifte ihn durch die Menge, und als Lupo ihn von zu Hause reden hörte, dachte er an Nicolas geschlossene Augen und begann bergauf zu rennen, sagte den anderen, sie sollten ihm folgen, sie würden durchkommen, würden auf die Felder gelangen, zu denen sie gehörten.

Die Straße unmittelbar oberhalb der Villa Rossa war bewacht; als Lupo von der Straße Steine auflas, sagte ein Polizist zu ihm: Wenn du die wirfst, schieße ich auf dich.

Lasst uns durch, erwiderte er.

Unter den Carabinieri war einer aus Montecarotto, der ihn erkannte, er machte den anderen Zeichen, die Reihen zu lockern, denn er hatte Angst, das war kein Mensch aus Fleisch und Blut, auf den konnte man nicht schießen, Lupo war ein Tier der Nacht, war ein Zeichen der Verdammnis, er würde einen im Traum verfolgen, würde einen mit hinunterreißen unter die Erde.

Geh schon und beeil dich, der Carabiniere aus Montecarotto machte ihnen allen Zeichen, voranzugehen, und Lupo spuckte ihm zum Dank vor die Füße, dann begann er auf die Bäume und Hügel zuzulaufen.

Während sie Ancona verließen, klopfte jeder von ihnen an eine Tür und sagte: Die Polizei hat in der Stadt junge Männer umgebracht.

Zu Tausenden würden sie am Begräbnis für Nello Budini teilnehmen, ganz Italien würde, ausgehend von diesen Türen, diesen Mündern und diesen Straßen, eine Woche lang aufbegehren, die Settimana Rossa: So wie Gott die Welt erschaffen hatte, würden sie sie zerstören.

Wüstes Gestrüpp umzingelt die Stadt,
auf Stufen voller Blut verfolgt der Mond
entsetzte Frauen. Heulend sind durch
das Tor die Wölfe hereingekommen

Es war die Nacht des 15. Oktober 1917, als Luigi an die Tür des eigenen Hauses klopfte, er hatte seine Schlüssel verloren, hatte sein Leben verloren, aber von drinnen antwortete niemand, also klopfte er noch einmal, eine Stimme sagte: Komm rein, und er spürte den Schweiß, der ihm in die Knochen gekrochen war, die waren taub vor Kälte, die Tür war offen.

So trat er ein, auch im Haus war es eiskalt, der Ofen aus, an den Fenstern geschlossene Läden, die Kerzen ohne Licht. Da ließ er die Tür einen Spaltbreit offen, damit das Mondlicht hereinfiel und er in sein Schlafzimmer gelangen konnte.

Das ist nicht mehr dein Haus, sagte die Stimme, und in einem Lichtschein erkannte er den Schatten eines Stocks, der beim Tisch auf dem Boden stand.

Luigi dachte: Papa, und war im Begriff dorthin zu laufen, weil die Jahre den Hass und den Groll abgeschwächt hatten, und er hätte gern noch einmal Giuseppes Grinsen gesehen, vor dem Schlafengehen seinen Geruch gerochen.

Dann erinnerte er sich, dass der Tod ihn sich geholt hatte, als Ersten von den vielen, die mittlerweile nicht mehr seine Familie waren, getötet, erschossen, eingekerkert, alle waren sie verschwunden.

Was für ein Vater ist das, der den Mann nicht zu bestrafen

weiß, der seinen Sohn getötet hat?, hatte er sich in den Nächten gefragt, in denen er wie ein Räuber umherirrte, über Felder, zwischen verschlossenen Häusern und offenstehenden Ställen.

Was für ein Vater ist das, der seiner Tochter nicht glaubt und sie ins Kloster steckt, nachdem ihr Schimpf und Schande angetan wurde?, hatte er sich gefragt, als er vor seinem Laden herumlungerte, den er nicht mehr aufschließen wollte.

Was für ein Vater ist das, dem ein neugeborenes Mädchen stirbt, und er geht ein anderes Kind holen, einen Jungen, legt ihn in die Wiege und sagt zur Frau, das ist dein Kind?, hatte er gedacht und die Fäuste geballt, mit denen er auf alle und alles hätte einschlagen wollen, er hätte gern Blut gesehen, hätte gern jedes erlittene Unrecht gerächt, jedes Nein, mit dem ihm die Madonna geantwortet hatte.

Was für ein Vater ist das, der die Tochter allein in ihrem Bett sterben lässt, sie nicht streichelt und nicht tröstet, der davonläuft, wenn andere sie begraben?, hatte er sich gesagt, vor den Feldern an der Grenze zu Santes Obstgarten stehend, auch der war jetzt tot und hatte sich nach dem Tag der kaputtgeschlagenen Apfelbäume nicht mehr erholt.

Luigi war kein Vater mehr, war kein Mann mehr, ohne Antonio war er bloßes Fleisch, bereit für den Schlachter.

Lupo, bist du's?, fragte er mit lauter Stimme diese sitzende Gestalt, die er von der Schwelle aus undeutlich erkannte, im Spiel der Nacht, wo jeder Vater und Sohn, Sohn und Vater, Enkel sein konnte.

Ich gehe fort, aber dieses Haus bleibt meins, ich werde Violante das Geld geben, ich werde ihr jeden Monat aus der Stadt schicken, was sie braucht. Nicht einmal deinen Namen will ich mehr hören, sagte Lupo und stand auf, wobei er sich auf den Stock stützte, erschreckend in seiner Schwäche, die Wunde am Bein war mittlerweile verheilt, pochte aber immer noch wie die Hackwunde eines Adlers, der von hoch oben ein Ziel anvisiert und herabstößt.

Das Haus gehört meiner Familie, schrie Luigi und erinnerte sich an den Tag, als er von Onkel Raffaele die Schlüssel bekommen hatte, denn unter den Geschwistern und Neffen war er auserwählt worden, die Bäckerei zu führen, und Violante hatte gewollt, dass der Pfarrer kam und diese Wände segnete, jedes Zimmer war mit Weihwasser besprengt, auf jedes Bett ein Kruzifix gelegt worden.

Welche Familie? Du hast deinen Sohn in den Tod geschickt!, erwiderte Lupo wütend. Bist du von deinem kleinen Spaziergang zurückgekommen, weil du dich ins Bett legen willst? Willst du etwas zu trinken in meinem Haus? Ich habe zu Paoletto und den anderen gesagt, sie sollen auf dich schießen, wenn sie dich hier noch einmal sehen, setzte er hinzu und stieß mit dem Stock auf den Boden, im Zimmer nebenan fuhr Violante zusammen, die Ohren gespitzt und in eine Ecke ihres Bettes gekauert.

Das mit Nicola ist nicht meine Schuld, ich habe getan, was ich tun musste.

Raus hier! Ich bin sicher, du findest einen Straßengraben zum Schlafen, sagte Lupo strahlend vor Wut und ging auf ihn zu. Luigi wich ein, zwei, drei Schritte zurück, der Körper des Sohnes war furchterregend.

Was hätten wir tun sollen? Ihn ein Leben lang verstecken? Die Polizei wäre gekommen und hätte uns festgenommen, versuchte er noch, sich zu verteidigen, aber er wusste, dass er log, er hatte ihn noch einmal geopfert, den schwachen Sohn, den er nicht hätte aufnehmen sollen, er war nicht seiner, er taugte nichts, war nichts als Qual.

Um Nicola muss nur ich mich kümmern, Lupos laute Stimme war wie ein Brüllen in Luigis Ohren, seine Augen schienen gelb.

Du warst nicht da, wie üblich, wie dein Großvater, ihr und euer Leben im Untergrund, das ist es, was du verdienst, allein bleiben, das passt zu dir, entgegnete Luigi, der auf die Angst, als schlechter Vater dazustehen, nur mit Verletzung antworten konnte.

Nimm Giuseppes Namen nicht in den Mund, du bist nicht würdig, sein Sohn zu sein, mit deinem Karnickelgesicht und den bürgerlichen Ansichten von einem, der bürgerlich nie war, du ekelst mich an, sagte Lupo und kam schwer humpelnd näher.

Er war nicht einmal dein Bruder, ließ Luigi ihn erstarren, er wollte diesen Kampf gegen die Kinder gewinnen, die sie gewesen waren und die ihn verlassen hatten, die rabiaten Kinder, die rebellischen Kinder, die falschen Kinder.

Ich hab dich belogen, sagte er. Nicola kommt aus Jesi, zwei verarmte Adelige wollten ihn loswerden, die Tochter wurde mit dreizehn von einem Bauern geschwängert.

Es war Nacht, und es war kalt, als Lupo den Stock gegen den erhob, den er noch immer für seinen Vater hielt, und zuschlug.

* * *

Als Lupo Cane im Zimmer einschloss, hatte das Tier angefangen, an der Tür zu kratzen und zu heulen, um herauszukommen, noch nie war es eingesperrt oder an die Kette gelegt worden.

Warum hast du ihn eingesperrt?, hatte Nicola gefragt und sich mit der Handfläche gegen die Tür gelehnt.

Wir müssen etwas erledigen, Lupo hatte den Bruder mit einem so ernsten Gesicht angesehen, dass es den anderen erschaudern ließ. Los, komm mit, hatte er gesagt und gemächlichen Schritts das Haus verlassen, während Nicola ihm langsam folgte.

Wenn du mich wieder an so einen Ort bringst, dann rede ich nicht mehr mit dir, hatte er ihn, hinter ihm hergehend, gewarnt.

Sie gingen zum Kloster hinauf, um dann ins Tal hinabzusteigen, über die Stufen, die direkt zum Wald führten.

Wir gehen nicht dorthin, aber ich muss dich um etwas sehr Wichtiges bitten, und einmal im Leben musst du ein bisschen Mut haben, Ninì, hatte er ihm geantwortet, ohne sich umzusehen.

In den offenen Türen der Läden und Geschäfte schlugen die Leute die Augen nieder, wenn sie ihn vorübergehen sahen, der Wirt zog sich bis an die Schanktheke zurück, dem Schuster erstarb das Lächeln im Gesicht, die Gassen waren eng für Lupo, die Häuser würden einstürzen, wenn er sie berührte, mittlerweile war er gebrandmarkt, scharlachrot trug er auf der Stirn das A der Anarchisten, die in dein Haus eindringen und das bisschen Gold, das dir noch bleibt, stehlen wollen, deine Tochter begrapschen und deine Schweine töten.

Nicola hatte gespürt, wie das Bauchweh von der Leiste her nach oben wanderte, in den Darm gelangte, sich im Magen ausbreitete, säuerlicher Saft kroch hinauf und brannte ihm jetzt in der Kehle. Ständig verlangte Lupo von ihm, aus seiner Haut zu schlüpfen, sich selbstbewusst zu zeigen, er zwang ihn, sich in der Welt zu bewegen, und diesen Mut hatte er nicht.

Lupo hatte die Hinterseite des Klosters angesehen wie andere eine schöne posierende Frau und hatte den Blick daran hinabgleiten lassen, während sie ins Tal gingen.

Warum sagst du mir nie vorher, was wir tun werden, jedes Mal vertraue ich dir, und dann passiert etwas Hässliches, hatte sich Nicola beklagt, seine Haare, die mit den Jahren lockig geworden waren, blond wie verschüttete Hirse, die Augen hell wie gerade so angedeutete Wolken, nicht einmal zum Aufrechtstehen war er gemacht, in der Sonne klapperte er mit den Zähnen.

Weil du sonst nicht mitkommst und Scherereien machst, du hockst immer zu Hause in einer Ecke und liest, aber es gibt eine Welt da draußen, es passieren Dinge, und mit denen musst auch du dich befassen, Ninì, hatte Lupo geantwortet und an der Biegung der Treppe auf ihn gewartet, um ihn vorangehen zu lassen, er wollte sicher sein, dass er nicht stehen blieb, und schob ihn sachte vorwärts.

Nicola fühlte sich immer jünger, als er war, vielleicht wie zehn Jahre alt, vielleicht wie acht, vielleicht war er wieder in Windeln und weinte, krabbelte am Boden, suchte nach der Milch an der Brust, vielleicht würde er jetzt und für immer Kind bleiben.

Der Schatten der hohen Bäume verbarg sie, die Hitze schüttelte ihre leichten Hosen, der Wald war erfüllt von Moos und Flechten, feuchtem Erdreich, Eicheln und Insekten.

Lupo war bei einem Baum angelangt und hatte gesagt: Bleib da stehen, an der Stelle, und Nicola hatte haltgemacht, das war das Einzige, was er gut konnte, ein leicht zu erfüllender Auftrag, dann hatte Lupo das Gewehr hervorgeholt, und Nicola war zurückgewichen.

Bleib da stehen, wiederholte Lupo. Du musst keine Angst haben, es passiert dir nichts, Nini, ich bin's doch, meinst du, ich schieße auf dich?, hatte er hinzugesetzt und war auf ihn zugegangen, in der Hand das Gewehr, das aus der Scheune der Garelli stammte, hatte es ihm hingehalten, und Nicola hatte keinen Finger gerührt.

Sie wollen mich in den Krieg schicken, Nicola, und ich will das nicht, du musst etwas für mich tun, hatte Lupo gesagt, das Gewehr umgedreht und dem Bruder den Kolben zugekehrt.

Aber was sagst du denn da?, Nicola war zurückgewichen. Nimm das weg!, hatte er geschrien.

Schrei nicht so, es muss aussehen wie ein Unfall, niemand wird je denken, dass du auf mich geschossen hast, niemand darf das je erfahren, das ist ein Geheimnis zwischen uns beiden, wenn du mich am Bein verletzt, können die mich nicht in den Krieg schicken, in einer Woche werde ich achtzehn, und Italien ist in den Krieg eingetreten, weißt du, was das heißt? Dass ich wegmuss und womöglich nie wiederkomme, dass wir uns nicht mehr sehen, dass du nicht mehr bei mir bist, ist es das, was du willst? Willst du, dass ich fortgehe? Lupo war wieder näher zu ihm hingetreten und hielt ihm das Gewehr hin, er wartete, dass er es nahm, aber Nicola hatte es nicht angerührt.

Nein, ich will nicht, und er hatte angefangen zu weinen. Tränen waren ein Leichtes für ihn, sie flossen wie der Regen, es brauchte nicht einmal die Vorboten eines Gewitters, den Bruder hingegen hatte er nie mit feuchten Augen gesehen, er war immer gefasst, immer selbstgewiss.

Lupo und seine Genossen hatten kaum die Zeit gehabt, Nein zum Libyenkrieg zu sagen, da war der Krieg gegen Österreich und Deutschland ausgebrochen, die Ortschaften entvölkerten sich, Freunde gingen fort, ohne wiederzukehren, die Bauern ließen die Felder brachliegen, die Pächterfrauen in den Häusern hatten angefangen, für drei zu arbeiten.

Nach den Ereignissen bei der Villa Rossa hatte Lupo wirklich daran geglaubt, dass die Revolution ausbrechen könnte, eine Woche lang hatte Ancona ihnen gehört, rote und schwarze Fahnen hatten an Kirchtürmen und Laternenmasten geweht, aus der Romagna kamen Siegesmeldungen, der König sei in die Flucht geschlagen worden, hieß es, ganz Italien hat sich erhoben, die Republik wird ausgerufen, die Leute auf den Straßen singen die Marseillaise, die Eisenbahner waren geschlossen in den Streik getreten, Malatesta hatte in allen Städten Straßensperren errichten lassen, sie hatten Scheunen geplündert und Waffen beschlagnahmt, sie hatten zu verstehen gegeben, dass sie es in die Knie zwingen konnten, dieses kleine, bigotte und bürgerliche Italien.

Am Ende jedoch waren die Lichter über der Revolte ausgegangen, nach einer Woche war jeder Brandherd gelöscht, in Ancona hatten die Geschäfte wieder aufgemacht, die Bahnhöfe waren wieder in Betrieb genommen, die Glocken wieder geläutet worden, das königliche Heer war in die Stadt einmarschiert, Ruhe und Ordnung waren wieder eingekehrt.

Die Bäume reckten ihre Blätter in den Wind, glühend stieg die Luft von den Feldern auf, das Ende des Sommers klebte am Leib, Nicola zitterte und schwitzte, die Angst troff ihm von der Stirn.

Du musst es tun, Lupo hatte ihn am Handgelenk gepackt und ihm das Gewehr in die Hand gedrückt, hatte seine Finger darum herum gelegt und ihm gezeigt, wo und wie. Du musst nur still stehen bleiben und dann hier drücken, es ist wichtig, dass du still stehen bleibst, sonst triffst du mich nicht oder an der falschen Stelle, und viele Schüsse dürfen wir nicht abgeben, sonst hört man uns.

Nicola hatte den Kopf geschüttelt, und Lupo hatte gesagt, doch, hatte die Hände um die seinen gelegt.

Mach einen Versuch mit diesem Baumstamm, hatte er ihn angespornt und sich neben ihn gestellt, ihn ein wenig zur Seite geschoben, damit die Schusslinie stimmte. Nicht weinen, sonst schießt du daneben, verstanden?

Nicola hatte nicht verstanden und wollte nicht verstehen, aber mit Sicherheit wollte er nicht, dass Lupo fortging.

Und wenn sie dann mich holen?, hatte er ihn gefragt, die Waffe in den zitternden Händen und die Augen auf den Baumstamm gerichtet, der ihm kilometerweit entfernt erschien.

Dich werden sie niemals holen, du bist zu jung, und in zwei Jahren ist der Krieg vorbei, wir lassen uns vom Doktor einen Bescheid geben, einen wie dich können sie nicht in den Krieg schicken, das weiß doch jeder, wir bleiben hier bei Violante, wir helfen den Leuten von Serra, hatte Lupo geantwortet.

Aber deine Verletzung bleibt doch, ich will das nicht, hatte Nicola geklagt, aber Lupo hatte ihn trotzdem schießen lassen. Die Kugel hatte den Baumstamm fast auf der richtigen Höhe getroffen, und sie hatten keine Zeit, es wieder und wieder zu probieren, sie mussten Glück haben, mussten auf das Schicksal zählen, das sie bis zu diesem Augenblick zusammengehalten hatte.

Das macht nichts, sonst töten sie mich, sie können es gar nicht erwarten, mich in den Tod zu schicken, ich will zu Hause bleiben, bei meinen Leuten, mich bringt hier keiner weg, das ist nicht mein Kampf, schieß noch einmal, Ninì, hatte Lupo gesagt und ihn noch einen Versuch machen lassen, dann hatte er ihn angesehen und ihm einen Kuss auf die Wange gegeben, er hatte sich ein paar Schritte entfernt und vor den Baumstamm gestellt.

Bleib so und schieß dorthin, wohin du eben geschossen hast, ziel genauso, hatte er zu ihm gesagt.

Nicolas Augen waren feucht und seine Kleider verschwitzt, aber als er das Gewehr auf den Bruder anlegte, dachte er daran, dass er ein Versprechen einlösen musste, er hatte Violante geschworen, dass sie nie fortgehen würden, nicht wegen der Feste, nicht wegen der Revolution, nicht wegen des Krieges.

Nicola hatte den großen Bruder angeschaut und gesehen, was Lupo gewesen war und was er nicht mehr sein würde, er hatte sein Leben fortlaufen sehen, ein Rinnsal Süßwasser, er hatte den Jungen mit dem Tiernamen gesehen, den Gotteslästerer, den Rebellen.

Es gab da eine Wahrheit, die er ihm noch sagen musste, und er wusste nicht, wie, er hielt sie verborgener als eine Schmach.

Bevor Nicola schoss und damit die Vögel im Unterholz aufscheuchte, hatte er gesagt: Entschuldige.

Er hatte sich dafür entschuldigt, dass er kein guter Bruder gewesen war, kein Genosse in den Revolten, kein solidarischer Kollege im Streik, kein Freund auf den Feldern, keiner, der rennen, springen, klettern kann, der die Wahrheit erträgt, sondern nur ein halb weicher, halb schlecht zu ertragender Junge war.

Mach nicht so ein Gesicht, das ist nichts anderes, als ein Kaninchen zu töten, hatte Lupo entgegnet, um die Spannung zu verringern, und dann hatte er sich an den Baumstamm gelehnt, ihre Blicke waren sich begegnet, und er war wieder ernst geworden.

Du musst dich für nichts entschuldigen, hatte er hinzugesetzt. Und jetzt schieß.

Nicola hatte noch nie ein Kaninchen getötet, trotzdem hatte er geschossen.

* * *

Lupo hatte Cane tot in einem Graben gefunden.

Auch wenn seither zwei Jahre vergangen waren, lief er wegen der Verletzung am Bein langsamer, als er gewollt hätte, die Suche war lang und mühsam gewesen.

Seit mindestens fünf Tagen hatte man Cane nicht gesehen, und jede Nacht stand Lupo auf, immer unruhiger, trat aus dem Haus, sah in den Gassen um die Piazza nach, kam bis zu den Feldwegen, kehrte wieder um, rief ihn, zuerst leise, dann lauter, dann schrie er so laut, dass die Leute aufwachten und wütend wurden.

An den ersten beiden Tagen hatte er kaum nach ihm gesucht, denn es war normal, dass er manchmal wegblieb, sicher würde er zum Fressen wiederkommen, er ernährte sich nur von dem, was er ihm gab, und von dem, was Nicola für ihn beiseitelegte. Er hatte ihn so erzogen, dass er nicht auf den Weiden suchte, dass er keine Unruhe stiftete.

Schon immer hatte er Luigi beweisen wollen, dass Cane anders war, dass er ihn erziehen würde, es würde eine Bindung zwischen ihnen geben, die nicht einmal der Hunger zunichtemachen konnte, keiner würde auf ihn schießen, er würde für seine Sicherheit sorgen, würde besser sein als sein Vater.

Am dritten Tag war er erschöpft aufgestanden, er hatte einen Traum gehabt: Cane war noch klein, saß an einer Flussbiegung, knurrte und knurrte, und als er versuchte sich ihm zu nähern, drehte er sich um und biss ihn ins Bein, genau an der Stelle, auf die Nicola geschossen hatte.

Sie waren gekommen, um ihn zum Militärdienst zu holen, ihn notdürftig auszubilden und in den Tod zu schicken, Italien hatte ihn gerufen, und er hatte sie im Bett empfangen. Der Lahme, der Untaugliche hatte sie mit Hass in den Augen angesehen, auch der Doktor hatte wiederholt: Er hinkt, er kann nicht richtig laufen, man kann ihn nicht einziehen, es war ein Unfall im Wald, vor einiger Zeit, man hat aus Versehen auf ihn geschossen.

Und weil das bei ihnen so üblich war – erschossen zu werden, sich auf den Feldern zu verletzen, zwei, drei, vier Finger weniger zu haben –, hatten sie ihm geglaubt, hatten noch im Dorf nachgefragt, und keiner wäre auf die Idee gekommen, Nicola die Schuld zu geben.

Was denn, dieses Kind im Körper eines Mannes? Der bestimmt nicht, der könnte ja nicht einmal eine Feder in Händen halten.

Am vierten Tag war Lupo zornig geworden und hatte zu Nini gesagt, dass er zu nichts nütze sei.

Seit dem Schuss hatte Lupo nie locker gelassen, Geld war keins aufzutreiben, es gab keine Arbeit, trotzdem ging er zu den Frauen auf den Feldern, die allein zurückgeblieben waren, und gegen ein bisschen was zum Essen half er ihnen in Haus und Garten; auf einem Karren oder hinten auf dem Fahrrad ließ er sich mitnehmen in die Stadt, wenn es eine Demonstration gegen den Krieg gab, immer in vorderster Reihe unter den Lautesten, er hörte nicht auf zu schreien, und erzählte von seiner Wut, vom Essen, das sie nicht hatten, von der Familie, die sie nie gehabt hatten.

Endlich hatte er beschlossen, in die andere Bäckerei im Ort zu gehen, zu Franco dem Kurzen, und um Arbeit zu bitten: die Abrechnung machen, die Namen derer aufschreiben, die etwas schuldeten, sogar den Teig kneten; zweimal in der Woche

verrichtete er so die Arbeit des Vaters, des Onkels, des Urgroß-
vaters, im Tausch gegen Mehl und ein paar Groschen, die er
Violante und Nicola brachte.

Wenn das Bein ihn nicht trug, arbeitete er im Sitzen, hätten
ihm alle beide gefehlt, hätte er im Liegen gearbeitet; um ihnen
zu essen zu beschaffen, hätte er die Sterne gezählt, hätte Geschichten von Sonne und Mond erfunden.

Du bist zu nichts nütze. Wirst du jemals dieses Haus verlassen?, hatte Lupo voller Groll zu ihm gesagt, als Nicola zugab,
dass er versucht hatte, Cane zu rufen, aber ohne Erfolg, er wusste nicht, wo er ihn suchen sollte, er hatte keine Ahnung, Lupo
hatte genug davon, zuzusehen, wie er nichts tat, in seinem Heft
herumkritzelte und die schmutzigen Vorhänge an den Fenstern
betrachtete, Angst hatte vor einem Krieg, den es dort nicht gab,
einem Krieg, in dem andere kämpften.

Hätte Lupo über all die Zeit verfügt, die Nicola hatte, über
seine Fähigkeiten und seinen klaren Verstand, er hätte Serra
wie einen Apfel gespalten.

Seitdem sich der Ort jedoch geleert hatte, aber vielleicht
auch schon früher, vielleicht seit dem Tag des Schusses im Wald,
dem ersten Mal, da er jemandem wehgetan hatte, hatte Nicola
Angst, auch nur auf die Treppe hinauszutreten oder in die verlassene Bäckerei zu gehen, blond und stark abgemagert wegen
der wenigen Lebensmittel, die in den Ort kamen, mit sauberen
Händen, dazu geeignet, Klavier oder Violoncello zu spielen.

Als aber Lupo das zu ihm sagte, hatte er beschlossen, hinauszugehen, er war bis zur Kirche gekommen, hatte Don
Agostino an der Tür gesehen, mit seinem mittlerweile weißen
Haarschopf und den Augen dessen, der vor jedem Schatten er-
schrickt, er hatte ihn gefragt, ob er Cane gesehen habe, der Pater hatte den Kopf geschüttelt und die Kirchentür geschlossen,
Gläubige und Ängste aussperrend.

Am fünften Tag war Lupo mit dem Stock in der Hand von
morgens bis abends durch ganz Serra und Umgebung gestapft.

Er war die Straßen entlanggelaufen, die Abhänge hinuntergegangen, hatte die Felder in dieser Landschaft überquert, die seine einzige Erinnerung war und durch den Krieg still und verlassen: vorbei die Erntedankfeste, verklungen der Gesang.

Bei Sonnenuntergang war sein Blick auf einen Graben gefallen, einen Abwasserkanal, und da hatte er Cane gesehen: die Schnauze geschwollen von einem Schlangenbiss, der Körper in Verwesung, ringsherum Fliegen.

Da hatte er den Stock liegenlassen und war hinuntergestiegen, er war ebenfalls in den Graben gefallen, war hinuntergerutscht und zu ihm gelangt.

Er hatte die Fliegen verscheucht, hatte ihn an der Schnauze berührt und die Stelle gefunden, wo er gebissen worden war, zwei Löchlein, die aussahen wie Wespenstiche, er hatte ihn gestreichelt.

Er hatte sich gesagt: Wenn er nicht immer öfter in die Stadt gegangen wäre, zu den Streiks, den Versammlungen, an den Sonntagen, wäre Cane an seiner Seite geblieben und nicht in diesem Graben gelandet, er war es doch gewohnt gewesen, unter seinem Bett zu schlafen, sich neben der Waschwanne hinzukauern, darauf erpicht, ihm aus der Hand zu fressen, er aber hatte ihn verlassen, hatte ihn alleingelassen.

Mein Freund, hatte Lupo gesagt und ihn noch einmal gestreichelt.

Sie waren eins gewesen, strahlend, voller Licht und unberührbar, dieses Tier, das ihn zu einem mächtigen Kind gemacht, ihn furchteinflößend gemacht hatte, er hatte dieses Tier großgezogen, hatte über ihm gewacht, wenn jemand ihm Schmerzen zufügen wollte.

Diesen echten Wolf, dieses echte Tier, dessen Namen zu ändern nicht genügt hatte und das nur für den Jungen, der es gerettet hatte, die eigene Natur verleugnet und sich eine neue Familie geschaffen hatte, diesen echten Wolf gab es nicht mehr.

Lupo hatte Stunden in dem Graben zugebracht, weil er ihn allein mit nur einem Bein dort heraus und in den Wald bringen würde, um ihm seine Grube zu schaufeln und ihn der Erde zurückzugeben, sodass aus Cane Eichen und Eicheln entsprießen würden, dann Apfelbäume, Rebstöcke und Weizen.

Wie er ihn beim ersten Mal auf den Schultern getragen hatte, so tat er es auch beim letzten Mal, in einem langsamen, schiefen und schwankenden Gang, und die größte Herausforderung bestand darin: unter der Last des Verlorenen das eigene Gleichgewicht zu halten.

Er hatte sich verflucht wegen dieses lahmen Beins und wegen all der Dinge, die er weggeworfen hatte, weil er sich eingeredet hatte, dass er Anarchist war und dass Anarchisten nicht in den Krieg ziehen, doch er wusste genau, dass er es vor allem getan hatte, um bei Nicola zu bleiben.

Eben an diesem Morgen war er lang vor dem Bruder stehen geblieben, sie hatten kein Wort miteinander gewechselt, Nicola erwartete sich mittlerweile keine Entschuldigungen mehr von ihm für seine Zornausbrüche, er hatte ihm sogar zugelächelt, und Lupo hatte das Licht durchs Fenster fallen und auf seiner hellen Haut leuchten sehen, sodass sie glatt wie Glas wirkte, und er hatte gedacht, dass er ein Feigling war, ein Schwächling, aber auch ein guter Mensch, ein Heiliger, ein Gekreuzigter. An Christus hatte er nie geglaubt, aber an seinen Bruder wohl, keiner von ihnen hatte Nicola verdient, auch er selbst nicht.

Als er mit den Händen begann, das Loch zu graben, hatte er geseufzt beim Gedanken daran, wie er den Bruder tags zuvor verjagt hatte, und beim Gedanken an diesen Krieg, der nicht eine Woche, einen Monat, nicht bloß ein Jahr gewährt hatte, sondern kein Ende nehmen zu wollen schien, ihm die Genossen und Freunde genommen hatte, all jene, die, während er für Cane die Grube aushob, auf den Schlachtfeldern mit ihren

Gewehren zum Zielen auf die Leichen der anderen kletterten, weil in den Schützengräben kein Platz war, für alle ein Grab zu schaufeln.

Er hatte sich die Szene vorgestellt, wenn er zu Nicola sagen würde: Cane ist tot, und er ihn weinen sehen würde, in dem Zimmer, in dem sie jetzt allein waren, mit den zwei Betten, so wie er es gewollt hatte; um ihn zu trösten, würde er ihn auffordern, wieder zusammen zu schlafen, und er würde ihn fest umarmen und um Verzeihung bitten.

Er hatte tief gegraben, sich die nötige Zeit gelassen, ohne Eile, er hatte diesen langen Moment dem Abschied geweiht, als letzte Gabe, die er Cane zu schulden glaubte, wenigstens ein richtiges Grab.

Während er ihn in der Grube zurechtrückte, mit den Händen Erde auf ihn häufte und zusah, wie seine geschwollene Schnauze langsam verschwand, hatte er gedacht, dass er Nicola von hier wegbringen würde, sobald der Krieg erst vorbei war, und dass sie einen Winkel auf der Erde suchen würden, der bereit war für die Revolution, der bereit war zur Veränderung, nicht mehr der falsche Ort, der er war.

Er war sich dessen sicher, wie er sich sicher war, Lupo zu sein: Sie würden den Großen Krieg unbeschadet überstehen, der würde früher oder später zu Ende gehen, trotz der Niederlagen, trotz der Toten, sie mussten nur ausharren, im Sturm auf den Beinen bleiben.

So weit würde Italien nicht gehen, niemand würde Kinder in den Tod schicken, sagte er sich immer wieder, solche wie Nicola würden zu Hause bleiben, solche, die noch keine achtzehn Jahre alt waren, die des Jahrgangs 99.

Während er mit seinen Zukunftshoffnungen Stunden im Wald zubrachte, hatten die Militärs an ihre Tür geklopft und gefragt, ob ein gewisser Nicola Ceresa hier sei, siebzehn Jahre alt, in zwei Monaten achtzehn, er sei vom König an die Front berufen worden.

Und Luigi, der den Einberufungsbefehl vor Lupo versteckt hatte und der ausnahmsweise einmal da war, am Kopfende des Tisches sitzend, an dem Platz, der einem Vater gebührt, hatte gesagt: Ja, da ist er.

* * *

Er war im Dunkeln sitzen geblieben, weil es ihn krankmachte, dieses Haus zu sehen; selbst der Staub in der Küche oder ein Baumwollvorhang verursachten ihm großen Schmerz.

Ihr Schlafzimmer hatte er auf den Kopf gestellt, hatte die Betten umgeworfen, die Schubladen zertrümmert, die Holzbretter mit Füßen getreten, er hätte dieses Haus niederbrennen wollen, mit all den Stoffpuppen darin, die sie gewesen waren.

Er saß an diesem Tisch und wollte von nichts etwas wissen, während er auf Luigis Rückkehr wartete, der sofort aus dem Haus gegangen war, nachdem sie Nicola abgeholt hatten.

Mittlerweile war es drei Uhr nachts, und seit vielen Stunden saß Lupo an ein und derselben Stelle, nachdem er im Geschäft das Holz kleingehackt und die Backtröge auf die Straße geworfen hatte, nachdem er jeden von denen, die noch da waren, gebeten hatte, sie sollten ihm helfen, den Wagen einzuholen, der Nicola weggebracht hatte. Aber niemand hatte ihm geholfen, Gaspare war an der Front, die anderen waren wenige und hatten keine Fahrzeuge, alle waren müde, fanden nicht mehr die Kraft, zu kämpfen.

Er war bis vor die Klostermauern gelangt, wo er vor Jahren unter dem Vorwand, Brot zu erbitten, neugierig herumgestreunt war, anfangs zum Spaß, dann aus Notwendigkeit, schließlich aus Gewohnheit, einmal im Jahr, um eine Person zu suchen, die er nie gesehen hatte und die sich von der Höhe des Turms aus nie gezeigt hatte.

Das war die Geschichte, die ihm keiner erzählen wollte, ihm, der seit jeher ihre Lügen förmlich hatte riechen können.

Von unten hatte er mit seinem Stock und verzweifelten Augen hoch oben eine Frau gesehen, dunkel wie die Nacht, die Erbarmen mit ihm hatte.

Lupo legte eine Hand auf den Tisch und fühlte die des Bruders auf ihr, er öffnete die Augen auf ihre Vergangenheit. Nicola mit zehn Jahren auf dem Stuhl ihm gegenüber, wie er ihm verzweifelt ein Glas aus der Hand nahm und sagte: Ein Mädchen ist gestorben, weil es verdorbenes Wasser getrunken hat, ich bitte dich, Lupo, lass uns das nicht mehr tun, trinken wir kein Wasser mehr, so werden wir nie sterben.

Lupo begann zu weinen, erst langsam, weil es ihn Kraft kostete, dann heftig wie jemand, der Gewalt erlitten hat: Sie würden aus der Ferne auf ihn schießen, ohne auch nur sein Gesicht zu sehen, sie würden ihn durch den Schlamm kriechen lassen, notdürftig verscharren, würden über seinen Körper hinwegrennen, sie würden den einzigen Menschen töten, den er liebte.

Nach all der Anstrengung schmerzte ihn sein Bein, von der Wade bis zum Knie war es steif geworden, vom Schenkel bis zur Leiste stieg das Gift in Brust und Schultern, fand die Kehle verschlossen, hätte er eine Axt gehabt und einen Obstgarten vor sich, er hätte jeden einzelnen Ast der Apfelbäume abgehackt.

Als er es an der Tür klopfen hörte, dachte er, dass er für alle von ihnen eine Last war, jetzt, da er nichts mehr hatte. Wenn es Bomben zu werfen galt, würde er sie werfen, wenn es zu schießen galt, würde er schießen, wenn man ihm einem Dolch gab, würde er sie erstechen, jeder von ihnen war schuldig, alle mussten bestraft werden.

Er sagte: Komm rein, und erwartete den Schatten des Vaters, denn bei ihm wollte er anfangen, Rache zu nehmen.

## Das erste Wunder

Suor Clara saß an dem Schreibpult, an dem vor ihr andere mit derselben Aufgabe und derselben Berufung gesessen hatten, und erbebte, die schwarzen Hände umklammerten den mit Intarsien geschmückten Tischrand, die in geflochtenen Sandalen steckenden Füße schlugen auf den Boden.

Wenige Tage zuvor hatten die Nonnen von Serra de' Conti einen versiegelten Brief erhalten, sorgsam von einem Boten überreicht und verfasst vom Bischof von Senigallia, der sie in wenigen knappen Worten zum Umzug aufforderte.

Seit dem Eintreffen des Briefs war Suor Clara unruhig und nervös gestimmt, nachts lief sie durch die Korridore an den verschlossenen Türen der verbliebenen Schwestern vorbei, berührte mit zitternden Fingern Wände und Statuen, beugte die Stirn auf den Boden ihrer Kirche, hob den Blick zu jedem Kreuz.

Auf diesen Brief des Bischofs war ein Brief von ihr gefolgt, in dem der Höhergestellte zum Gespräch eingeladen wurde und dazu, sich das Vorhaben, sie in die Toskana zu versetzen, sie zu trennen und in anderen Klöstern zwischen Florenz und Siena unterzubringen, noch einmal durch den Kopf gehen zu lassen, Serra war ein kleines Dorf, der Krieg hatte es entvölkert, und so würde es bleiben: leer und ohne Nonnen.

Suor Clara sah den Mann an, den sie vor sich hatte, in seinem Ornat und mit den rechteckigen Augenbrauen, hochstehend und sehr weiß, streng und voller Selbstgewissheit wie auf einer Darstellung der Apokalypse, holte aus einer Schublade ein Rechnungsbuch und reichte es ihm.

Das sind die Rechnungsbücher, die ich gleich nach meiner Ankunft in Serra de' Conti in Ordnung gebracht habe, ich war noch jung und hatte gerade einmal das Addieren gelernt, doch mit der Geduld, die unser Herr uns durch das Wort Christi gelehrt hat, habe ich sie am Ende ausgeglichen, mit Verkäufen und den Mitgiften der Nonnen, mit unserer Arbeit und unserem Schweiß habe ich unsere Gemäuer zurückerworben, hier, Exzellenz, der Kaufvertrag, dieses Kloster gehört uns, und ich versichere Euch, wir werden es nicht verlassen, sagte Clara und wies mit einem Finger auf den Vertrag, auf die Ausgaben und Einnahmen und die Opfer, die sie über die Jahre gebracht hatten.

Es war eine langwierige Arbeit für sie gewesen, eine mühevolle, kühne, von niemandem eingeforderte Arbeit, die sie jeden Morgen bei Morgengrauen weckte und nicht vor Mitternacht schlafen ließ, die anderen Nonnen waren alt, sie war noch nicht Äbtissin, doch das hatte sie nicht davon abgehalten, die beschwerlichste Aufgabe in Angriff zu nehmen, die andere zu übernehmen sich scheuten: sich um das Geld zu kümmern. Und dann vor allem das bisschen, was ihnen geblieben war, zusammenzuhalten, die armseligen Zimmer, die Küche, die Rechnungsbücher, mit diesem bisschen würden sie überleben. Auch wenn die Welt sie nicht mehr wollte, sie würden überleben.

Sie würden nicht so enden wie der Zitronenhain, verlassen, aufgegeben, vertrocknet und vergessen wie Klumpen alten geronnenen Bluts, sie, Clara, würde sie stark und entschlossen machen, und so hatten sie wenige Zimmer behalten, hatten Räume an die Gemeinde abgetreten, hatten Keller und Höfe aufgegeben, die Zahl der Betten verringert, aber sie waren geblieben, ohne jemandem Miete oder Pacht zu zahlen.

Sie waren keine Pferde, ihre Ställe hatten keine Herren.

Ich weiß nicht, Schwester, aus welchem Grund Ihr gedacht habt, dass ich mich von Senigallia auf den Weg hierher mache, um mit Euch über die Angelegenheit zu debattieren, ich weiß nicht, warum Ihr Euch vorgestellt habt, es handle sich bei meinem Brief um einen Ratschlag oder eine Empfehlung. Schwester Clara, in einer Woche müsst Ihr reisefertig sein und das Kloster verlassen, das nicht Euer Besitz ist, nichts hier drin gehört Euch, außer dem Glauben. Die Kirche wird entscheiden, was mit diesen Gemäuern geschieht, Ihr müsst schlicht und einfach nur einem höherem Befehl gehorchen, sagte der Bischof, ohne sich in seiner Haltung oder seinen Bewegungen aus dem Gleichgewicht bringen zu lassen, unbeugsam und bestimmt.

Wir sind mitten im Krieg, dieses Dorf und die Nachbarorte sind in schrecklichen Schwierigkeiten, Exzellenz, die Frauen und Kinder, die Invaliden und Alten brauchen uns, um sich nicht verlassen zu fühlen, die Nonnen sind ein Bezugspunkt für sie, für ihre Gebete, ihren Lebensunterhalt, wir sind auf der Seite dieser Menschen und für diese Menschen da, wenn wir sie verließen, würden sie sich besiegt fühlen, sagte Suor Clara, ohne die Augen von diesem Mann abzuwenden, der in der Kirchenhierarchie nicht wegen seiner Verdienste um den Glauben aufgestiegen war, sondern bloß weil er ein Mann war, allein deshalb war er dort, wo sie zu sein verdient hätte, und beide wussten das mit unumstößlicher Klarheit.

Zu diesem Zweck wird Don Agostino hierbleiben, Schwester, die Kirche bleibt in Kriegszeiten offen, die Gläubigen können beten und die Absolution empfangen, jeden Sonntag Trost finden und die Bibel lesen, antwortete der Bischof und rückte auf seinem Stuhl weiter nach vorn, er war Baumstamm und Damm, Deich und Gestade, er wollte einhegen, bändigen, nichts über die Ufer treten lassen.

Denn sie hatten sie geduldet, oh, und wie sie sie geduldet hatten, diese schwarze Frau.

Sie war schuldig, eine Königin und Tyrannin zu sein, war schuldig, Entscheidungen getroffen zu haben, ohne um Erlaubnis zu bitten, Gesetze und Regeln erlassen zu haben, diese schwarze Frau hatte zu viel Macht, sie glaubte, sie besäße Zepter und Krone, die Nonnen hatten sie einmal und ein zweites Mal gewählt, ihre zweite Amtszeit näherte sich dem Ende, und schon sprach man davon, eine Ausnahme zu machen und sie noch weitere Jahre im Amt zu lassen; um ihr die Äbtissinnenwürde zu nehmen, würde man starke Arme und Ketten benötigen.

Von ihrer Musik war bis in den Vatikan die Rede gewesen, von ihrer resoluten Art wurde in den Kollegienversammlungen gemunkelt, Don Agostino war von ihr abgestraft worden, wie ein Fetzen ausgewrungen und weggeworfen, diese schwarze Frau kannte keine Grenzen, sie einzusperren genügte nicht, sie zum Schweigen zu bringen genügte nicht. Sie wollten sie erneut zur Dienerin machen, zur Sklavin von anderen, zu einem Mädchen, das man bestrafen musste, dem man einen Fächer in die Hand gab, um seinem Herrn Luft zuzufächeln.

Euer Exzellenz, das Gebet ist für diese Menschen sicherlich ein Quell großen Trosts, wie für uns alle, Ihr wisst, dass ich mich jeden Tag als Erstes dem Gebet widme, um zu erbitten, dass dieser Krieg bald enden möge, dass die jungen Männer von der Front heimkehren – jedoch nicht nur das Gebet brauchen meine Leute, sondern auch unsere Arbeit, in schrecklichen Zeiten sind wir zu schrecklichen Aufgaben berufen, ohne uns selbst von Hunger und Verwirrung auszunehmen, mein Kloster muss für sie ein sicherer Ort sein, sie müssen in den Sprechsaal kommen, ihr Herz ausschütten und sich Rat holen können, durch das Rad Essen und Heilmittel erhalten; auch wenn sie uns nicht sehen, wissen sie, dass wir hier sind, erklärte Suor Clara mit unverminderter Bestimmtheit.

Ohne sie würden die Nonnen verstreut werden, auf andere Klöster verteilt, sie waren Schwestern, sie würden zusammenbleiben, Serra war voller zurückgebliebener Frauen, Mütter,

Töchter, denen sie jeden Tag ihre Unterstützung anbot, ihren Segen, ihre Arbeit und ihre Musik.

Es geht nicht um Euer Kloster, Schwester, sondern um einen Platz, den die Kirche für Euch vorgesehen hat, dieselbe Kirche, die beschlossen hat, dass Eure Aufgabe hier beendet ist. Es ist nicht an mir, Euch noch einmal daran zu gemahnen, dass nichts von dem, was sich in diesen Mauern befindet, Euch gehört, die Berufung zur Klausur ist eine Berufung zu Armut und Schweigen, und Ihr mit Euren Tätigkeiten scheint das allzu oft zu vergessen, es hat zu viel Berührung gegeben zwischen Euch und diesen Menschen, und ich spreche nicht nur von der Musik, jede Veränderung hier im Kloster, jede Eurer Bewegungen, jeder Ein- und Austritt müssten eigentlich von Euren Oberen geprüft und genehmigt werden, wies der Bischof sie zurecht.

Oh, Exzellenz, ich versichere Euch, dass mir die Berufung zur Klausur durchaus gegenwärtig ist; seit ich acht Jahre alt bin, lebe ich in Klöstern, für die Klausur habe ich auf meine Heimat und meine Familie verzichtet, für die Klausur habe ich auf die Musik verzichtet, ich habe mich in den Dienst der Menschen von Serra gestellt und das will ich auch weiterhin tun, in Armut und Schweigen. Wir befinden uns im Krieg und tun im Rahmen unserer Regeln das Mögliche, um den Menschen hilfreich zu sein. Serra de' Conti ist unsere Gemeinschaft, sie beschützt uns seit Jahrhunderten, seit einer Zeit, die Ihr und ich nicht einmal ermessen können, Serra behütet uns, gerade jetzt werden wir es nicht aufgeben. Eure Vorstellung von Eigentum ist nicht meine, wir besitzen diese Dinge oder diese Mauern nicht, wie man Gold oder Silber besitzen könnte, Grund und Boden oder Viehherden; dieser Ort und diese Dinge gehören zu uns wie Arme und Beine, sie sind Werkzeuge unseres Glaubens, Liebesband und geistige Notwendigkeit.

Und während sie das sagte, dachte Suor Clara an die Stufen hinauf zur Orgel, an die Backformen in der Küche, an den Krug mit Kakao, an die großen Ölflaschen, an die Pergamentdrucke, an die Webstühle mit den gespannten Fäden, an die Kissenbezüge und die Rüben im Garten, an die Schere, die sie in ihrer Schublade aufbewahrte, nur mit dieser Schere schnitt sie sich seit ihrer Kindheit das krause Haar, das bei diesem Klima und unter diesen Bedingungen schwer zu zähmen war, denn das Leben einer Nonne sah wenig Zeit für die Pflege ihres Daseins als Frau vor, und daher hatte sie auch auf ihre Haare verzichtet, auf die Haare, die ihre Mutter ihr zu dicken Zöpfen geflochten hatte und die hier in Italien und in Serra keiner zu kämmen wusste, nie hatte sie jemanden um Hilfe bitten können, und so hatte sie ihre Haare schließlich, aus Angst, sie könnten zu einer nicht zu bändigenden Masse voller unentwirrbarer Knoten werden, mit dieser Schere abgeschnitten, die kein Gegenstand war, sondern das Symbol ihrer Entsagung.

Dieser Mann, der herumreiste und redete, der auf goldenen Stühlen saß und flüsternd Intrigen spann, der deklamierte und Geld zählte, der bei der Messe bestickte Gewänder trug, er konnte sie nicht verstehen, sein Glaube war zu schwach, sein Glaubensbekenntnis ein verhüllender Schleier vor einem großen Fresko, vor dem Bildnis eines Wunders.

Lasst uns unser Haus, Exzellenz, ich bitte Euch, wenigstens zu warten, bis der Krieg vorbei ist, bis die Väter und Männer heimkehren, ich spreche hier jeden Tag mit vielen leidenden Frauen, die Rat brauchen, sie benötigen jemanden, der ihnen den Weg weist, etwas, das ihnen Sicherheit gibt. Man hat auch die Kinder an die Front geholt, auch die Schwächsten, die Einsamsten, ich bitte Euch, schickt uns jetzt nicht fort. Suor Clara faltete die Hände auf dem Pult und schlug die Augen nieder, die sie nie hätte niederschlagen wollen, weil dies hier eine Ungerechtigkeit war und ein Affront, vor allem ihr gegenüber, die so unbequem, so aufsässig war.

Es tut mir leid, Schwester, aber wie ich Euch bereits gesagt habe, bin ich nur hierhergekommen, um den Beschluss durchzusetzen und von Euch zu verlangen, dass Ihr das Kloster binnen einer Woche verlasst, keinen Tag länger, meine Männer werden kommen, um Euch auf der Reise zu begleiten, Ihr werdet betreut und in Sicherheit sein, Ihr braucht Euch keine Sorgen zu machen. Der Bischof erhob sich, indem er sich auf den Armlehnen des Sessels abstützte, er war alt mittlerweile, aber er vermochte seiner Autorität noch immer mit wenigen Worten Geltung zu verschaffen.

Schickt mich weg und lasst meine Schwestern hier, ich bin bereit, anderswohin zu gehen und das Amt als Äbtissin niederzulegen, ich bin bereit, zu tun, was für mich vorgesehen ist. Auch Suor Clara stand auf, klein und dunkel, sie gab sich geschlagen, sie würde die anderen nicht unter einer Regung ihrer Eitelkeit, unter einem Machtspiel leiden lassen, sie war hier für Gott.

Der Bischof antwortete mit Nein, das sei sein letztes Wort, sie würden fortgehen und das Kloster würde geschlossen und verkauft.

Suor Clara sah ihn durch die Tür aus dem Kontorraum hinausgehen und ließ sich auf den Stuhl fallen. Wäre sie nicht eine Frau aus Fleisch und Blut gewesen, sondern das Flämmchen, das ihre Mutter immer am Fenster brennen ließ, jetzt wäre sie still verlöscht.

* * *

Als sie auf die Welt kam, dachte ihr Vater, es sei ein Junge, doch kaum hatte er verstanden, dass da zwischen den Beinen etwas nicht da war, war er Türen schlagend hinausgelaufen, und bis zum nächsten Tag hatte ihn keiner gesehen.

Zwischen ihr und dem ersten Jungen in der Familie hatte es zwei Mädchen gegeben, beides Totgeburten.

Sie war die Große geblieben, die Erwachsene, von der man

Aufopferung verlangen, von der man freundliches Lächeln und Rührigkeit erwarten konnte, sie aber hatte sich von vorneherein widersetzt, mit ihrem spitzen Gesicht und den runden Augen, riesigen Kulleraugen, die einen von Ohr zu Ohr anschauen und Gedanken lesen konnten.

In den Apriltagen, wenn die Kälte langsam nachließ und die Wärme vor der Tür stand, stieg sie gewöhnlich auf einen der Hügel in der Nähe des Dorfs, hob den Rock bis über die Knie, trat im Laufen das Gras nieder und kam mit ruhigem Atem oben an.

Sie betrachtete die Felder und die Kreuze auf den Kirchtürmen, zog mit dem Finger eine Linie: Unterhalb davon waren die Rebhügel, die Haselnusssträucher, die abgefallenen Eicheln, die Zichorienfelder, die Schuster, die unablässig die Schuhe der Bauern reparierten, oberhalb davon waren die hohen Häuser der Herrschaft, Türme und Giebel, Taubenschläge und Speicher, wo man die Kostbarkeiten unter Verschluss hielt, und dort ragte auch das Kloster auf.

Was unterhalb der Linie lag, bedeutete für sie Sicherheit und Güte, das oberhalb flößte ihr Angst ein.

Die Heimstatt der Nonnen war für größere und kleinere Mädchen wie sie eine Höhle des Schreckens: An die Betten gefesselt, auch die Nacht hindurch im Stehen beten, zur Strafe an den Fußgelenken aufgehängt, wurden die Novizinnen von alten Nonnen mit wenigen Zähnen und viel Angst gequält.

Die Nonnen waren Ungeheuer, wenn niemand sie sah, stellten sie schreckliche Dinge mit den Kruzifixen an, mit den Gemälden, mit den Händen unter den Gewändern, alle wollten wissen, was sie von morgens bis abends trieben, diese von den Menschen vergessenen Schwestern, eingekapselt wie in Öl eingelegte Peperoncini, diese Nicht-Bräute, Nicht-Ehefrauen, diese Hysterikerinnen, diese Verrückten und sogenannten Gottesfürchtigen. Bestimmt waren sie schmutzig und rochen schlecht.

Mit sehr langen Hörnern liefen sie durch die Korridore, und aus ihren Mündern troff Gift, sie waren ausgezehrt, knochendürr, mit trockener und schlaffer Haut, ohne Augen, um die Welt zu sehen, im Kloster verbarg sich das Grauen.

Du läufst immer viel zu schnell, hatte ihre Schwester gesagt, die sich an diesem Tag hinter ihr hinaufgeschleppt hatte, kurzatmig, das zusammengebundene Haar aufgelöst, Schweiß auf der Oberlippe.

Das ist ein Spiel, das Großvater Giuseppe immer gemacht hat, hatte sie ihr geantwortet, schlank und rank, ein schön geformtes Tongefäß, genau die richtige Zeit im Ofen gebrannt, glänzend wie Emaille, die pech-, die kohlrabenschwarzen Haare offen, das dunkle Kleid aufgehellt von einer roten Schleife am Hals, sie war dreizehn und fühlte sich ewig.

Das ist gefährlich, hatte die kleine Schwester sie gewarnt, die häusliche, die gern lernte, wie man Kupfer mit Essig reinigt.

Nein, es ist ganz leicht, sie hatte sich im Gras ausgestreckt und gesagt: Leg dich hin!

Da hatte die Schwester es gemacht wie sie, hatte sich hingelegt, platt wie eine Salami auf dem Tisch, wie eine Eidechse auf dem Mäuerchen, der Himmel kündigte warmen Regen an, sicher suchte der Bruder schon nach ihnen.

Auf drei geht's los, hatte sie gesagt und die Hände über den Kopf gestreckt, eine gerade Linie wie ein Fisch im Fluss. Du musst dich hart machen wie ein Stein, hatte sie die Schwester angespornt.

Eins, zwei, drei, dann war sie im Gras den Hügel hinuntergerollt.

Ich habe Angst, hatte sie die Schwester noch sagen hören, die still sitzen geblieben war, wie eine Fliege an der Wand, um sich mit ihren durchscheinenden Flügeln unsichtbar zu machen.

Lass dich fallen, hatte sie ihr unter Lachen zugerufen. Los, Adelaide, lass dich fallen, während sie auf das untere Ende des Hügels zurollte, Stöße und Schläge abbekam, ihr das Gras in die Kleider schlüpfte, während die Welt sich drehte, und als der Himmel sie wieder von oben ansah, öffnete sie die Augen und lachte.

Adelaide war nicht gerollt, langsam war sie den Hügel hinuntergegangen, die guten Schuhe voller Erde und Tränen in den Augen.

Immer willst du gewinnen, hatte Adelaide sie angeschrien, als sie sie am Boden liegen sah, die fast nicht mehr kindliche Brust hob und senkte sich rasch, vier Jahre trennten die beiden, und das erschien ihnen wie eine unendliche Zeit, bevölkert von ganzen Zivilisationen und untergegangenen Götterkulten.

Da seid ihr ja, außer Atem kam Antonio auf sie zugerannt. Was hast du gemacht, Ade? Mit dem Ärmel hatte er die Augen der Schwester abgewischt. Was hast du ihr getan?, hatte er Nella gefragt, die noch am Boden lag und die beiden nur verschwommen sah, einer anderen, sehr fernen Welt angehörend.

Nichts, es war ein Spiel, Anto', schnaubend war sie aufgestanden und hatte den Rock nicht saubergemacht und auch die Haare nicht glatt gestrichen.

Wir müssen in die Kirche gehen, Mama wartet schon, und er hatte sie am Handgelenk gefasst, in seiner Art, die weder kräftig noch zupackend war, sondern nur die einfachste Art, da zu sein und zu überleben.

Geht ihr nur in die Kirche, hatte Nella gerufen, ich habe Besseres zu tun, und hatte den Arm gehoben.

Und so hatte sie sie fortgehen sehen, Hand in Hand, Antonio und Adelaide, ins Dorf, von den Hügeln hinab und dann mit langsamen Schritten bis zur Anhöhe von Serra, sie waren erst Rücken, dann Köpfe und schließlich Pünktchen geworden, so klein wie Knöpfe.

* * *

Was hast du mit dem Bein gemacht? Das hast du mir noch nie erzählt, dabei hatte Nella mit dem Finger auf sein Knie gezeigt.

Das ist weit weg von hier passiert. Ist eine sehr lange Geschichte, hatte Giuseppe geantwortet und sich mit einem Ruck im Sessel zurechtgesetzt.

Ich mag lange Geschichten. Sie hatte sich neben dem Korb mit Nüssen auf dem Boden niedergelassen, sie knackte die Nüsse mit den Händen.

Eines Tages erzähle ich sie dir vielleicht. Der Großvater hatte sie angesehen, wie man die Kinder am Straßenrand anschaut, wenn die Karren vorbeifahren und sie nichts wissen wollen von Stillstehen und Warten.

Hat es mit deinen Freunden zu tun?, hatte Nella gefragt und das Kleid über dem Bauch zurechtgezogen, es war ihr zu eng, störte sie.

Ja, aber das ist lang her. Was hast du? Du wirkst müde, hatte er sie gefragt.

Das war ein Ritual zwischen ihnen, jeden Freitagabend trafen sie sich bei Giuseppe, denn er stand unter Hausarrest, die Polizei behielt ihn ständig im Auge, immer wieder drangen sie bei ihm ein, durchwühlten das Haus, brachten alles durcheinander, nahmen, verlangten, suchten, fanden, was sie wollten, und verschwanden so plötzlich, wie sie gekommen waren.

Im Lauf der Jahre hatten sie seine Post kontrolliert, seine Bücher verbrannt, seine Frau und seinen Sohn überwacht, sie hatten ihn gezwungen, fortzugehen bis über die Landesgrenze, beim Freund des Freundes eines Freundes um Unterschlupf zu bitten, sie hatten ihn in den Wäldern verfolgt, über die Dächer, im Rumpf der Schiffe im Hafen, er war gefährlich, seine Kinder hassten ihn wegen des Lebens, das er ihnen nicht ermöglicht hatte, seine Frau hatte ihn noch auf dem Sterbebett verflucht.

Nix. Nella hatte ihm ins Gesicht geschaut, ein altes Gesicht, durch Überdruss und Niederlagen zu einer Grimasse erstarrt.

Dein Großvater kann Bomben bauen, hatte ihr eines Tages

Chiara zugeflüstert, die ihnen gegenüber wohnte und in der Samenhandlung des Vaters arbeitete, wo sie den Weizen und die Hirse wog; sie sollte mit sechzehn heiraten und fünf Kinder bekommen, von denen eines Mussolini und seine Kriegspropaganda lieben und nach Rom ziehen würde, um ganz unter den Fittichen des Duce zu leben.

Immer noch besser als deiner, der höchstens weiß, wie man ein Huhn zerlegt, hatte sie wütend geantwortet.

Deshalb wurde er von allen gesucht. Wenn ein Sprengkörper hochging, konnte er schuld daran sein, Giuseppe, der alte Anarchist aus Serra, nachts schlichen junge Kerle und gestandene Männer in sein Haus, um seinen Rat einzuholen, Aktionen zu organisieren, Strategien zu entwerfen, zu entscheiden, wo und warum man Plakate anbringen sollte, sie brachten Jutesäcke mit, daraus schnitten sie die Worte NIEDER MIT DEM KÖNIG aus, hielten die Jutesäcke an die Hauswände und strichen mit roter Farbe darüber.

Dieses nur noch von ihm bewohnte Haus konnte nach Belieben von der Polizei betreten und durchstöbert werden wie ein Korb mit Schmutzwäsche, jeder wühlte darin und zog heraus, was ihm am schmutzigsten, am schuldigsten erschien.

Gibt es etwas, was du mir sagen willst? Der Großvater hatte sich das Bein gerieben, das ihn auch nachts wachhielt, das steif wurde und dessen Wunde scheinbar jeden Moment aufbrechen konnte.

Nella hatte geschwiegen, das würzige Öl der Nüsse an den Fingern, der Bauch dick, sie war vierzehn und wusste nicht, was sie sagen sollte, bald würde Luigi es bemerken, bald würde ihre Mutter begreifen, Antonio stellte schon Fragen, er strich um sie herum und spottete, er fragte sie, wie hast du es geschafft, so dick zu werden? Sosehr sie sich auch im Verborgenen hielt, sooft sie auch Nein und lass mich in Frieden sagen mochte, irgendwann würden alle entdecken, dass sie zu jung war, um ein Geheimnis zu wahren.

Wenn sie in diesem Augenblick geredet hätte, wenn sie gesagt hätte, ja, ich muss dir etwas sagen, das ist mir zugestoßen, dies und jenes ist passiert, hätte Giuseppe ihr vielleicht helfen können, hätte einen seiner Genossen rufen und sie verschwinden lassen können, bevor andere sie mitnahmen, aber Nella hatte den Kopf geschüttelt, sie hatte nichts zu sagen, ihre Scham war größer als das Vertrauen.

Hast du den Namen Luigi ausgesucht?, hatte Nella stattdessen nach einer Weile gefragt und sich aufgerichtet, die eine Hand auf der Hüfte.

Nein, den hat deine Großmutter ausgesucht, die vor vielen Jahren gestorben ist, du hast sie nicht mehr kennengelernt, hatte er erklärt und die Hand auf die Bücher gelegt, die er neben dem Lehnstuhl liegen hatte, die er wieder und wieder las, er kannte sie auswendig.

Wie hättest du ihn statt Luigi genannt? Nella hatte das Kleid zurechtgezurrt, es war der vierte Monat, noch nicht lang, noch konnte niemand es sehen, sie war schmal und biegsam wie ein Schilfrohr am Fluss, den Bauch konnte man nur erahnen, er sah so rund aus wie nach einer maßlosen Schlemmerei.

Lupo … So wollte ich meinen Sohn nennen, wie einen Ort voller Hoffnung, hatte Giuseppe gesagt, das Bein mit der alten Wunde berührt und sie mit den kleinen, eng beieinanderstehenden Augen dessen betrachtet, der verstanden hat, aber nicht fragen will.

Das ist ein schöner Name, hatte sie geantwortet. Man hat mir erzählt, dass es im Kloster eine Schwester gibt, die sehr gut Orgel spielt, alle strömen in die öffentlichen Messen, hatte Nella das Thema gewechselt und die Hände auf die Hüften gelegt, den Blick auf den Büchern, die er streichelte.

Dass sie lesen konnte, verdankte sie ihm, dass sie die Welt außerhalb der Grenzen von Serra kannte, verdankte sie ihm, dass sie Ideen hatte, verdankte sie ihm. Nella wollte nicht am Backofen stehen, sie wollte nicht Brot backen oder Weizen kaufen.

Nella verschwand nachts, und wer weiß, wohin sie ging, mit Nella war etwas verkehrt, sie wollte erwachsen sein, sie wollte auch nach Amerika aufbrechen, in revolutionären Zeitungen schreiben, öffentliche Reden halten, sie wollte sehen, wie die Köpfe hochgingen, wenn sie aufs Podium trat und so begann: Genossinnen und Genossen...

Kirchengesänge sind nichts für mich, das ist bloßer Unsinn, das müsstest du eigentlich wissen, hatte er sie barsch abgefertigt.

Alle im Dorf schienen die schlimme Krankheit des Glaubens wiederentdeckt zu haben, seit diese Schwester angefangen hatte, Orgel zu spielen.

Die Kirchenmusik taugt so viel wie die Worte der Kirche, sie ist dazu da, zu betrügen, an Dinge glauben zu lassen, die es nicht gibt; bevor solche wie ich für dieses verdammte Italien ihr Leben aufs Spiel gesetzt haben, gehörte dem Papst hier alles, sogar unsere Unterhosen, hatte er ärgerlich hinzugesetzt.

Nella hatte genickt und weiterhin geschwiegen, sie kannte die Momente, wenn Giuseppe sich aufregte, er knirschte mit den Zähnen, sobald von Gebeten die Rede war, wand sich im Bett, wenn er von Kruzifixen und Weihwasser träumte, und konnte in kürzester Zeit das Gewand des teilnehmenden Freunds abwerfen und das des Schurken überziehen.

Man sollte sie alle verbrennen, und diese Nonne als Erste, hatte der alte Anarchist abschließend gesagt.

* * *

Leere Kutschen kamen auf der Straße von Senigallia heran, man hatte den Fuhrknechten gesagt, sie sollten direkt nach Serra de' Conti hinein und im Ort nach oben zum Kloster fahren, die Nonnen würden abfahrbereit sein.

Ein paar Tage zuvor, als die Frist abgelaufen schien, hatte Suor Clara beschlossen, ihr Gelübde zu brechen, durch einige Gläubige, die zum Gespräch gekommen waren, hatte sie die Leute von Serra zur letzten öffentlichen Messe rufen lassen.

Sie hatte die dicken Gitter geöffnet, die die Gläubigen auch während der Messe von den Nonnen trennten, und war nicht wie gewohnt zur Orgel hinaufgestiegen, verborgen vor den Gläubigen, sondern war ins Kirchenschiff getreten, das in seinem Inneren alle für sie wichtigen, für sie lebensnotwendigen Gemälde barg, Märtyrer, Heilige und ihre Sünden blickten von den Fresken auf sie herab, auf ihr nunmehr erwachsenes Gesicht, das müde und verhärtet die Menschen angesehen hatte, die jetzt diesen Ort des Schweigens bevölkerten.

Verwundert und fassungslos hatte Don Agostino beiseitetreten müssen, war einen Schritt zurückgewichen, als er sie nach vorn gehen sah; beim Altar, auf dem Platz des Priesters stehend, hatte sie sich direkt an die Menschen gewandt.

Aber, Suor Clara, was tut Ihr da?, hatte er ihr bebend zugeraunt.

Gebt mir fünf Minuten, ich bitte Euch, meine Leute und ich brauchen fünf Minuten, hatte sie entschlossen und mit einem weiteren Schritt nach vorn erwidert, von den Bänken und vom hinteren Kirchenraum aus hatten die Menschen die Blicke erhoben, einige waren niedergekniet.

Keiner von ihnen hatte sie je gesehen, für einige war sie Klang im Ohr gewesen, für andere die Sonntagsmusik, für einige Frauen war sie ein Bild, ein Symbol, eine Ikone, für andere eine verlässliche Gefährtin, ein guter Stern, eine liebe Freundin, in Wirklichkeit war sie für alle eine Unbekannte, die erste schwarze Frau, die sie je zu Gesicht bekommen hatten.

Sie wussten nichts von ihrem ersten Leben, dem im ausgeplünderten Sudan, vom Kraushaar ihres Bruders und dem Land, das der Vater mit ihnen abschritt und damit das Maß ihrer Zukunft bestimmte, die sie nie erleben sollten.

Meine Schwestern und ich müssen Abschied von Euch nehmen, man verlangt von uns, das Kloster zu verlassen, weil wir immer weniger sind und diese Mauern anderen Zwecken dienen sollen. Wenn es nach uns ginge, würden wir Euch nie verlassen, aber wir sind Dienerinnen Gottes und der Kirche, und wenn die Kirche befiehlt, müssen wir gehorchen. Don Agostino wird bleiben und sich um den Ort kümmern. Ich verhehle Euch nicht meinen Schmerz, ich verberge nicht meine Bitterkeit und meine Verzweiflung. Ich hoffe, Gott verzeiht mir diesen Verstoß, doch es war mir wichtig, Euch wissen zu lassen, dass wir Euch nahe sind, im Schmerz, den Ihr erleidet, und immer werden wir Euch in unsere Gebete einschließen, hatte Clara gesagt und dabei die Hände gerungen.

Ich will nicht in Zorn und Trauer von Euch scheiden, sondern mit einem Gesang der Freude. Deshalb habe ich beschlossen, heute ein letztes Mal zu spielen. Die Musik ist für mich ein Moment der Nähe zu Gott, und wir brauchen es, das Gefühl Seiner Nähe, in diesen Zeiten, die uns vernichten, hatte sie weiter gesagt und sie beobachtet, die Alten und die Kinder, solche, die sich in die Ecken drückten, andere, die sich bekreuzigten, so blass und vergessen, Wachshölzer einer aufgebrauchten Schachtel.

In den Bänken hatte sich Gemurmel erhoben, jemand war aufgestanden und hatte protestiert, ein anderer hatte die Kirche mit den Worten verlassen, er werde mit dem Bürgermeister sprechen und mit den Militärs, man könne ihnen nicht auch noch das Kloster wegnehmen, erst den Doktor, dann die Bauern, dann die volljährigen Söhne und dann die minderjährigen, das war nicht christlich, das hatten sie nicht verdient. Einige alte Frauen hatten angefangen zu weinen.

Clara hatte sie zur Stille und zum Gebet ermahnt, sie würden nicht auch noch Krieg führen, kämpfen, kreischen, die Hände zum Himmel recken.

Stolz und gefasst in ihrer Nonnentracht würden sie aufbrechen, selbstsicher und mutig würden sie ihr Schicksal erleiden, in der Gewissheit, dass Gott sie nicht verlassen und Serra bessere Zeiten bereiten würde, für alle würde der Moment der Heimkehr kommen.

Vergib mir, Vater, hatte Clara leise gesagt, wenn ich gefehlt habe.

Die anderen Nonnen waren hinter dem Gitter geblieben, das sie verbarg und die Welt vor ihnen verborgen hielt, gerührt, matt, erfüllt von der Unruhe der Veränderung, hatten auch sie zugehört.

Da also war sie wie schon so oft zur Orgel hinaufgestiegen, hatte gespielt mit den klingelnden Zimbeln, die sie an ihre Heimat und die Berge dort erinnerten, die ganz eigene und zugleich himmlische Töne hervorbrachten. Auch das, diese Tasten und Pedale, diese gen Himmel strebenden silbernen Pfeifen, würde sie zurücklassen müssen... und wer weiß, ob in dem neuen Kloster für sie und ihre Musik Platz sein würde.

Das Orgelspiel war Zuflucht und eigene Wahl gewesen, ursprünglicher Wille, das zu berühren, was zu berühren auf Erden nicht gegeben ist, die Verdrängung der Luft zu erleben, sie mit geübten Fingern hervorzubringen, ihren Druck am Labium zu spüren und vibrieren zu lassen, dem Geräusch Raum abzuringen, damit Musik entstehen konnte, es war ein freundlicher Kraftakt, eine Flut, die ohne hohe Wellen alle Dinge überschwemmte.

Suor Clara hatte energisch und lebhaft gespielt, sie hatte die Kirche und die heraufführende Straße mit ihrer Musik erfüllt und die steilen Mauern und die Straßen ringsum, dann auch das Wäldchen, die Gräben und die Äcker weiter unten.

Die Männer und Frauen von Serra waren alle in ihren Bänken niedergekniet, die Stirn auf die Handrücken oder die Bibeln gelegt.

Die Kutschen kamen näher, und die Nonnen warteten beim Klostertor, Suor Clara vor ihnen.

Sie standen alle mit leeren Händen da, als Zeichen der Entschlossenheit und des Protests, sie hatten alles zurückgelassen, ihre Zellen waren schon jetzt Museen ihrer Abwesenheit, mit den Bürsten auf dem Fensterbrett, den Pantoffeln unter dem Bett, den Handtüchern in den Schränken, den Tassen in der Küche, den Bibeln an ihrem Platz.

Beim Appell fehlte Nella, die mit fiebrigen Händen an ihrem Bett die Matratze anhob, wo sie seit Jahren Bänder, Schnüre und Kordeln sammelte, die sie dort nicht für sich selbst verwahrte, sondern für denjenigen, der sie ins Kloster geschickt hatte, sie genötigt und bedroht hatte, sie für geistesschwach und verrückt erklärt hatte, sie als Abschaum mit Müll und Abfällen auf einen Haufen geworfen hatte.

Mit diesen Schnüren fühlte sie sich geschützt und sicher, denn wenn jemand ins Kloster und an ihr Bett kommen sollte, würde sie wissen, mit welcher Kordel sie ihn erwürgen würde, wenn ein einziger dieser Männer aus Serra ihrem Sohn wehtun sollte, würde sie ihn mit diesen Schnüren fesseln und zum Gefangenen machen, wenn man ihr die Hoffnung nehmen sollte, ihn wiederzusehen, würde sie sich mit diesen zusammengebundenen Seilen von der Höhe des Turms hinablassen, um auf die Felder zurückzukehren, und würde wie eine Irre nach ihm suchen.

Mit Beginn des Krieges hatte sich ihre Angst verdichtet, verfestigt, sie konnte sie riechen, jemand würde ihren Jungen in den Krieg schicken, und dann wäre es nicht mehr möglich, ihn zu beschützen und ihm nahe zu sein.

Der Krieg hatte begonnen und hörte nicht auf, Nella wurde mit jedem Tag niedergeschlagener, ihr schönes Gesicht einer noch jungen Frau war nun voller Falten und Ängste, beten genügte ihr nicht, lernen genügte ihr nicht, die festgelegten Zeiten des Klosters, die sie jahrelang in Sicherheit gewiegt hatten, waren jetzt nur Qual und Verzweiflung, sie durchlebte wieder grausame Nächte, schlug im Dunkeln die Augen auf und fühlte sich blind, unfähig, die Zukunft zu sehen.

Großvater Giuseppe hatte recht, für die Ceresa würde es nur Flammen geben, sie selbst hatte geleugnet und vergessen und hatte sich zur Gefangenen machen lassen; auch wenn ihr niemand etwas erzählte, fühlte sie in ihrem Inneren, dass ihre Familie am Ende war, durch Briefchen, Geflüster und Blicke fanden die Nachrichten ihren Weg ins Kloster und wieder hinaus, die Ceresa waren keine Dynastie mehr, sie hatten keinen Backofen mehr, hatten keine Erben, wie ein Feuer erloschen sie allmählich.

Es würde auch ihren Sohn treffen, die Übriggebliebenen würde der Krieg hinwegfegen.

Sie träumte oft von Adelaide, die an der Tür stand und zählte: Eins, zwei, drei... nach der Drei wurde es dunkel.

Suor Clara hatte bemerkt, dass sie immer hysterischer und launischer wurde, lodernd vor Pein und Angst, niedergeschlagen beim Gebet, nicht einmal die Übersetzungen aus dem Lateinischen, nicht einmal das Abschreiben mittelalterlicher Texte, nicht einmal die Arbeit im Garten oder mit Nadel und Faden schienen sie aufrichten und wieder zur Vernunft bringen zu können.

In einer der Stunden, in denen sie leise miteinander sprechen durften, hatte sie sie beiseitegenommen.

Der Junge ist nicht im Krieg, es geht ihm gut, hatte sie ihr hinter einer der dicken, alten und geschichtsträchtigen Wände zugeraunt, hinter denen sich die Nonnen seit dem sechzehnten Jahrhundert verbargen.

Mein ... Bruder?, hatte Nella mit leuchtenden Augen gefragt.

Ja, er ist nicht in den Krieg gegangen, er ist ein kräftiger Bursche, seinetwegen kannst du beruhigt sein. Gott liebt ihn, hatte Clara gesagt und ihr dabei eine Hand auf die Schulter gelegt.

Er ist allein, oder?, hatte sie noch gefragt.

Er ist nicht allein, wir beten für ihn.

Nella holte die Bänder und Schnüre unter der Matratze hervor und begann, sie aneinanderzuknüpfen, bereit zur Flucht. Ohne Clara und fern von Serra wäre sie nicht imstande, Nonne zu sein, Gott und den Menschen zu dienen, zu sprechen, wie Christus gesprochen hatte.

Nella war zu der Überzeugung gelangt, dass das Leben in der Klausur eine Möglichkeit war, ihren Jungen, der mittlerweile fast ein Mann war, zu schützen, ihre einzige wahre Liebe, dieses Kind, das man ihr nie gezeigt hatte, das sie zum Schein Bruder nennen musste, eine Lüge, an die sie, um nicht zu verzweifeln, manchmal selbst geglaubt hatte.

Jetzt war ihr Wille schwach, deshalb würde sie fliehen, und wenn man sie schnappte, würde sie sich wie eine Verrückte gebärden und sich festbinden lassen, sie würde um sich schlagen und kratzen, bis man sie zu ihm brachte.

Sie zog die Knoten fest und sah auf das Kruzifix über dem Bett, es gab im ganzen Kloster ein einziges winziges unvergittertes Fenster, das auf eine Schlucht ging, dorthin musste sie gelangen.

Im morgendlichen Dunst fuhren die Kutschen am Friedhof vorbei und näherten sich dem Dorf, die Pferde wurden an Zügeln gelenkt, schlugen mit den Hufen auf den weißen Boden der Straße, auf der einst die Sonntagsausflügler singend und spielend dahingezogen waren, große Käselaibe unterm Arm und am Feldrain Wein trinkend.

Es stimmte nicht, dass die Bewohner von Serra nur arm gewesen waren, sie waren auch glücklich gewesen.

Der erste Steinwurf traf ein Pferd, eins von den beiden, die an der Spitze des vom Bischof entsandten Zuges liefen, und es scheute.

Der Kutscher war nicht imstande, es zu zügeln und zu bremsen, es trottete schnell auf dem ihm vertrauten Weg dahin, und die Kutsche kippte um, die Kutschen dahinter fuhren auf, und die Pferde wieherten.

Unterdessen hagelte es im Dunst weiterhin Steine, und die ersten Gesichter tauchten auf: zehn, zwanzig, dreißig, fünfzig mit Steinen bewaffnete Einwohner von Serra.

Ein Stein traf den zweiten Kutscher am Kopf, ein weiterer zerschlug eines der Kutschenfenster, die Pferde versuchten sich von den Zügeln befreien, um davonzulaufen, die Männer des Bischofs stiegen mit erhobenen Händen vom Bock und sagten, sie hätten Befehl von oben, sie müssten zum Kloster.

Die Leute brüllten: Haut ab, die Leute nannten sie Verdammte, Mörder, Verbrecher, dicht gedrängt in einer Reihe gingen Frauen mit Körben voller Steine auf sie zu und bewarfen sie mit der Treffsicherheit der Wütenden.

Sie schleuderten Steine auf die toten Ehemänner, die verschollenen Söhne, auf die brachliegenden Felder, auf die Padroni, die auch in Kriegszeiten die Ernteerträge verlangten, auf die geringer werdenden Lebensmittelrationen, auf die unterernährten Kinder, auf die Nachrichten von der Front, die nie kamen, auf die Krankheiten, die sie befielen, die Müden, Zerstörten, Ausgemergelten, ohne die Kraft, der Ruchlosigkeit der Welt etwas entgegenzusetzen.

Clara öffnete die Klosterpforte und sagte: Wir sind bereit, Schwestern. Gott segne Euch. Sie sah sich um und konnte Nella nicht entdecken, sie dachte, sie habe sich verspätet, tauschte Blicke mit den anderen Nonnen, mit der Pförtnerin, der Köchin, der Gärtnerin, der Hauswirtschafterin, der Schneiderin, sicher, sie zum letzten Mal alle beieinander zu sehen.

Uns, die wir so schwach sind, Vater, dachte sie, uns, die wir so allein sind, steh uns bei.

Auf dem Weg vom Friedhof her wurden die Frauen dreister, erbitterter, heiserer.

Sagt dem Bischof, dass das Kloster nicht ihm gehört, brüllten sie aus voller Kehle und mit aufgerissenen Mündern.

Die Beine der Pferde waren verletzt, nur einige hatten fliehen können, einer der Abgesandten des Bischofs war in Ohnmacht gefallen und sie, Frauen, Alte, für den Krieg zu kleine Jungen, traten auf ihn ein, warfen Kutschen mitsamt Kutschern um, zertrümmerten Räder und Zaumzeug, das Holz und die Glasscheiben.

Dies sollte in die Geschichte eingehen als die erste Steinigung von Serra de' Conti, das erste Wunder der Moretta.

## Wer sitzt im Schlachtenhimmel?

In den Wagen schliefen alle außer ihm, er nickte kurz ein, um dann beim ersten Schlagloch wieder mit aufgerissenen Augen dazusitzen wie jemand, der sich wundert, noch auf der Welt zu sein, Schulter an Schulter, eingezwängt zwischen fremden Körpern, fühlte Nicola sich im Land von Dämonen und Hexen.

Um ein Uhr nachts wurde befohlen, aus den Mannschafts-wagen auszusteigen, er hatte eine einwöchige Ausbildung er-halten, und was er dabei gelernt hatte, war, es so zu machen wie die anderen, also stieg er zusammen mit ihnen irgendwo hinter dem Bahnhof Meolo aus, sie waren in Venetien, Nicola war vorher noch nicht einmal in Senigallia gewesen.

Es war tiefe Nacht, die Dunkelheit wurde durch Leucht- und Positionsraketen erhellt, sie sahen die Schlacht in der Fer-ne, hörten Maschinengewehrsalven und flatterten wie Klei-dungsstücke auf der Wäscheleine, die Luft bewegte sie, der Wind konnte sie zu Boden fallen lassen.

Man schrie, sie sollten sich in einer Reihe aufstellen, und im heftigen Regen eines Gewitters stellte er sich in die Reihe, dann wurde ihm sein Gewehr ausgehändigt, es war das zweite Gewehr, das er in seinem Leben in die Hand nahm, er wusste nicht, wie er es anfassen, er wusste nicht, wie er stillhalten soll-te, wegen des Zitterns, das seine Finger beim Kontakt mit dem Metall befiel.

Als jeder von ihnen sein Gewehr im Arm hatte, ließ man sie auf ein kleines Gebäude zumarschieren.

Der Bahnhof Meolo lag im Dunkeln, damit ihre Position nicht erkennbar wurde, am Boden unter den Fenstern nur ein paar Kerzen, wie alte Frauen sie auf Friedhöfen anzünden, die Blitze des Kriegs erhellten schlaglichtartig ihre Bewegungen, während sie sich gegen die Wände kauerten: Wie die Lichtergarben eines Feuerwerks an Festtagen erwarteten die Soldaten sie, mit demselben Staunen.

Bald darauf waren sie wieder in Bewegung, einer hinter dem anderen folgten sie dem Lauf eines Flüsschens, der Tod anderer diente ihnen als Wegweiser, sie gingen auf die Lichter zu, sie näherten sich der Front, und aus ihren Mündern kam immer wieder dieselbe Frage: Wie weit weg sind wir?

In der durchnässten Uniform und unter dem Helm, der seinen Kopf brummen ließ, hatte Nicola am wenigsten Kraft von allen, er ging langsam, er ließ sich von den Gedanken schleifen, er war ein Aal im Misa, er war Cane versteckt in einer Flussbiegung, er war Lupo mit nackten Füßen, das Wasser war schwarz, Tragbahren mit Verletzten kamen an ihnen vorbei, bei vielen war die Haut verbrannt, sie waren in Flammen aufgegangen.

Bist du aus dem Piemont?

Nein, aus den Marken.

Das hört man dir nicht an, wenn du redest, bist du Sohn von reichen Leuten?

Nein, ich bin Sohn eines Bäckers.

So siehst du nicht aus.

Wie?

Du siehst nicht aus wie der Sohn eines Bäckers.

Seine Waffenkameraden hatten für ihn keine Namen, wenn sie ihm gesagt wurden, vergaß er sie sofort, ihre Gesichter waren verschwommen, ihre Dialekte unverständlich, sein Antlitz, das sogar ihnen nicht richtig vorkam, sein Antlitz aus Sahne und Zyklamen hätte zu einem Heiligen gepasst, nicht aber zu einem Soldaten.

Um vier Uhr morgens kamen sie in ein verlassenes Dorf, nach drei Stunden Fußmarsch, die Nicola wie Tage erschienen waren, noch nie in seinem Leben hatte er sich so verausgabt, doch wenn er angefangen hätte zu weinen, wenn er angefangen hätte zu schreien, hätten sie ihn mit Fußtritten an die Front befördert, so hatte man ihm gesagt, entweder er spurte oder er war tot.

Da war kein Platz für Feiglinge, Nervenschwache und Lahme, sie waren allerbestes Fleisch, sie wurden auf silbernen Tabletts serviert.

Alle kleinen Ortschaften längs des Piave waren evakuiert worden oder hatten irgendein anderes Ende gefunden, die Jungen des Jahrgangs 99 wurden an den Straßenrändern zwischen den Gerippen der Häuser in zwei Reihen aufgeteilt, dazwischen gingen die Höherrangigen die Reihen ab und gaben jedem Munition für das Maschinengewehr.

Nicola sah, dass die Jungen auf der linken Seite sofort in Bewegung gesetzt und in die Zone der Leuchtfeuer geschickt wurden, am nächsten Morgen sollte weniger als die Hälfte von ihnen zurückkommen, die anderen waren geschlachtet und im Fluss versenkt worden, benutzt und weggeworfen.

Aus purem Zufall brach die Reihe, in der Nicola sich befand, später auf und bewegte sich nur langsam, um zurückzubleiben, sie rückten noch vor, als der Morgen schon dämmerte, da gab die Dunkelheit, die sie zuvor geschützt hatte, sie preis.

Von der Front her kamen ständig Männer auf Tragbahren, ohne Beine, ohne Arme, ohne Stimme, sie sahen sie vorüberziehen. Als man Nicola gefragt hatte, ob er ein letztes Mal beim Leichnam des erschossenen Antonio Wache halten wolle, hatte ihm davor gegraut, und er hatte Nein gesagt.

Man konnte die Augen nicht schließen, also musste er jeden halbierten Mann ansehen. Als er stehen blieb, um zu kotzen, zog ein Kamerad ihn hoch und sagte, er solle weitergehen, wer zurückbleibe, sei weniger geschützt, die Österreicher würden anfangen, aus der Luft auf sie zu schießen, und sie mussten sich ihre Löcher schaufeln, die Gräber der Lebenden, um sich in Sicherheit zu bringen.

Auf diesen Gesichtern war das Blut, das in Serra floss, wenn Kühe, Wachteln und Schweine geschlachtet wurden, Nicola kotzte sich voll mit dem wenigen, das in seinem Magen verblieben war, ohne auch nur ein bisschen langsamer zu gehen.

Jeder fast tote Körper wurde bei den Feldlazaretten abgeladen, sie gingen an ihnen vorüber, und je heller es wurde, desto deutlicher konnte man die schmutzigroten Wasser des Piave sehen, die von den Bomben in Asche gelegten Bäume, die Häuser mit den eingestürzten Dächern.

Nicola hätte sich am liebsten wie ein Blatt zu Boden fallen lassen, wäre reglos im Schlamm liegen geblieben, hätte sich von den anderen niedertrampeln lassen, hätte eine Minute lang gelitten und dann nicht mehr, er wusste, dass er zum Scheitern bestimmt war.

Man hatte ihnen gesagt, dass der Feind, wenn es ihnen nicht gelänge, ihn zurückzuschlagen, in die Ebene und die Täler hinuntersteigen und schließlich in ihre Dörfer gelangen würde, er würde in ihre Häuser eindringen, jeder einzelne Österreicher und jeder Deutsche würden in ihren Betten schlafen.

Nicola dachte darüber nach und beschloss, aufrecht zu bleiben, denn ihr Haus war sein kleines Schloss, seine Wände waren wie Dämme aus Stahl, die die Sintflut abhielten, das Haus, das war sein Zimmer und sein Bett, die Artikel, die er las und die er ordentlich in einer Schublade verwahrte, die unter Holzdielen versteckten Bücher, das Haus, das war Lupo, und niemand sollte je dort eindringen.

Wie weit sind wir von der Front entfernt?, fragte jemand.

Drei Kilometer, wurde ihm geantwortet.

Das Zittern unter ihnen wurde stärker, dorthin waren sie unterwegs, von dort würden sie nicht zurückkehren, drei

Kilometer bis zum Tod, jedem von ihnen kam es absurd vor, zu überleben, sich am Leben zu halten.

Sie sind verrückt, euch ohne Gasmasken an die Front zu schicken, sobald sie Gas abwerfen, seid ihr alle tot, sagte einer der älteren Soldaten, die ihnen begegneten. Man betrachtete sie als Opferlämmer, Federvieh und Kaninchen für das Lagerfeuer im Wald.

Nach Mittag, als das Licht nunmehr alle Verheerungen sichtbar gemacht hatte, ließ man sie an einem toten Flussarm Halt machen, unter ein paar Weiden, die durch den Pulverdampf der Waffen rauchschwarz und silbern geworden waren, man befahl ihnen, eilig Unterstände zu graben, weil in Kürze die Bombardements einsetzen würden.

Also hockte Nicola sich nieder und sah zu, wie die anderen es machten, die holten Werkzeug aus ihren Rucksäcken, die tropfnass waren, stanken und so schwer wogen wie zwei Zicklein, und er begann es ebenso zu machen wie sie, er schaufelte sich das eigene Grab.

Man gab ihnen eine Viertelstunde zum Graben, dann stillhalten und nicht mehr atmen als nötig, flach am Boden ausgestreckt wie Würmer und Schlangen, wie Äste und Steine, so hörten sie die feindlichen Flugzeuge über sich hinwegziehen.

Das konnte Nicola gut, starr vor Schreck daliegen und gucken, dieses Loch war sein Bett, und neben ihm auf der anderen Seite des Zimmers lag Adelaide im Sterben, jede Nacht starb sie, jedes Flugzeug nahm sie mit.

Die Flugzeuge flogen tief, und man konnte sie nicht übersehen, die Augen zu schließen bedeutete, sich abzulenken, und die kleinste Unsicherheit würde sie in die Hölle schicken, also besah sich Nicola die Rümpfe der österreichischen Flugzeuge, von denen aus die Bomben auf sie geworfen wurden, und dachte an Wale, ans Meer, an Kreuzfahrtschiffe, er würde Lupo wiederfinden, und gemeinsam würden sie aufbrechen, diese Österreicher, diese Deutschen wussten nicht, dass sie aufbrechen würden.

Gegen Abend krochen sie aus ihren Mäuse- und Kakerlaken-löchern heraus und wurden für ein paar Stunden zum Schlafen in einige verlassene Häuser geschickt, auf ihre Rucksäcke gestützt, gegen die Wände gelehnt, und Nicola, zermürbt von der langen Mühe des Am-Leben-Bleibens, schlief mit ihnen ein.

Die Ruhe dauerte nur wenige Stunden, denn sie, die jung und stark waren und einem aufgeriebenen, so gut wie besiegten Heer neue Kräfte zuführen sollten, wurden ausgeschickt, ihren Frondienst zu leisten, den Kameraden bei der Verpflegung, bei der Sicherung der Straßen und bei der Bestattung der Leichen zu helfen.

Tief in der Nacht, ungesehen von den Gespenstern des Feindes, ließ man sie zum Piave hinuntersteigen, Stacheldraht auf den Schultern, den sie am Ufer entlang aufstellen mussten, um so Mauern aus Stacheln und Metall zu errichten.

Ihr seid hier für Italien, hieß es immer wieder, ihr seid hier für Kalabrien und Sizilien, Ligurien und die Basilicata, Ancona und Rom, ihr seid hier für Männer und Frauen, ihr seid hier für die Kinder, die Neugeborenen, für die, die erst noch kommen, für die Straßen, die Kirchen, Paläste und Felder, ihr seid hier für das Land, ihr seid hier für den König.

Wenn der Himmel von den Österreichern ausgeleuchtet wurde, bedeutete das, dass man sich auf den Boden werfen musste, und das tat Nicola, aufrecht stehen und dann flach am Boden ausgestreckt, aufrecht stehen und dann flach am Boden, aufrecht stehen und flach am Boden im zwanghaften Spiel der Angst.

Beweg dich, brüllte ein General ihn an, du bist zu langsam! Er schüttelte ihn und fragte: Willst du sterben? Da er nicht antwortete, fragte er noch einmal: Willst du sterben?

Und er antwortete: Nein.

Hinter ihnen schlug eine Granate in ein Bombenlager ein, es flog in die Luft, und Nicola fiel auf die Knie.

Den Tod hattest du vor dir, das Essen kam schubweise, das Haus der Ceresa war immer arm gewesen, in den Händen einer blinden, ängstlichen, starrköpfigen Frau, aber es war nie so schmutzig und verdreckt gewesen wie die Uniform, die Nicola jeden Tag, den Gott werden ließ, tragen musste, in der er schlafen und schwitzen musste, spucken, essen und pissen.

Jeder von ihnen hatte unpassende Kleider bekommen, zu kleine Mützen, Schuhe, in denen die Füße herumrutschten, Hosen mit hohem Schritt, die die Leisten einschnürten und dir den Atem nahmen, wenn du niederknien musstest.

Die Bomben kamen immer wie erwartet, wenn du sie hingegen vergessen hattest und versuchtest, einen Moment lang nicht daran zu denken, und tagsüber einen Blick auf die Fläche des Piave warfst und sahst, dass er grau und gelb war, wenn du ihn ohne Angst betrachtetest, kamen trotzdem die Granaten und erinnerten dich daran, wer du geworden warst und wem du einen Eid geleistet hattest.

An einem frühen Nachmittag traf eine Bombe wieder einmal eine Bucht unweit von Nicola, er hörte genau, wie sie fiel, wie sie ein Loch und ein Grab aufriss, wo zuvor Leben gewesen war.

Kurz vorher hatten sich zwei Soldaten mit ihrer Essensration genau dort in den Büschen niedergelassen, um eine Pampe zu essen, die nach Würmern schmeckte, für die jedoch jeder von ihnen auch noch dankbar sein musste, denn wenn du essen konntest, hieß das, dass du noch nicht unter der Erde warst.

Der Kaplan, der sie begleitete, sah auf die Stelle und berührte das Kruzifix, das er um den Hals trug, er hieß Donato Bracci und kam aus Treviso, er hatte einen spitzen Kopf und einen langen Körper, und beim Anblick eines Toten erschauderte er nicht einmal mehr.

Du und du, kommt mit, sagte er und deutete auf Nicola und noch einen anderen.

Nicola tat so, als hätte er nicht gehört, er sah auf den Rauch der Bombe, der von der Bucht aufstieg, hörte die Schreie derer, die, die Uniform mit dem Blut der Getroffenen bespritzt, heraufkamen und sagten: Sie haben sie umgebracht.

Hast du verstanden?, fragte der Kaplan, grüne Augen mit kleinen Pupillen wegen des Lichts, das schräg vom Himmel einfiel, blendend, aber ohne Wärme.

Nicola nickte, und ihm zitterten die Knie.

Alle Körper werden bestattet, sagte der Kaplan immer, alle Körper, auch die zerfetzten, denn jedes Körperteil muss gesegnet werden.

Nicola ging näher hin, er roch den Gestank von Verbranntem und schmeckte die Säure des Gebräus, das er im Magen hatte und das ihm bis zur Zunge herauf aufstieß, von den beiden waren drei Arme geblieben, ein Fuß, ein halbes Gesicht, verstreute Knochen, vor allem aber Blut und alles, was aus dem Körper nie hätte austreten dürfen, das, was ihre Mütter in neun langen Monaten in Leber, Lunge und Darm verwandelt hatten und was der Krieg jetzt über Steine und Sträucher verstreut hatte.

Sammelt alles ein und grabt da hinten ein Loch, sagte der Kaplan, ohne sich den Mund mit der Hand zu bedecken, er streckte das Kruzifix vor und begann zu beten, als ob auch er eine Schmerz stiftende Waffe in Händen hielte.

Er war so anders als Don Agostino, dieser Kaplan aus Treviso, seine Bewegungen waren entschlossen und sicher, er wich nicht zurück, er musste da sein, das war seine Mission, die Unbegrabenen würden keine Ruhe finden.

Nicola begann die Reste einzusammeln, seine Augen brannten, seine Kehle war wie zugeschnürt, er wiederholte sich immer wieder, dass das alles nur gestellt war, ein Schauspiel wie auf den Jahrmärkten auf der Piazza, am Ende würde es Applaus geben, und er würde sich verbeugen.

Mit einer Schaufel, die der Kaplan ihm gegeben hatte, kratzte er Fleischreste von den Felsen, legte sie sorgfältig in die Schubkarre, die ein anderer gebracht hatte, einige kamen näher auf der Jagd nach diesen Körperteilen von Menschen, an deren Namen sich jetzt schon keiner mehr erinnerte, aber sie unter die Erde zu bringen schien plötzlich allen notwendig.

Wie war sein Körper beschaffen, und was hatte er in all den Jahren gewollt?

Nicola wusste keine Antwort, er glaubte, zu nichts von dem gut zu sein, wozu andere gut waren, er hatte merkwürdige Regungen, unverständliche Gedanken, er erschrak vor jedem nackten Körperteil, er konnte sich nicht unterhalb des Nabels ansehen, und er stellte sich jedes Begehren vor wie eine Krankheit.

Diese unter der Gewalt einer Bombe gefallenen Körper hingegen, wer weiß, wie viel sie geliebt und begehrt hatten, wie oft sie sich ausgezogen und in wie vielen Betten sie geschlafen hatten.

Als ein Soldat ihm sagte, sie hätten bereitwillige Mädchen gefunden, aus den letzten noch stehenden Häusern in der Umgebung, die sie gegen wenig Geld von der Last befreien würden, die ihre Körper mit sich herumschleppten, hatte Nicola gesagt: Um Himmels willen. Er war drei Schritte zurückgewichen. Um Himmels willen, mein Bruder würde das nicht wollen.

Die Körper mussten jedenfalls essen, trinken, schlafen, die Körper verspürten Lust auf andere Körper, auch wenn diese reglos auf dem Rücken, auch wenn sie in Gräben ausgestreckt lagen, der Krieg vermochte sie nicht auszulöschen. Solange sie atmeten, waren sie wachsam und verlangten Aufmerksamkeit.

Die Schubkarre wurde gefüllt, und Nicola sah auf dieses versengte Fleisch, die von der Explosion schwarze Erde, das fleckige Wasser des Flusses, das Rostrot des Stacheldrahts, der schon alt geworden war.

Das Wasser spülte weg, was sie nicht hatten retten können. Die aus den Schützengräben kamen, sagten, sie hätten Glück, dass sie am Piave waren, das sei, wie von der Madonna geküsst zu werden. Entlang des Flusses war das Leben noch nicht zum Erliegen gekommen, in der Ferne sah man die Gestalten von ein paar Bauern auf den Feldern, die Gasmasken um den Hals gehängt, nachts schwemmte das rauschende Wasser die Albträume hinweg, in Momenten der Waffenruhe gab man den Pflanzen und den kleinen Inseln ihre Namen, schloss die Felsen ins Herz.

Der Soldat machte Anstalten, die Schubkarre zu dem ausgehobenen Grab zu schieben, der Kaplan murmelte weiterhin Gebete wie Schimpfworte und Schmähungen. Nicola sagte: Ich mache das.

Er packte die Schubkarre bei den Griffen und schob sie bis zu der Grube, er fühlte die Last dieser beiden Körper, er dachte an all das Holz, das er nie geschleppt hatte, die Wassereimer, die er nie gefüllt hatte, das Obst, das ihm immer aus den Händen gefallen war, und kippte das, was sie eingesammelt hatten, in die Grube, die Helme und die Reste der Uniformen, die verkohlten Knöpfe, dann schaute er hinunter, er schaute genau hin, anstelle dieser Reste meinte er Lupo dort unten liegen zu sehen, zusammengekauert im Erdreich, die Luftspiegelung seiner Vergangenheit, er betrachtete ihn. Dich suche ich, flüsterte er ihm zu.

Der Kaplan sagte Amen, und Nicola schloss die Grube.

\* \* \*

Es war der 11. Dezember in Fossalta di Piave, zusammen mit zwei anderen musste Nicola sechs spanische Reiter bewachen, sie hatten Befehl, sie auf der Straße aufzustellen, sobald die Österreicher gesichtet wurden.

Die anderen beiden hatten sich beklagt, mit ihm eingeteilt zu sein, weil er ständig Angst hatte, er lief im Zickzack, er konnte nicht zielen, er hatte keine Kraft in den Armen, fiel dauernd hin und ließ sich in den Graben rollen; bei jedem Lufthauch, der vom Fluss heraufkam, fing er an zu klingeln und zu jammern wie Zimbeln an der Orgel, erstarrte er zur Statue wie die Jungfrauen in der Kirche.

Sie hänselten ihn mit Witzen und Sprüchen in ihren Dialekten, der eine kam aus Catania, der andere aus der Gegend von Mantua, untereinander verstanden sie sich nicht, aber das lustigste Spiel für sie war, Nicola zu verwirren, ihm falsche Befehle zu geben, ihn hin und her zu schicken, nur um ihn zu ermüden, früher oder später würde er ohnehin zusammenbrechen, was sollte man da noch warten.

Niemand dort kannte Lupo, vor Nicola Ceresa hatten sie ebenso viel Respekt wie vor anderen Tölpeln, Angsthasen oder Hosenscheißern, ohne seinen Bruder war er nur irgendein beliebiges Kind, er hatte keine Rüstung, er stand nackt vor ihnen, ohne Muskeln und ohne Haut.

Er hatte versucht Briefe zu schreiben, um den Bruder zu beruhigen, aber es waren nur Zettel dabei herausgekommen, auf denen es hieß:

Es geht mir gut, ich schaffe es. Ninì.

Er wollte nicht, dass Lupo seine Klagen las, dass er von ihm dachte, er sei wie immer für nichts gut und niemandem eine Hilfe. Sicher hielt Lupo ihn schon für tot, nicht einmal einen Monat an der Front hätte er ihm gegeben, doch er war noch da, er atmete noch, noch hielt er mitten auf der Straße die eisigen Hände auf dem spanischen Reiter und schaute auf den Horizont, erwartete den Feind.

Es geht mir gut, ich schaffe es.

Einige österreichische Flugzeuge flogen über sie hinweg, drehten eine Schleife über ihren Köpfen, wie die Augen von Riesen sahen sie auf ihre Winzigkeit herab, und der Kommandant sagte allen, sie sollten weitermachen, nicht stillstehen, die Stellung halten, die Befestigungsarbeiten am Ufer nicht unterbrechen, unterdessen flogen die Flugzeuge über sie hinweg, und Nicola spürte den Motorenlärm unter der Zunge.

Als die Flugzeuge verschwanden, ohne einen Schuss abzufeuern, atmeten alle erleichtert auf, aber Nicola hielt die Nase weiterhin nach oben, hinauf zum leeren weißen Himmel, um den Geruch der sich entfernenden Motoren einzuatmen.

Eine halbe Stunde verging, und als er sie wiederkommen sah, schrie Nicola.

Die Österreicher begannen ihr Bombardement aus einer Entfernung von sieben Kilometern, und sie waren ohne Deckung, sie standen mitten auf der Straße, wollten gerade losgehen, um sich ihre Ration Essen abzuholen.

Die am Fluss brachten sich am gut befestigten Ufer in Sicherheit und wurden nicht getroffen, Nicolas Kameraden aber begannen unter den Einschlägen zu rennen.

Lauf, Nico'!, rief der aus Catania ihm zu.

Er blieb einen Moment lang stehen und sah den Tod vom Himmel regnen, er dachte an Luigi, der ihn die Treppe hinunterstieß und sagte, er solle nach Montecarotto laufen, es war heiß, eine grausame Hitze, es war Mittag, im Schatten der Olivenbäume hockten die Gespenster der Toten, vom Boden stiegen Hitzeschwaden auf, dann erinnerte er sich an die schwarz gekleideten Männer, die Hundstagshitze, an die erste Nacht, die er bei Lupo geschlafen hatte, und er begann zu rennen.

Er lief hierhin und dorthin, er hatte seine eigene Regel: Nie geradeaus gehen, gerade Linien führten allesamt auf den Friedhof, er wollte seinen Körper nicht über die Steine verteilt sehen.

Bei der ersten Granate, die neben ihm einschlug, wirbelte ihm die Luft in der Lunge, es verschlug Nicola den Atem, und der Mund blieb ihm offenstehen, er musste vor dem Abendessen in Montecarotto sein und den Schmied holen, er musste zurück nach Hause.

Als er sah, dass eine Granate ein großes Loch gerissen hatte, schlüpfte er hinein, weil Löcher im Boden Rettung und Versteck sein konnten, er kauerte sich im Bauch dieser Mutter zusammen, Violante fiel ihm ein und das Versprechen, das er nicht gehalten hatte, wie alle war er fortgegangen, er, der nicht aussah wie ein Bäckerssohn und auch nicht wie Lupos Bruder.

Die Flugzeuge schossen aus immer geringerer Entfernung, die Einschläge folgten schneller aufeinander, Erdreich spritzte vom Boden auf, und diesmal beschloss Nicola, nicht stillzuhalten, seine Kameraden waren in der Ruine in Deckung gegangen, er sprang aus dem Loch und rannte los.

Eine weitere Granate schlug einen Schritt von ihm entfernt ein, und ein Splitter riss ihm den Helm vom Kopf, also lief Nicola mit unbedecktem Kopf weiter und schrie:

Es geht mir gut, ich schaffe es.

Er sagte sich, er brauche keine Angst zu haben, von oben regnete es Federn, Grillen fielen herab und Weizenkörner, es stimmte nicht, dass man auf ihn schoss, so war das nicht, Lupo hatte recht, die Welt musste ein Ort voller Weinberge und reifer Trauben sein.

Die Anstrengung saß ihm in den Schläfen, als auch er in die Ruine schlüpfte, neben den aus Catania, der ihn ansah, wie um zu sagen: Bravo, Nico', bravo, dass du noch am Leben bist.

Der Angriff der Österreicher war ein Flächenbombardement, Baracken fielen in sich zusammen, Militärtransporter wurden zerfetzt, Bäume gingen in Flammen auf, wäre er nicht sicher gewesen, dass Menschen die Urheber von alledem waren, Nicola hätte gesagt, nur Gott könne sich auf diese Weise rächen.

Dann stürzte auch die Ruine ein, sie drei, zusammengepresst wie die Sardinen in einer Umarmung von Beinen und Armen, schafften sich Raum, stützten die Wände, um nicht erdrückt zu werden, sie mussten Verputz und Dachschindeln festhalten, damit sie nicht erschlagen wurden, mussten darauf warten, dass die Flugzeuge abzogen, auf die italienischen Hilfs-truppen warten.

Mit kurzem, säuerlichem Atem, Zitronen und Sägemehl in der Kehle, böse auf das Schicksal, verfluchte der aus Mantua Österreich und Deutschland, dann auch die Alliierten und Italien, er verfluchte sie alle.

Nicola sagte: Es geht uns gut, wir können es schaffen.

Mit dem Rücken stützte auch er die Last, die die anderen trugen, mit den Füßen stemmte er sich gegen den Boden, von den Fußspitzen aus stieg die Kraft in ihm auf, er würde es nach Montecarotto schaffen, er würde auf die Spitze des Hügels klettern, würde Cane wiederfinden, er würde den Hafen sehen, er spürte, wie ihr Schiff ablegte.

\* \* \*

Am Vorabend der zweiten Piaveschlacht hatte Nicola seinen Rucksack geschultert und wartete in einer Schlange auf den Urlaubsschein, er würde in die Marken zurückkehren, vielleicht nur kurz, vielleicht länger, vielleicht wäre der Krieg in der Zwischenzeit vorbei.

Seitdem er fortgegangen war, hatte er keine Antwort auf die sporadischen Briefchen erhalten, die er geschickt hatte, kein Brief wurde von der Feldpost an ihn ausgehändigt, er half den anderen dabei, die ihren zu lesen und zu beantworten, langsam von Hand schreibend beruhigte er Mütter, die nicht seine waren, dankte Vätern, die er nicht hatte, sagte ich liebe dich zu Schönen und Liebsten, umarmte herzlich junge Sammler von blauen Steinen, grüßte in der Sonne des Südens herangewachsene Mädchen und alte Frauen, die Brennnesselsuppe kochen konnten.

Er wusste nicht, wo Lupo war, ob auf den Feldern, in den Schützengräben oder vor Klöstern, aber er stellte ihn sich immer auf eine ganz bestimmte Weise vor: wütend, und vielleicht hatte die Wut ihn ausgezehrt, hatte ihn grausam gemacht.

Was waren sie, wenn sie getrennt waren? Wer war Lupo, wenn er nicht da war?

Er spürte diesen Mangel wie das Fehlen eines Organs, die Milz, der Blinddarm, er fragte sich, ob es auch dem Bruder so ging, ob sie zu zweit waren in diesem Begehren, in diesem Wunsch nach Nähe und danach, sich vor dem Einschlafen zu umarmen.

Die Schlange rückte vor, und Nicola kam sie lang und schmal vor, eine Reihe schwarzer Ameisen, die sich das eingesammelte Körnchen von einer zur anderen weiterreichten, es in den Bau brachten, glaubten, es sicher aufbewahren zu können, ein zur Hoffnung ausgespannter Faden.

Vor einer Woche waren zehn Soldaten getroffen worden, als sie eben ihren Urlaubsschein bekommen hatten und meinten, der Krieg sei für sie nun zu Ende.

Von einem gewissen Punkt an waren die Straßen unpassierbar, es hagelte Granaten und Schüsse. Nachdem er seinen Urlaubsschein hatte unterschreiben lassen, machte Nicola sich zusammen mit anderen auf den Weg über die Felder, zuerst vorsichtig, dann schneller, er fing an zu laufen, es war sein Recht, zu fliehen, sich zu verstecken, sich an den heimischen Geruch nach Mehl zu erinnern, an die harten Steine rings um die Mauern von Serra de' Conti.

Nach Stunden des Gehens und Laufens kamen sie erschöpft nach Meolo, und dort waren sie gezwungen, über Nacht zu bleiben, wieder einmal im Heu zu schlafen, und Nicola war erschöpft von der Feuchtigkeit und der Eiseskälte, die das Blut stocken ließen, und von der Hitze dieses Juni 1918, die Insekten zu neuem Leben erweckte und das Heu schwitzen ließ, seine Kameraden waren all das so sehr gewohnt, dass sie Brot und Flöhe aßen.

Er schloss die Augen und stellte sich sich selbst anders vor, sehr groß mit so langen Beinen, dass er bis an den Saum der Wolken reichte und von dort oben den Weg nach Hause suchen, ihn zu Fuß zurücklegen konnte, rennend wie auf den Feldern um Meolo, sich in einen trockenen Winkel des Hauses setzen konnte, die Knöchel aus dem Fenster hängend und den Kopf beim Schornstein herausschauend.

Man gewöhnt sich an alles, sagten seine Kameraden, auch an die Toten und das Blut, an das Sich-Vollpinkeln und an die Pferde, denen eine Bombe den Kopf abgerissen hat und die noch ein Stück weiterlaufen, aber Nicola konnte sich nicht an alles gewöhnen, doch er tat etwas Unerwartetes: Er wehrte sich.

Im Großen Krieg kämpfte er seinen kleinen Krieg, den gegen Nicola, das Kind, gegen den Blassen und Dummen, dem vor dem Einschlafen die Brust wehtut, dem vor Angst die Finger einschlafen, der Nasenbluten bekommt, wenn er den Tod riecht, den Nicola, der ohne Lupo nichts war.

Während er sich noch vorstellte, so groß zu sein, dass er Äpfel stehlen konnte, ohne bestraft zu werden, kratzte er sich am Kopf und an den Ohren, fühlte die Uniform, seine zweite Haut, verdreckt und verschlissen, glühend heiß in den Beugen des Körpers und schlief endlich ein.

Um drei Uhr morgens, als er rings um das leergeräumte Haus, in dem sie schliefen, Schüsse hörte, riss Nicola die Augen auf, die Kerzen unter den Fenstern waren heruntergebrannt, wieder und wieder wurde auf sie geschossen.

Er weckte den jungen Mann neben ihm, einen kleinen gedrungenen Neapolitaner mit schroffen Manieren, der aber, wenn er ihn an die Mutter schreiben ließ, da er Analphabet war, zu weinen begann und die Madonna anrief, dass sie diese Alte im Bauch von Neapel gut versteckt halten möge.

Der Neapolitaner sprang auf.

Was ist los?, fragte er und ging ans Fenster.

Die anderen machten es ihm nach, bis einer rief: In Deckung!

Nicola kauerte sich an seinen Rucksack, er umarmte und presste ihn an sich und sagte sich, dass er nicht das Pech haben würde, fern von den Marken getötet zu werden.

Das Haus gegenüber stürzte mit dem gewohnten Getöse von Steinen und Putz, von Schlägen und Donner ein, ihr Leben und die Häuser fielen wie Steinchen, die ein Kind zum Spaß von der Brücke wirft, für die Welt waren diese Soldaten eine Randerscheinung.

Als der Angriff zu Ende war, beschloss das Kommando der Carabinieri, die beurlaubten Soldaten früher als vorgesehen aufbrechen zu lassen, um sie von dort wegzubringen, und Nicola sah auf den Gesichtern der Carabinieri eine Angst, die größer war als seine eigene. Seit er am Leben war, gab es da zum ersten Mal jemanden, der mehr Angst hatte als er, denn die Carabinieri waren nie an der Front gewesen, er aber wohl, von dort war er zurückgekehrt mit Kratzern und Wunden, die Beine voller blauer Flecken und Blutergüsse, Pusteln, Krusten, Schmerzen, aber er war lebend zurückgekehrt.

Es war noch nicht vier, da machten sie sich wieder auf den Weg, und je weiter sie sich vom Schlachtfeld entfernten, desto mehr Häuser waren bewohnt, desto mehr Menschen standen an den Fenstern, die Kinder eingeschlossen in den Zimmern und die Alten mit den Händen auf den Balkongeländern, so sahen sie in den Ortschaften das alltägliche, nicht militärische Leben wieder.

Viele der stehengebliebenen Gebäude waren die der Reichen, ihre schönen, von Mauern umgebenen Häuser in der Ortsmitte, die Nicola bewundert hatte.

Wir brauchen kein prächtiges Haus, Ninì, wir wollen, dass alle Häuser gleich sind, hatte Lupo immer zu ihm gesagt.

Um neun erhielt Nicola seinen gegengezeichneten Urlaubsschein, und die vom Militärkommando sagten, die Österreicher hätten die italienischen Linien durchbrochen und den Piave überschritten, der Fluss war eingenommen, die feindlichen Soldaten rückten vor.

Jetzt schicken sie uns zurück, sagte ein Junge aus Siena, er klapperte mit den Zähnen und kniff immer die Augen zusammen, der Neapolitaner hingegen stand gefasst und still da und bekreuzigte sich.

Das können sie nicht, wir haben Urlaubsscheine, sagte Nicola in fiepsigem Ton und mit einem Schluchzen.

Wenn es nötig ist, können sie das, entgegnete der Sienese und kniff nun auch den Mund zu einer angsterfüllten Grimasse zusammen.

Sie machten sich wieder auf den Weg, in Gedanken bei den jungen Toten und dem Fluss, den sie verteidigt hatten, sie stiegen in den Zug nach Mestre, und dort warteten sie stundenlang auf den Militärzug, der sie nach Bologna bringen sollte, sie waren fast da, waren fast zu Hause, aber noch nicht ganz, bei jedem Schritt vorwärts hätte der Befehl kommen können, zwanzig Schritte zurück zu machen, in der Farce des Krieges waren sie Marionetten, die weggeschnipst und mit Wäscheklammern vor die Fenster gehängt wurden.

Dort auf dem Bahnsteig von Mestre überließ sich Nicola wirren Gedanken, döste eine Weile, dann wurde er wieder wach und besorgt, von jedem Soldaten, der vorüberkam, erfragten sie Nachrichten, bei jedem Blick fürchteten sie, es könne der Moment gekommen sein, wieder in den Schützengraben zu gehen.

Das Verlangen heimzukehren hatte er seit der ersten Minute, exakt seit dem Augenblick, als Luigi gesagt hatte: Da ist er, und er vom Tisch aufgestanden war, als ob er über den Dächern einer Stadt aus Nebel wandeln würde, und er war auf die Straße hinausgetreten, hatte mit seinen Hirschaugen den Schatten des Bruders gesucht, überzeugt, dass er kommen und sie aufhalten würde, denn so war es immer gewesen: Bei allem Bösen, das jemand ihm tun wollte, wusste Lupo genau, wie und wann es aufzuhalten war.

Doch außer diesem klaren und innigen Verlangen gab es da ein schleichendes Verlangen, das ihn am Leben erhalten hatte, das, kein Feigling zu sein, sich nicht von den eigenen Ängsten begraben zu lassen, zu beweisen, dass sogar er, der niemals töten würde, wenn es darauf ankam, sich am Leben erhalten würde, mit Kraft und Einsatz, dass er sich mit Klauen und Zähnen daran klammern würde, es sich nicht nehmen ließe.

Er hatte viele Kameraden gesehen, die die Hände ins winterliche Eis steckten, damit sie brandig wurden und amputiert werden mussten, er hatte andere gesehen, die jeden Tag aufs Neue ihre Wunden aufrissen, bis sie sich entzündeten, er hatte welche gesehen, die sich in den Fuß schossen, sich den Schädel mit dem Gewehrkolben einschlugen, sie waren gezwungen, gegen sich selbst vorzugehen, um nicht zu sterben, er aber hatte es nie geschafft, an Flucht zu denken, aufzugeben und sich selbst zu verletzen, sein Heil in der Schande zu suchen, auch wenn er sie verstand und mit ihnen litt, denn der Krieg hatte alle verändert, alle waren sie verloren.

Am Abend waren sie noch nicht zurückbeordert worden, und die Gemüter hellten sich auf, viele waren sicher, dass sie nicht zurückgeschickt würden, sie waren draußen, weit weg, die Stunden vergingen, und der gefürchtete Befehl kam nicht.

Der Militärzug kam und brachte sie nach Bologna, auf vielen Gesichtern lag der zufriedene Ausdruck derer, die es geschafft haben und nunmehr Gewohnheiten, vertraute Wege, heiße Suppe und Umarmungen auf sich zukommen fühlen, alle außer Nicola, der es gewohnt war, von Ängsten und Befürchtungen zu leben, und der, solange er Lupo nicht sah, nicht aufhören würde, ein schlimmeres Schicksal zu befürchten.

In Bologna wurde der Militärzug angehalten, die Soldaten mussten im Stehen im Bahnhof warten, im Norden wurden sie womöglich gebraucht, ihr Fluss, ihre Leute, ihre Heimat – und sie mit diesem glücklichen Lächeln, weil sie Mütter, Frauen und Kinder wiedersehen würden, zerrissen zwischen dem, was sie hätten sein sollen, und dem, was sie in Wirklichkeit waren: Jungen, nur Haut und Knochen, verschreckt, menschlich, allein.

Es war der Befehl eingetroffen, den Militärzug anzuhalten, ihre Rucksäcke standen in Reih und Glied, bereit für den Befehl, bereit zur Rückkehr, die Gesichter still wie bei jemandem, der nicht gehorchen möchte.

Weitere zwölf Stunden wurden sie festgehalten, die längsten zwölf Stunden in Nicolas Leben, wie schmerzhafte Wehen, ein geblähter Bauch, ein Kind, das nicht weiß, ob es in dieser zerstörten Welt geboren werden und aufwachsen will, so erwartete das Herz des jungen Ceresa das Urteil.

Ein Kalabrier, Liebhaber von Heftchen mit ausgezogenen Mädchen und der geschlossenen Häuser oben in den Kriegsdörfern, sagte, wenn der Befehl zur Rückkehr komme, werde er fliehen, er hatte den Urlaubsschein in der Hand, es war sein sakrosanktes Recht, nach Hause zu gehen, sich im Bett auszustrecken, an die Decke zu starren, in den Blumentöpfen im Hof wieder die weißen Blumen zu pflanzen, die sein Vater so sehr liebte.

Ich muss meinen Bruder sehen, murmelte Nicola fast wie zu sich selbst, als die zwölfte Stunde der Wartezeit anbrach.

Sei ganz beruhigt, jetzt lassen sie uns weiterfahren, sagte der Neapolitaner, er hatten einen Rosenkranz in die Hand genommen, hab Gottvertrauen, recht viel Gottvertrauen.

Ich muss meinen Bruder sehen, wiederholte Nicola mit lauterer Stimme und der Panik dessen, der nicht mehr kann und dem Gottvertrauen allein nicht genügt.

Er fühlte sich wie Gerippe und Skelett, die Müdigkeit dieser Monate des Überlebens zeigte sich in seinem Gesicht, der kahlgeschorene Kopf, die Handflächen immer rot und glühend, schmutzig von Blut und Erde, er war verdreckt wie der Lappen, den Luigi benutzte, um die glühende Backschaufel zu reinigen, schmutzig von Ruß und nur noch ein Fetzen.

Sagt uns, was zum Teufel wir tun sollen, schrie Nicola einen der Militärs an, der sie aufgehalten hatte und ihnen seit zwölf langen Stunden keine Auskunft gab, sondern sie bloß überwachte, verschwand und dann wiederkam, er nippte an ihnen wie die Biene am Honig und bestrafte sie, ließ sie leiden.

Da fingen auch der Kalabrier, der Sienese, der Neapolitaner und alle anderen an zu fragen, zu schreien und zu drängeln, wütend zu werden, sie hatten den Urlaubsschein, und sie hatten gekämpft, ihr Krieg musste zu Ende sein.

In das Geschrei und die Proteste hinein kam endlich der Befehl, sie gehen zu lassen.

Sobald Nicola das hörte, sah er die Kameraden an, sosehr er vielleicht auch gewünscht hätte, sie wiederzusehen, hoffte er doch, dass dies ein Lebwohl war, und dann fing er an zu rennen, um zum Bahnsteig vier zu gelangen: Von dort ging der letzte Zug nach Ancona.

## Sed belli graviores esse curas

Als er vom Weg aus den Friedhof erblickte, begriff Nicola, dass er noch einmal vierzig Kilometer zurückgelegt hatte, er hatte sich von Fuhrmännern mitnehmen lassen oder war auf dem Gepäckträger von Fahrrädern mitgefahren, unter der Sonne des beginnenden Sommers.

Er ging auch in der Mittagszeit weiter, dann im Schatten der Bäume, viele davon waren krank, die Bauern konnten sich nicht mehr darum kümmern, die Kirchturmuhr schlug die Stunde, und Nicola begann die Steigung, die zu den Mauern von Serra de' Conti führte, hinaufzurennen und zählte dabei die Schritte, die ihn seinem Zuhause näher brachten.

Eins, zwei, drei, hundertfünf, zweihundertneun, dreihundertzweiundfünfzig.

Er würde Lupo zeigen, dass auch er imstande war zu leben, sich bis zum Äußersten auf den Beinen zu halten, in der Hundstagshitze zu gehen.

Das Land war stumm, keine Garben, viele vertrocknete Weinberge, eingezäunte, aber leere Weiden, schmutzige Straßen, Abfälle und ein schrecklicher Gestank, der von den Abwasserkanälen aufstieg, die Gasthäuser waren geschlossen, auf den Plätzen zeigten sich nur die Gespenster vergangener Feste, die Menschen waren bei der Hitze oder im Regen auch fünf oder sechs Stunden unterwegs, um auf Marken Lebensmittel zu beziehen, und auch wenn es seit Jahren verboten war, hielt man sich im Hof wieder Hühner oder Kaninchen, stahl sie dem

Nachbarn, wenn der im Bett lag und schlief. Das Schild Ceresa & Söhne mit den zwei Ähren, die den Eingang zur Bäckerei anzeigten, war verblasst, alles schien bedeckt vom Staub von zehn Leben.

Nicola klopfte an, und als er keine Antwort bekam, stieß er die Tür auf und trat ins Haus.

Es kam ihm klein vor, als ob er es als Kind und nicht erst vor Kurzem verlassen hätte, das braune und trübe Haus eines kleinen Kindes, das den Schatten liebt und sich gern in Schränken versteckt, die Küche war ein enger Winkel, der Tisch zu klein für drei Personen, die große Wanne im Bad reichte nur zum Wäschewaschen, ihr Zimmer, in dem sie zu fünft, zu sechst oder zehnt hätten wohnen sollen, wie es typisch war für jene, die viele Kinder anhäufen und großziehen wollen, war ein Zimmer mit nur zwei Betten.

Die Schubladen standen offen, der Krug neben Lupos Bett war leer, sein Koffer verschwunden.

Ist da jemand?, brachte Nicola mühsam heraus, er fühlte sich sehr müde, gewaltsam in ein künftiges Leben versetzt, das er nicht lieben würde.

Wer ist da?, hörte er nach einem Weilchen und ging dorthin, woher die Frage kam, zum Zimmer, das den Eltern gehört hatte.

Er dachte, er würde die Tür öffnen, und sie wären alle da, versteckt unter dem großen Bett, Antonio, Adelaide, Violante, Luigi und Lupo, bisher hatten sie bloß Spaß gemacht, nichts war wirklich geschehen.

Violante setzte sich im Bett auf, das Gesicht war so alt geworden, dass es den Möbeln ringsum glich, sie war vollkommen erblindet, das Fleisch nur noch durch ein Wunder und von Gott empfangene Gnade an den Knochen haftend.

Nicola betrachtete sie und sah, dass in dem Raum unterm Bett, der ihm immer so riesengroß und unermesslich erschienen war, dass er allen von ihnen Sicherheit gewähren konnte, niemand war.

Mama, ich bin's, Nicola, ich komme auf Urlaub, sagte er und trat näher.

Nicola? Und wo ist das Mädchen?, fragte sie, den Mund staunend geöffnet, das Gesicht wie jemand, der gerade aufgewacht ist und nicht versteht, in welchem Haus er eingeschlafen ist.

Welches Mädchen?, Nicola blieb vor dem Bett stehen, betrachtete die gerahmten Fotos, die seine Großeltern mütterlicherseits zeigten, die er niemals kennengelernt hatte und die Violante verstoßen hatten, weil sie gewollt hatten, dass sie die Frau eines frommen und mit den Sakramenten versehenen Pachtbauern würde, um sie dann mit gottlosen Menschen im Bunde zu sehen, die Großmutter auf dem Foto schien es auszusprechen: Du hast bekommen, was du verdient hast.

Mein Mädchen, es war ein Mädchen, ich bin mir sicher, es war ein Mädchen. Violantes Hände zitterten, und ihre Stimme versagte. Du hast mich betrogen, du hast gesagt, es ist deins, du hast gesagt, du hast es zur Welt gebracht, aber nein, ich erinnere mich, ich erinnere mich noch, fing sie an zu schreien, die Haare silbern, hohe Wangenknochen.

Da setzte Nicola sich aufs Bett, mit der Ruhe dessen, der tausend Menschen hat sterben sehen.

Mama, wo ist Lupo?, fragte er nur.

Wer?, fragte sie nach Augenblicken der Stille und des Unverständnisses.

Dein Sohn, Lupo, du weißt, wer das ist. Wo ist er jetzt?

Das ist nicht mein Sohn, wehrte sie sich.

Doch, das ist er wohl, sag mir, wo er jetzt ist.

Das ist nicht mein Sohn, ich hab ihn nicht zur Welt gebracht, frag den Pfarrer, frag ihn, wessen Sohn das ist.

Wo ist Lupo?, Nicola erhob die Stimme, nahm ihre Hand und umschloss sie fest.

Ich weiß es nicht, er ist fortgegangen. Sie wand sich und zog den Arm zurück.

Wohin ist er gegangen?

Er hat Geld geschickt, und dann hat er damit aufgehört. Er hat Luigi geschlagen, hat im Dorf verrückt gespielt, dann ist er verschwunden.

Wann hat er aufgehört, Geld zu schicken?

Ich weiß es nicht.

Denk genauer nach, wann hat er damit aufgehört?

Ich weiß es nicht.

Ich muss meinen Bruder finden, ich bitte dich, hilf mir, hilf mir herauszukriegen, wo er ist.

Er ist nicht dein Bruder.

Was soll das heißen?

Er ist nicht mit dir verwandt.

Nicola schwieg, das Zimmer war schwarz, und es herrschte derselbe Gestank wie in den Massengräbern bei den Schützengräben.

Ich muss ihn trotzdem finden. Wo ist Cane? Hat er ihn mitgenommen?

Eine Schlange hat ihn gebissen.

Wen hat sie gebissen?

Cane, diesen Wolf, dieses Tier, das ihr angeschleppt habt, das alle krankgemacht hat, es hat nur Unglück gebracht, und ihr habt es mir ins Haus geholt.

Wo ist er jetzt?

Im Wald begraben.

Nicola fühlte eine große Müdigkeit in sich aufsteigen, von den Eingeweiden bis zur Kehle, eine Schwäche durchdrang Organe und Gefäße, breitete sich aus bis zu den Augen und den Wimpern, da stand er auf, als zöge man ihn an den Fäden hoch, die jemand an der Decke befestigt hatte, traumwandlerisch verließ er das Zimmer der Mutter, er ging und sah alles verschwommen und klein, unendlich weit weg, trat in das Zimmer gegenüber und legte sich auf Lupos Bett.

Unterdessen erwachte Violante aus ihrem Delirium und bat ihn um Entschuldigung: Ninì, bist du's? Bist du es wirklich?

Und er wusste nicht, wie antworten, er wusste nicht, ob er noch Nicola oder ob er jemand anderes war, ob einer mit Nicolas Gesicht, mit dem Prinzengesicht, das nicht zum Sohn eines Bäckers gehört, oder ein Schwindler, Nicola, der Soldat, der nicht weint, nicht in Ohnmacht fällt und sich nicht in die Hosen macht, Nicola, der sich nicht die Pulsadern aufschneidet und der wegrennt, wenn auf ihn geschossen wird.

Er streckte sich aus, legte den Kopf auf Lupos Kissen und schaute auf das leere Bett, das seines gewesen war, das verhasste Bett, das ihm im Krieg jedoch so sehr gefehlt hatte.

Mach die Augen zu, sagte Lupo, als ob er dicht an seinem Ohr wäre.

Da machte Nicola die Augen zu und schlief ein.

* * *

Ärzte, Wissenschaftler, diejenigen, die sich damit auskannten, würden später, erst sehr viel später sagen, dass es bereits im Juli Hinweise gegeben habe, erste Alarmzeichen, einen Verdacht, aber dass sich niemand darum gekümmert habe.

Und so war in den Monaten bis Oktober 1918 nicht mehr von jenem Juli die Rede, als in der Hitze des noch tobenden Krieges Soldaten auf Heimaturlaub an heftigem Fieber litten, das die Lunge angriff und vor allem jüngere Männer befiel, dann aber verging.

Nicola schlief weiterhin viel, stand auf, schleppte sich ins Bad, aß das Wenige, das jemand aus Mitleid für ihn und Violante bei der Essensausgabe besorgte, dann ging er wieder ins Bett, er war müde, unendlich müde, als ob er seit der Nacht, in der er geboren war, nicht geschlafen hätte.

Er wiederholte sich: Ich muss aufstehen, muss Lupo suchen, doch dann blieb er im Bett.

Nachts träumte er vom Geräusch des Regens auf der Uniform, im Krieg hatte sogar der Regen einen anderen Klang, und dann von diesem Kameraden, Nino, der eines Abends still neben ihm gestorben war, an zu viel Kälte, weil er am Fluss nass geworden war, er hatte ein Stück Schokolade mit einem großen Insekt darauf vom Boden aufgelesen und nicht die Kraft gehabt, es zu verscheuchen, er hatte alles in den Mund gesteckt und hinuntergeschluckt.

Im Krieg ist ein lebender Esel mehr wert als ein toter Soldat, hatte er gesagt.

Die Hitze im Haus war erstickend, ähnlich wie ein Handschuh zwischen den Mandeln, durch die Fenster drang nicht genug Luft herein, das Dorf stank nach Verwahrlosung, nach verlassenen Straßen und leeren Brunnen, zum Waschen gab es nur wenig Wasser, Nicola füllte es schon lauwarm in die Wanne, in der er als Kind auch hätte ertrinken können, und schloss sich im Bad ein, ihm war, als hörte er Lupo, der hereinwollte, an die Tür klopfen, da hielt er inne, nackt im mittlerweile kalten Wasser, und lauschte auf die Töne der Erinnerung.

Er wusste: Wenn er jetzt in den Krieg zurückkehrte, würde er sterben, was einen da am Leben erhält, ist die Phantasie, das, was man vorzufinden glaubt, wenn man erst einmal wieder zu Hause ist, seine Briefchen, in denen er sagte, es gehe ihm gut, lagen allesamt auf dem Küchentisch, Violante hatte sie nicht einmal geöffnet, er hatte sie mit klammen Fingern geschrieben, die Arme voller Frostbeulen, Krusten und Schrunden, in die Nischen der Schützengräben gekauert oder auf den mit Stacheldraht bewehrten Straßen, er hatte sie geschrieben, um zu überleben, um den Gedanken an den Moment festzuhalten, wenn Lupo sie öffnen und denken würde: Da sieh an, Nicola, bravo Nicola, er würde ihn in Serra erwarten, mit seinem Stock, mit Cane und seinem spitzen Gesicht.

Aber in Serra war keiner der beiden, und Nicola wusste nicht, ob er wütend oder verzweifelt sein sollte.

Der Monat Fronturlaub verstrich, ohne dass er sich von der Stelle gerührt hätte, wie eine Larve oder ein Stein, wie ein alter Esel und ein jammernder Hund, gefesselt an sein Lager und an die gewesene Zeit.

Bis er eines Nachts im Juli unter Schüttelfrost die Augen aufschlug, er fühlte sich eisig, erstarrt, trotz der Hitze draußen, die erdrückend auf den Mauern und Gassen lastete und die verlassenen Weinberge ausdörrte.

Er fing an zu husten und hustete immer weiter, eine ganze Nacht lang.

Violante, bei der sich klare Augenblicke mit Momenten von Wut und Hass abwechselten, konnte ihm nicht helfen, doch als der Nachbarssohn vorbeikam und Reis, Kartoffeln und Mehl brachte, sagte sie zu ihm, dass es Nicola nicht gut gehe, er sei krank, stehe nicht vom Bett auf und antworte nicht, wenn sie ihn rufe.

Da sagte der Junge, der Tobia hieß, seiner Mutter und seinen Schwestern Bescheid, und die gingen in das Zimmer der fünf Kinder, öffneten die Fenster, wuschen Nicola, wechselten ihm die Kleidung, gaben ihm heiße Knochenbrühe und Tees, und mit dieser Behandlung, die mindestens fünf Tage dauerte, erreichten sie, dass es ihm besser ging.

Der Husten blieb, der Kopf war schwer und wie mit Watte gefüllt, Nicola spürte, wie er schwankte, an den Tagen mit höherem Fieber sagte er nur Lupo, auch dreißigmal hintereinander, und niemand wusste mehr, wie man ihn beruhigen sollte, wie man ihn nicht nur vom Fieber, sondern auch von jener anderen Krankheit kurieren konnte, dieser schrecklichen Besessenheit, die ihn ganz zu beherrschen, ihn in die Knie zu zwingen und vollends zu verschlingen schien.

Lupo ist nicht da, sagten sie jedes Mal.

Als der Militärarzt nach Ende des Urlaubs kam, um zu kontrollieren, warum er den Einberufungsbefehl nicht befolgt hatte, war das Fieber im Abklingen, er hielt ihn für moribund und dem Tod nahe, er hatte viele von diesen Jungen gesehen, die nach der Heimkehr von den Kriegsstrapazen derart geschwächt waren, dass sie sich jede Krankheit einfingen, die in den Dörfern umging. Er unterschrieb den Schein, der Junge war nicht tauglich für eine Rückkehr an die Front, er würde nicht mal mehr bis zum Monatsende durchhalten, er würde die Treppe in diesem Haus niemals mehr hinuntergehen, er sagte zur Mutter, sie solle sich darauf einstellen, ihn sterben zu sehen.

Eines Tages, während Nicola an die Decke starrte und dachte, es wäre schön, das Haus abzudecken und auf Zehenspitzen die Wände hinaufzuklettern und von oben zu betrachten, was er gewesen war, sagte Tobia, dass Gaspare Garelli von der Front heimgekommen sei, er habe nur noch ein Bein, vielleicht würde er die Kriegsinvalidenrente bekommen, aber er habe gesagt, er wolle sie nicht.

Ich muss hingehen, sofort richtete Nicola sich auf.

Wohin?, fragte der Junge.

Zu Gaspare. Nicola versuchte aufzustehen, aber es gelang ihm nicht, alles drehte sich.

Das schaffst du nicht, erklärte ihm Tobia besorgt.

Tatsächlich hatte er an diesem Tag nicht die Kraft, doch er versuchte es an den folgenden Tagen, es verging eine Woche, und endlich verließ Nicola das Haus, im sauberen Hemd, das Gesicht von der Krankheit gezeichnet wie von Steinwürfen, schwankend und langsam gelangte er bis zum Haus der Garelli.

Vater Garelli brachte ihn zu Gaspare, der in seinem Zimmer war, eine Decke über dem fehlenden und dem Bein, das noch da war, Lagna, die Hündin, die Lupo so genannt hatte und die mittlerweile sehr alt war, lag unter dem Bett, die Augen gelb und verschreckt.

Das habe ich dir mitgebracht. Nicola legte eine weiße Blume, die er unterwegs auf den Feldern gepflückt hatte, auf das Nachttischchen.

Wie hast du es angestellt, dass du noch am Leben bist?, fragte

Gaspare und sah ihn an, wie man den Schatten eines Kerzenlichts ansehen würde.

Ich weiß nicht, wie hast du's denn angestellt? Nicola setzte sich auf einen Stuhl.

Dieses Haus hatte er immer bewundert und nie von innen gesehen, die Garelli mit ihren Feldern und Weinbergen, die mit ihren Tagelöhnern, die mit dem großen, schönen Sohn, der bald heiraten und eine Familie gründen würde, die mit dem anarchistischen Sohn, den man gezwungen hatte, in den Krieg zu ziehen.

Mit Wut, so mache ich es. Gaspare hatte seine freundliche Art verloren, er war rau, scharf wie unreife Zucchini.

Wie geht's dir jetzt?, fragte Nicola.

Mit einem Bein weniger wegen einer Granate, ich war in einem Gefangenenlager, weil ich versucht hatte abzuhauen, es wurde bombardiert, sie haben mich nur nach Hause geschickt, weil ich ein Krüppel bin, sonst wäre ich ins Gefängnis gekommen, wie alle, denen der Krieg nicht passt, und das Heer und die widerlichen Heftchen, die man uns zu lesen gibt, mit D'Annunzio und seinen verdammten Dichtern, die unglaubliche und unfehlbare Heldentaten vollbringen, antwortete er, den Mund voller Zorn.

Weißt du, wo Lupo ist?

Er wird mittlerweile fort sein, ich glaube nach Spanien und dann nach Amerika, in Italien stecken sie uns alle ins Gefängnis, sie werfen uns Dinge vor, die wir nicht tun, sie verfolgen uns, als ob der Hunger und die Toten unsere Schuld wären, wenn sie die Jungen im Krieg umbringen, so ist das recht, wenn man versucht, den König und seine Leute zu töten, so ist das nicht recht, nein, das ist eine Sünde und ein Verbrechen, darauf steht Gefängnis. Soweit ich weiß, hat Lupo fliehen müssen.

Nicola schwieg, wie von einer Natter gebissen, er fühlte, wie er in einen Graben stürzte und hinunterrollte bis auf den schlammigen Grund und die toten Blätter, unter Maschinengewehrfeuer betrachtete er den Rumpf der österreichischen Flugzeuge, aus denen geschossen wurde.

Lupo konnte nicht ohne ihn fortgegangen sein. Deswegen war Nicola doch am Leben geblieben, um mit Lupo aufzubrechen, weil er das wollte, er war drauf und dran, Gaspare anzuschreien: Ich will ihn hierhaben, bring ihn her.

Wohin in Amerika …, murmelte er nur.

Ich weiß nicht, Nicola, Brüder gehen fort, Familien trennen sich, siehst du das nicht? Jeder lebt sein Leben, wie er eben kann, und Lupo ist ein Genosse, er ist ein Kämpfer, er ist nicht irgendein Bauer, er wird gesucht, deinetwegen hat er sich ins Bein schießen lassen, er hat dich beschützt, hat dir geholfen, jetzt musst du allein weitermachen, antwortete ihm Gaspare in tiefstem Dialekt und mit wenig Mitleid.

Da stand Nicola auf, weil Gaspare es nicht verstehen konnte, es hätte nichts genützt, ihm etwas erklären zu wollen.

Nicola und Lupo waren nicht einfach Brüder und damit basta, sie waren nicht vom selben Blut und damit basta, sie waren mehr als der Krieg, sie waren mehr als die Anarchie, sie waren auf die Welt gekommen, um gemeinsam zu existieren, sie mussten notwendigerweise im selben Moment da sein.

Stell die Blume ins Wasser, wenn du kannst, sagte er zu ihm, nicht wissend, was er einem Mann, dem ein Bein fehlte, wünschen sollte, nicht wissend, was er sich selbst wünschen sollte.

Das war das letzte Mal, dass er ihn sah: Gaspare Garelli, seine Hündin unter dem Bett, die Spitzengardinen, die seine Mutter gehäkelt hatte, der Weinberg, den er so sehr geliebt hatte und der nun verlassen war, die Wut über die bloß geträumten Revolutionen, er sollte Ende Oktober sterben, an dieser Krankheit, die Geheimnis, Geißel, Epidemie, die Pest, Lungenentzündung, Fieber, die Apokalypse genannt wurde – die Spanische Grippe.

Der Krieg ging zu Ende, aber, wie die Priester sagten: Gott war noch nicht fertig mit ihnen.

*  *  *

Im Oktober war es noch immer sommerlich warm, als die
Menschen begannen krank zu werden, erst die jungen Mädchen, dann die von der Front heimgekehrten Soldaten, dann
Kinder und Alte, in den Spitälern, in den Schulen, in den Mi-
litärlagern, in den Schützengräben, massenweise in den Dörfern, im Gebirge, in den Gassen der großen Städte, vom Piemont bis Sizilien.

Drei Tage genügten und Addio, am ersten Tag kam das Fieber, am zweiten barst einem die Lunge, und am dritten bekam
man keine Luft mehr.

Es ist ein unbekanntes Fieber, es sind Schmerzen, die zuerst
die jungen Leute befallen, im Lauf weniger Stunden sind sie
dahin, erzählten sich die Leute.

Kinder, deren Väter an der Front waren und deren Mütter
im Bett lagen, fanden sich auf der Straße wieder, die Waisen-
häuser waren überfüllt, in den Krankenhäusern kein Platz, die
Friedhöfe ohne Totengräber, alles Holz für die Särge schon an
die Front geschickt, die Ärmsten bauten Särge aus dem Holz
von Tischen und Stühlen und bestatteten so ihre Toten.

Der Krieg war die wichtigste Staatsangelegenheit, der Krieg
war in aller Munde, deshalb wurden die Zeitungen zensiert, die
Briefe ins Ausland konfisziert, man sollte nicht wissen, dass in
Italien alle an einer Grippe starben, die Moral musste aufrecht-
erhalten werden, die letzten Offensiven mussten erfolgreich
sein, die Ärzte mussten im Feld bleiben, die Regierung würde
mit den Siegern an einem Tisch sitzen.

Die Angst vor der Ansteckung wurde zum Wahn, die Apo-
theken waren voll wie in Friedenszeiten die Gasthäuser, Aspi-
rin und Chinin wurden verzehrt wie Eis, auf den Straßen war

der Geruch nach Desinfektionsmitteln faulig geworden, in den Zeitungen wurde empfohlen, Händedruck und Küsse zu vermeiden.

Die Ärzte hatten keine Antwort, die Apotheker waren krank, im ganzen Land wurden Medizinstudenten herumgeschickt, die Kirchen wurden geöffnet, um Kranke aufzunehmen, Häuser abgebrannt, deren Bewohner alle still und leise und mit brandigen Lungen krepiert waren.

Als Violante beim Husten Blut ins Kissen spuckte, wusste Nicola, dass sie es nicht schaffen würde.

Seit Tagen schrie sie ihn an, sagte, er solle weggehen, sonst würde er sich auch noch anstecken, jung und empfindlich, wie er war, ein Bubi für reinliche Betten, er aber war stur und uneinsichtig, ging in diesem Zimmer ein und aus, mit Verbandszeug, Salzen, Tees und Brühen, er stieg ins Dorf hinunter auf der Suche nach Hoffnung, denn da gab es welche, die sich gerettet hatten, die sich nicht angesteckt hatten, und solche, die diese Spanische Grippe wirklich nicht gehabt hatten.

Das Blut färbte die Laken, Nicola stoppte es mit Taschentüchern und Handtüchern, auch er fühlte sich fiebrig.

Du musst weggehen, röchelte Violante, und blutiger Schaum lief ihr übers Kinn.

Ihm, der immer Angst gehabt hatte vor den Krankheiten anderer, dass sie ihn befallen würden, Lupo befallen würden und sie mit einem Mal verschlucken würden, diesmal brachte er es nicht über sich, davonzulaufen.

Wusste man von einem Haus, dass in ihm ein an der Spanischen Grippe Erkrankter war, wurde es wie ein Pestlazarett betrachtet, man zündete ringsherum Kerzen an, streute Desinfektionsmittel aus, man bat die Angehörigen der Kranken, nicht hinauszugehen, das Unheil für sich zu behalten, keine Giftsalber zu werden, nicht die Kinder der anderen umzubringen.

Serra hatte nie Glück gehabt mit seinen Ärzten, man hatte ihnen ahnungslose geschickt, zu junge, cholerische oder grausame, aber jetzt, da sie sich allein und krank wiederfanden, weinten sie ihnen nach.

Nicola ging noch einmal hinaus und versuchte jemanden zu finden, der wusste, was zu tun war, den Blutfluss stillen, einen Aderlass vornehmen, eine Teufelsaustreibung machen, Weihwasser versprühen.

Die Straßen von Serra waren ausgestorben, alle verrammelten sich früh in ihren Häusern, kein Lüftchen regte sich an den milden Abenden dieses höllischen Oktobers.

Die Leute dachten, mit einem großen Regen, einer Sintflut, einer Apokalypse würde Gott die Städte säubern, die Krankheit von den Straßen verscheuchen, Schuld und Traurigkeit hinwegspülen, den Schrecken ertränken, doch es kam kein Wasser, in jedem Dorf starben bis zu zwanzig Menschen am Tag, und auf den Friedhöfen wusste man nicht, wohin mit ihnen, wo Gräber ausheben, mit welchen Karren sie befördern.

Die Nacht sank herab, und Nicola kam mit leeren Händen nach Hause zurück. Violante stand der Mund offen wie bei einer ihrer Geburten, als sie meinte, ein Kind in den Arm nehmen zu können und stattdessen vor ihren Augen das Kreuzzeichen geschlagen wurde.

Er schüttelte sie, drehte sie herum, bewegte sie, zog sie an Armen und Haaren, es war nicht möglich, dass er in fünf Tagen ohne Mutter dastehen sollte, ohne die Blinde, die Verrückte, die Furie, eine Gräte zwischen den Zähnen.

Er trat aus dem Zimmer und schrie los, ein langgezogener Schrei, der aus den Tiefen seiner Scham kam, seiner Wut und Erbitterung über das Unglück, über diese Schmerzen, die angefangen hatten und niemals enden wollten.

Lupo wollte ihn nicht, Lupo zog andere ihm vor, Lupo hatte sie vergessen.

Lupo war fortgegangen, er hatte ihn dort alleingelassen, um die Mutter sterben zu sehen.

Noch nie hatte er so geschrien, er, der kleine, nur halbe Mann, der er gewesen war.

Zwei lange Tage hindurch musste er die Tote im Haus behalten, es fand sich niemand, der sie zum Friedhof bringen wollte, bis er sich aufraffte und den Sarg, den Karren und den Priester holen ging, denn seine Mutter wollte ein christliches Begräbnis, und dafür würde er sorgen.

Ich brauche jemanden, der meine Mutter beerdigt und segnet, sagte er zu Don Agostino, als er in die Sakristei eintrat, wo dieser kniend betete.

Beerdigungen sind verboten, jemand wird deine Mutter abholen kommen, antwortete er reglos, mit gealtertem und leerem Gesicht, ohne sich auch nur umzuwenden.

Nein, Ihr kommt mit mir, Pater, und zwar jetzt, Ihr werdet sie segnen, und ich trage sie allein auf den Friedhof, entgegnete er wütend, mit einer Energie, die nicht seine schien.

Das seid Ihr uns schuldig, Pater, sagte Nicola, um ihn auf die Probe zu stellen und auch weil er erahnt hatte, dass Don Agostino seit jeher mit ihnen verbunden war, dass es da viel Unausgesprochenes und Verschwiegenes gab. Frag den Pfarrer, wessen Sohn er ist, hatte seine Mutter gesagt, als von Lupo die Rede war.

Das seid Ihr uns schuldig, sagte er noch einmal, die Worte einzeln betonend.

Da raffte der Priester sich auf, bekreuzigte sich, er dachte an die Zeit, da er diesen blonden und schwächlichen Jungen unter seine Fittiche hatte nehmen wollen, ihn anständig erziehen, ihn so hätte werden lassen wollen, wie er selbst war, einen Heiligen, einen Erwählten, einen guten Christen, doch zwischen ihm und Nicola hatten immer mindestens zwei Tiere gestanden, gegen die der Priester nichts hatte ausrichten können.

Nicola führte ihn ins Haus, wo die Tote in ihrer fleischlichen Hülle dalag, sie zerfloss auf dem Kissen, lief auf den Boden wie das Wasser aus einem umgeworfenen Glas.

Die Hand vor dem Mund betete Don Agostino für sie und für sich selbst, weil er die Spanische Grippe nicht bekommen wollte, nicht wie diese Unglückseligen sterben wollte.

Schließt ihr die Augen, Pater, sagte Nicola da, und der Priester erschauderte.

Ich kann nicht… Der Mann wich zurück, wandte sich um und wollte aus dem Raum gehen, er fühlte die Krankheit in seinen Körper eindringen wie Feuchtigkeit, Staub, Luft und Licht.

Ich war im Krieg, und ich kann schießen, Pater, hielt Nicola ihn auf, öffnete ruhig den Schrank im Zimmer, holte Luigis altes Gewehr hervor und nahm den Priester ins Visier.

Schließt ihr jetzt die Augen, sagte er noch einmal, und Don Agostino sah auf seinem blassen Gesicht etwas Unerwartetes und schwer zu Bestimmendes.

Da machte der Priester kehrt, trat ans Bett, schloss mit zitternden Fingern Violantes Augen, und seine Gedanken wanderten zu der Nacht, als er zu Nella gesagt hatte: Komm her, hier ist es dunkel genug.

\* \* \*

*Deine Knochen knacken, so kann ich nicht schlafen, sagt Lupo und legt sich ins Bett.*

*Er fasst ihn an Ellbogen und Becken, an Knien und Schultern, es sind verschobene Geometrien, sie stoßen geräuschvoll aneinander.*

*Das Bett kann heiß werden wie kochendes Wasser, die Bettlaken sind zerwühlt und kleben in den Falten des Körpers, die niedrige Zimmerdecke stürzt herab wie ein Mühlstein, der fällt und fällt und mahlt.*

*Wir werden zu Mehl zermahlen, und man wird uns beiseitekehren. Lupo fährt Nicola mit der Hand durchs Gesicht, nimmt sein Ohr zwischen zwei Finger.*

*Es ist heiß im Zimmer, die Kerzen sind vor Feuchtigkeit ausgegangen, das Unheil rauscht in den Mauerritzen.*

*Was ist aus der Revolution geworden, Nini? Bei der Villa Rossa sind drei ums Leben gekommen, wir hätten durchhalten sollen, der Streik hätte unser Druckmittel sein sollen, wir haben nicht genug getan. Er küsst ihn auf Stirn und Schläfen, drückt ihn fester auf der Suche nach Trost.*

*Lupo ist ein frustriertes Tier, er kann weder lesen noch schreiben, wie er sollte, auf Versammlungen spricht er nicht, er war nicht lang genug im Gefängnis, er kann nicht mehr laufen, um vor der Polizei zu fliehen, er ist ein Wrack, und bei sich hat er nur die Wut, die Himmel und Gottheiten zertrümmern will.*

*Die Brüder haben uns verraten, sie haben sich verkauft, für Geld haben sie Ja zum König gesagt. Lupo gibt nach und küsst Nicola langsam auf den Mund.*

*Der scheint verwirrt, er antwortet nicht, hermetisch verschlossen wie Ei und Dose, er versucht so wenig Platz wie möglich einzunehmen in diesem Bett, in dem sie jahrelang zusammen geschlafen haben, die Jahre, in denen man heranwächst, gerecht wird, sich Ideen in den Kopf setzt.*

*Und was sind wir, seit wir nicht mehr Brüder sind?, fragt Lupo aufgebracht mit lauterer Stimme, zwickt ihn in die Lippen und zeichnet Kreise auf seine Wangen, aber Nicola bleibt stumm.*

*Was sind wir? Lupo steht auf vom Bett der Kindheit und schreit, packt mit einer Hand die blonden Haare des anderen.*

*Was sind wir? Er ist wütend geworden, schrecklich, ein Dämon, bis der andere sich losmacht.*

*Es sind Mäuse hereingekommen, sagt Nicola sehr leise und sieht ihn an, vom Boden her hört man das Fiepen.*

Plötzlich öffnete Lupo die Augen, setzte sich mit einem Ruck auf und sah nichts anderes als eine schmale Kammer mit einem zur Hälfte vom Tau bedeckten Kellerfenster.

Eine Hand berührte ihn am Arm, und heftig atmend fuhr er herum.

Schlaf wieder … Virginia zog ihn an sich, um ihn wieder in den Schlaf zu wiegen.

Lupo begriff, dass er geträumt hatte, er betrachtete den Boden, da war weder Wasser noch Mehl, da waren keine Mäuse, da war kein Nicola im Bett.

Er streckte sich wieder aus. Die Frau schmiegte sich an seine Seite, und er fühlte ihr Gewicht, empfand Ärger.

Ihre Billetts nach Amerika lagen schon im Koffer bereit. Zwei Plätze dritter Klasse, einfache Fahrt.

## Ein Tag wird kommen

Es heißt, dass Ihr weiterhin Unterredungen gewährt, sagte Don Agostino, der Pfarrer aus Como, und nahm im Sprechsaal diesseits des Sprechgitters Platz. Er dachte an das langgestreckte Gewässer des heimatlichen Sees, das sich hinzog und verengte, seine eigene Dichte hatte, aussehen konnte wie Nebel.

Es heißt, dass Ihr aufgehört habt, Bestattungen vorzunehmen, antwortete Suor Clara und klimperte mit dem Rosenkranz, den sie um den Hals trug und mit den Fingern hielt, in der fast vollständigen Dunkelheit des Winkels, von dem aus sie die Welt hörte.

Das ist per Gesetz so angeordnet worden, Schwester, eine Vorsichtsmaßnahme gegen die Ansteckung, verteidigte er sich und rückte die Soutane zurecht, die am Boden schleifte, sie roch nach Weihrauch, wie seine Kirche und sein Bett, Don Agostino meinte, Weihrauch würde alles reinigen, jede Krankheit fernhalten, auch die bloße Ahnung des Fegefeuers.

Unser Gesetz ist das Gesetz Gottes, Christen, die sterben, brauchen den Segen, stellte sie fest.

Ich erteile Segen, Schwester, und nicht Euch schulde ich Rechenschaft für mein Tun, entgegnete er verärgert. Erst gestern war ich im Haus der Ceresa, fuhr er fort. Ihr müsst Schwester Nella sagen, dass ihre Mutter gestorben ist, an der Krankheit, die viele trifft, Ihr könnt sie nicht im Dunkeln lassen, ihr Bruder ist allein in dem verlassenen Haus, wenn ich sie fünf Minuten sprechen und sie trösten könnte …, sagte er und senkte die

Hände auf die Schenkel, die Finger gegeneinandergelegt, die Füße mit den Sandalen dicht nebeneinander.

Euer Trost wird nicht vonnöten sein. Wie ich Euch schon des Öfteren gesagt habe, steht Schwester Nella nicht für Unterredungen zur Verfügung, hier kann man nur mit mir sprechen, das ist die Klosterregel, und da Ihr und der Bischof so großen Wert auf Regeln legt, habe ich beschlossen, mich mit größter Gewissenhaftigkeit an sie zu halten, antwortete Clara und richtete ihre Augen auf das Sprechgitter. Ihre Sehkraft ließ mit dem Alter nach, doch diese Energie in der Stimme schien nie weniger zu werden, sie tönte wie fünfzig Buchfinken und hundert Orgelpfeifen.

Ihr habt kein Herz, aber ich habe Euch durchschaut, und wie, zischte er plötzlich in verändertem Tonfall und rückte mit dem Hocker an das Sprechgitter heran. Ihr habt alle getäuscht, außer mir, mit Eurer Redlichkeit und Eurer Musik, Ihr seid eine Tyrannin und eine Hexe. Wie kann man einem Mädchen den Abschied von der Mutter verwehren? Die Unterredung mit seinem Beichtvater? Er spuckte Speichel und Angst gegen die Wand, die sie trennte.

Man kann es verwehren, das versichere ich Euch, in dieser Welt ist uns vieles verwehrt, Pater. Aber eines wird meiner Schwester nicht verwehrt bleiben, und das ist die Sicherheit. Was glaubt Ihr denn? Dass das hier Euer Keller ist, Euer Vorrat an gutem Wein, Euer Innenhof, in dem Ihr herumlaufen und alles Mögliche verlangen und Eure schmutzigen Kleider herbringen könnt, die Ihr nicht mehr wollt? So seht Ihr uns, nicht wahr? Die armen Verblendeten? Wir sind Dienerinnen Christi und haben keine Angst vor Euch. Suor Clara streckte den Finger zum Sprechgitter hin, sah jedoch nur den Schatten ihres Gesprächspartners, denn lange Zeit hindurch waren das alle für sie gewesen: Schatten und Worte, Gesten und Lichtreflexe.

Die Leute von Serra hatten sie verteidigt, die Männer des Bischofs waren nicht wiedergekommen, jetzt konnte sie sich starke Worte erlauben.

Wer will Euch denn Angst machen? Seit Jahren tue ich alles, was Ihr verlangt, beuge ich mich Eurer despotischen Macht und Euren absurden Forderungen, ich bitte nur um Respekt für die, die von uns gegangen sind, und für ihre Familien, die Ceresa sind alle tot oder wer weiß wohin verschwunden, ich glaube, das sollte Nella wissen, stellte er in weiterhin ärgerlichem Tonfall fest.

Ihr verlangt Respekt, den Ihr selbst nicht erwiesen habt, versetzte Suor Clara kalt. Meint Ihr, ich weiß nicht, dass Ihr dem Bischof mitgeteilt habt, es wäre besser, uns zu trennen und auf andere Klöster zu verteilen? Ihr glaubt, ich bin alt, aber ich bin immer noch dieselbe, Pater, und auch wenn meine Sehkraft nachlässt, so höre ich doch gut. An einem empfindlichen Punkt getroffen, kannte Suor Clara keine Nachsicht mehr.

Ich habe überhaupt nichts mitgeteilt..., versuchte er sich zu verteidigen.

Wenigstens vor dem Herrn werden Eure Lügen ein Ende haben, stieß sie zu wie mit Klinge und Schwert, Pfeil oder Bajonett.

Don Agostino sprang auf, als hätte er sich mit kochendem Wasser verbrüht, trat einen Schritt vom Sprechgitter weg, dann kehrte er zurück und setzte sich wieder, Schrecken und Zorn waren seit langer Zeit ständige Bewohner seiner Seele.

Wie könnt Ihr es wagen?, sagte er zur Schwester mit verzerrtem Gesicht, die Stirn gerunzelt, die Nase schief, die Augen winzig.

Gott hat zu mir gesprochen, Pater, und vor Ihm gibt es keine Ausreden, keinen Ablass, die Nachsicht, die ich Euch gewährt habe, war Frucht der Notwendigkeit, aber da Ihr darauf beharrt und wieder und wieder mit Eurer Unverschämtheit, Eurem verzweifelten Bedürfnis nach Absolution an meiner Tür betteln kommt, muss ich Euch daran erinnern, dass wir wissen, was Ihr getan habt, und dass Ihr hier weder jetzt noch irgendwann willkommen seid. Um die Ceresa macht Euch keine

Sorgen, den einzigen, der für Schwester Nella wirklich zählt, habe ich im Auge, und ich kann Euch versichern, dass er in Sicherheit ist. Clara ließ alle Höflichkeiten und Umschreibungen beiseite.

Ich weiß nicht, wovon Ihr redet... Don Agostino erhob sich noch einmal und setzte sich, erhob sich und setzte sich wieder, er wand sich unter ihren Bissen, sie fraß ihm die Zehen an, stieg hinauf zu den Knien und bis zu den Ohren, hielt sie zwischen spitzen Zähnen.

Ich glaube, Euer Spiel des Ich weiß nicht sollte hier ein Ende haben, ich hatte gehofft, mit den Jahren, mit der Erfahrung würdet Ihr bereuen und Erbarmen mit diesem Jungen zeigen, würdet versuchen, ihm zu helfen, ihn zu lenken und zu beschützen, doch nichts habt Ihr für ihn getan, und das verzeihen Euch weder ich noch Gott so leicht. Suor Clara stand von ihrem Sitz auf, den Mund schmal vor Bitterkeit.

Ich weiß nicht... wovon... Ihr redet...

Die Unterredung wird nicht gewährt, einige meiner Schwestern sind krank, ich habe keine Zeit zu verlieren mit Euren Lügen. Die Leute von Serra verlangen hier nach uns, sie brauchen uns, und Ihr müsstet Tag und Nacht in ihren Häusern unterwegs sein, unablässig, Ihr, der Ihr das könnt, setzte sie hinzu.

Wo ist der Junge?

In Fano.

Woher wisst Ihr das?

Ich weiß vieles, Pater. Vor allem das, was notwendig ist. Ich weiß, dass Ihr ihn habt leiden lassen.

Er hasst mich, Schwester, wie hätte ich das machen sollen? Ich habe es versucht, aber... er hat mich verhöhnt, beschimpft und weggejagt und... er ist nicht einmal gläubig, er hasst mich und er hasst Gott...

Der Hass sollte uns nicht aufhalten, sondern uns barmherziger stimmen, in Zeiten des Krieges müssen wir uns an unsere Feinde wenden und das Heil für sie erbitten, für sie und nicht für uns, so lautet das Wort Gottes, wir sollten ihnen die Hände reichen, ihren Schmerz lindern. Wie leicht es ist, den zu lieben, der uns liebt, nicht wahr? Wisst Ihr, für welche Menschen ich am meisten bete? Für meine Entführer, diejenigen, die mich meiner Mutter entrissen haben, für sie erbitte ich jede Nacht Reue. Wer nicht glaubt, darf nicht verlassen werden. Die Schuld der gemeinen Leute mag schrecklich sein, doch die Schuld derer, die in der Kirche wirken, ist eine Schmähung Gottes und unseres Glaubens, sie verursacht uns Pein. Und doch, Pater, werde ich auch für Euch beten, ich werde beten, wie es recht ist, schloss Clara und steckte den Rosenkranz ein.

Sie war es, Schwester, in jener Nacht ... sie ist zu mir gekommen, sie hat es gewollt, sie hat darauf bestanden ... sie ist verrückt, eine Irre, eine Schlange, eine Mörderin, eine Schlampe, die Frau, die Ihr verteidigt, schrie der Priester und zog sich zusammen, wand sich und spuckte all seine Frustration in die Welt wie krankes Blut.

Geht jetzt, Don Agostino, und denkt daran, dass das Gericht Gottes eines Tages kommen wird.

Suor Clara bekreuzigte sich und ging aufrecht aus dem Sprechsaal.

* * *

Seit sie fünfzehn war, sah sie ihren Körper nicht deutlich, nur in einer Glasscheibe oder in der Spiegelung der Wasseroberfläche.

Doch sie fühlte ihn, sie fühlte, wie die Zehennägel sich wölbten, die Fesseln schlanker wurden, die Knie, gewohnt, ihre Gebete zu tragen, schwielig und hart wurden wie Nussschalen, wie die Schenkel dicker und wieder schmaler wurden, je nachdem, was es zu essen gab, wie der Bauch breiter wurde und knurrte, Hunger und Mühsal wisperte, wie die Haut an den

Hüften, angezogen von der Schwerkraft der Welt, herabsank, die Hände sich mit Tinte befleckten, die Finger sich am Papier stachen, durch das Erdreich im Garten an Glanz verloren, der Busen durch Kälte und Schmerzen im Zyklus ihrer Weiblichkeit steinhart wurde, der Unterleib sich Freuden erwartete, die sie unter Staub und Lavagestein begraben hatte, dichte schwarze Augenbrauen, üppige Lippen saßen in ihrem Gesicht wie auf einer gut gemalten Maske, alles an ihr war gewachsen und begann zu altern.

Adelaide sagte, Küsse gebe man dem Bräutigam, und Nella lachte, entgegnete: Ich will nicht heiraten.

Denn sie wollte es machen wie die Anarchisten, Giuseppe hatte ihr erzählt, dass die Ehe eine Knebelung ist, Zwang, ein falscher Schritt in Richtung Gefangenschaft.

Im Kloster gab es keine Spiegel, sie konnten sich in den Augen der anderen betrachten oder in den Scheiben der Schränke mit Tassen und Geschirr darin oder am Rand des Brunnens, wenn sie den Eimer heraufzogen und die Sonne hoch stand.

Schon seitdem sie zwölf war, waren die Väter der Bauern und Kaufleute zu Luigi gekommen, um Verhandlungen aufzunehmen, sie boten Söhne, Vermögen, Häuser, Felder und Höfe, einige sprachen von Geld, andere von Werkzeug und Gerätschaften, sicher zu verwahrendem Schmuck, wieder andere von Schönheit und Möglichkeiten, von Viehherden und Heil: Mein Sohn würde sie gern heiraten, wenn der rechte Zeitpunkt da ist, doch dieser Zeitpunkt kam nie.

Sie lief Luigi auf den Steinen der Straßen von Serra davon und lachte ihm ins Gesicht, ihm und den Ehen, die er für sie ins Auge fasste, all diese Namen, die nichts anderes bedeuteten, als geopfert zu werden.

Nella berührte ihren Bauch auf der Höhe des Mageneingangs, sie drückte ihre Finger hinein, bis es schmerzte, das tat sie manchmal, um sich daran zu erinnern, dass sie noch am Leben war, atmete, da war.

Wie sehr sich ihre Wünsche und Gedanken, ihr Wollen verändert hatten!

Eine Braut Christi, eine Gebenedeite des Herrn, sie, die nie in die Kirche hatte gehen wollen, und um sie taufen zu lassen, hatte Violante eine ganze Woche lang mit Giuseppe streiten müssen, nun schrieb sie lateinische Gesänge ab und betete vor verblassten Madonnenbildern den Rosenkranz, so weit war es mit ihr gekommen.

Ihr Körper, den sie als kraftvoll, jung und leuchtend empfunden hatte, war nun in ein schwarzes Gewand gezwängt, wurde beständig auf Knien gehalten, in Hinterzimmer verbannt, dieselben Paar Hände und Beine, mit denen sie sich gesagt hatte: Jetzt schauen wir mal, ob die Priester so heilig sind, wie sie tun.

Oft, wenn sie wie in diesem Augenblick auf dem Stuhl in ihrer Zelle saß und das Kruzifix ansah, den einzigen Gefährten ihrer Nächte, fragte sie sich, ob sie schlecht daran getan hatte, sich zu einem Leben des Nein und der Verbote zu verdammen, einem Leben der Mahlzeiten zu festen Stunden, des Rosenstutzens, der zum Verkauf hergestellten Liköre und der Wachsblumen.

Vielleicht hätte sie fliehen, vielleicht hätte sie sich zu den Irren schicken lassen sollen, oder sich womöglich von einem Berggipfel hinabstürzen, um überall zu enden, nur nicht hier drin.

Mehr als zwanzig Jahre waren vergangen seit der Nacht, da sie zur Kirche hinaufgegangen war und an Don Agostinos Tür geklopft hatte, sie hatte ihn gefragt: Aber du, was für ein Mann bist du denn?

Und sie hatte begonnen, zu scherzen und um ihn herumzutänzeln, barfuß, die Augen auf diesen Priester geheftet, der den Frauen im Ort gefiel, weil er aus dem Norden kam und einen Akzent hatte, der ihn fremd wirken ließ, blonde Haare und eine vornehme Art hatte, aus einer Familie mit feinen Manieren stammte.

Er hatte sie verscheucht und zu ihr gesagt, es sei spät, so zu reden gehöre sich nicht.

Doch Nella war zurückgekehrt, für sie war es ein Spiel und eine Herausforderung, sie fühlte sich wie ein Diamant, der die Dinge in der Mitte durchschneiden konnte, sie hatte weitergemacht, an die Kirchentür gelehnt, hatte ihn angesehen und die Füße am Boden vor und zurück schleifen lassen.

Eine falsche Reaktion von ihm hätte ihr genügt, ein Anzeichen von bösen Absichten, ein Wort zu viel, dann hätte sie der Mutter enthüllt, dass der Priester wie alle anderen war und nicht der Samariter, für den sie ihn hielt.

Es war, wie Giuseppe sagte, es war, wie die Anarchisten sagten, die Priester taugten nicht einmal für das Salz in der Suppe, unter der Soutane waren sie Männer, die nach Macht und Bequemlichkeit strebten, sie waren erbärmlich, ihre Worte und ihre Gedanken stimmten nie überein, sie redeten auf die eine und handelten dann auf die andere Weise, sie hatten lügen gelernt, und sie logen gut.

Don Agostino, der damals zwanzig Jahre jünger war, aber denselben Willen hatte, unnachsichtig und streng zu sein, sie wie Schafe zu lenken, sie durch seine sonntäglichen Predigten zu läutern und in weise Männer und noch bessere Frauen zu verwandeln, er betrachtete sie mit Mitleid, diese Bauern ohne einen Groschen und ohne Land, er hatte wieder und wieder Nein gesagt, nur Nein hatte er gesagt und hinzugesetzt: Das kann man nicht tun.

Bei einem der Dorffeste hatte Nella ein dunkles Kleid getragen und darin ausgesehen wie eine erwachsene Frau, die aber nicht im Entferntesten daran denkt, sich anständig und gesittet zu benehmen.

Es hatte Feuerwerk und Tanz gegeben, die Keller waren geöffnet worden, und es wurde gespielt, sie hatten Getreidegarben verbrannt, hatten Käse und Salami verteilt, Nella, an die Mauer der Piazza gelehnt, hatte zum Kloster hinaufgeschaut und sich gefragt, was diese Nonnen wohl tun mochten, während das Dorf draußen in Festtagskleidung war.

Es war spät geworden, sie hätte nach Hause gehen müssen, Adelaide hatte nicht getanzt, sie war noch klein und schmollte immer, und Antonio bereitete sich in aller Unschuld darauf vor, der einzige Erbe zu sein, derjenige, der freundlich grüßt, der Märchen kennt, die er den Kindern erzählen kann, der in der Öffentlichkeit immer den guten Anzug trägt und den Laden fegt, sobald ein bisschen Mehl auf den Boden fällt.

Nella war nicht nach Hause gegangen, sie war durch die Gassen gelaufen, hatte sich der Kirche genähert, an vielen Häusern standen wegen der Hitze die Türen offen, die eine oder andere Alte lehnte am Fenster, sie war um die Kirchenmauern herumgestrichen, sie hatte sich gesagt, sie wolle bis zum Kloster gelangen und zum Wald hinunterschauen.

In diesem Moment kam Don Agostino nach Hause, und wieder scherzend hatte sie zu ihm gesagt: Was tut Ihr, Pater, grüßt Ihr mich nicht, wenn die anderen dabei sind?

Du weißt, warum ich dich nicht grüße. Ihre Köpfe wurden von einer der wenigen Straßenlaternen des Dorfes erhellt, der auf dem kleinen Platz vor der Kirche, sie hatten sich angesehen, sie noch mit dem halben Lächeln derjenigen im Gesicht, die nicht verstanden hat, dass ein Gewitter aufzieht, die tändelt, spielt und hüpft, auch wenn der Wind sich schon erhoben hat, und er reglos, den Blick auf einem Körper ruhend, der nur Körper war und schön.

Komm her, hier ist es dunkel genug, hatte er gesagt, und Nella war näher gekommen, aus dem Lichtkreis und den Blicken derer am Fenster tretend, und hatte sich gesagt: Wer weiß, was dieser Dummkopf jetzt anstellt, dieser Priester, der nichts taugt, kein Rückgrat hat, der nicht aufrecht stehen kann, das ist bloß einer, mit dem man sich einen Scherz macht, lächerlich.

Er hatte sie bei der Hand und am Handgelenk genommen und durch den Hintereingang in die Kirche gezogen. Nella hatte gespürt, wie sie mit Gewalt gegen eine Wand gedrückt wurde, sie war nicht sofort erschrocken, sie stellte sich vor, dass es genau das sei, was er wolle, ihr Angst machen, ihr eine Lektion erteilen, ihr zu verstehen geben, worin sie sich täuschte.

Die Hände des Mannes waren unter ihr Kleid gefahren, hatten beiseitegeschoben und geöffnet. Da hatte Nella gesagt: Hört auf, das ist kein Spaß.

Er hatte ihr Küsse auf den Hals gegeben wie jemand, der nicht zu küssen weiß, und sie hatte angefangen zu treten, hatte geschrien und Nein gesagt, sie hatte gebrüllt, gebissen und mit Fäusten um sich geschlagen.

Don Agostino war nicht so schwach, wie er wirkte, zweimal so groß wie sie, zweimal so viel Muskeln wie sie, zweimal so viel Hunger, zweimal so viel Verzweiflung, zweimal so viel Bedürftigkeit, zweimal so viel Angst.

Auf Nellas Nein hatte er nicht reagiert, als ob es ein Ja wäre und das Ganze nur Verstellung, Theater.

Als Nella geschrien hatte: Ihr tut mir weh, hatte er ihr die Hand auf den Mund gelegt und ihn verschlossen, wie man Fenster und Kredenzen, Weinfässer verschließt, die blauen Augen des Priesters waren erloschen.

Nichts genutzt hatten Faustschläge und Stöße gegen die Hüften, das Sich-Winden und Sich-in-Nachtigall-und-Krähe-Verwandeln, der Versuch wegzufliegen, er hatte sie genommen, wie es ihm recht erschien, weil man die Männer des Glaubens nicht behelligen sollte, wo sie doch tagtäglich gegen ihre Leidenschaften ankämpfen, das Mädchen hatte mit dem Feuer gespielt, jetzt durfte von ihr nur Asche bleiben.

Bei dieser Erinnerung legte Nella in ihrer Zelle die Hände ineinander, dasselbe Bild, derselbe Schmerz zwischen den Beinen, und murmelte: Ich bitte dich, Heilige Maria Mutter Gottes, töte diesen Mann, dieser Mann muss sterben.

Suor Clara blieb häufig auch bis zu fünf Stunden auf dem Sche-
mel im Sprechsaal sitzen, sie ließ einen nach dem andern vor,
Männer, Frauen, Kinder, sagte, sie sollten erzählen.

Die Krankheit forderte jeden Tag neue Opfer, in einer Woche waren viele Menschen für tot erklärt worden.

Die Medikamente gingen schnell zur Neige, da begab man
sich auf Wanderschaft, um in anderen Orten und Gemeinden
welche zu suchen, mit offenem Mund und dem Aussehen von
Vogelscheuchen zogen die Menschen durch die Straßen.

Die Feuchtigkeit der Flüsse und des Strohs in den Heuschobern machte müde, sog die Gedanken auf, es war für die Jahreszeit noch immer unverhältnismäßig warm, die Kaninchen in
den Höfen starben, weil keiner Zeit hatte, ihnen zu fressen zu
geben, die Krankheit löschte die Stunden des Tages aus, ließ die
Trennung zwischen Schlaf und Wachen verschwimmen, tötete
wie ein Schuss.

Durch die Nahrung, die ihr auf die Lebensmittelmarken zu-
stand, hielt eine gesunde Frau sich mit Mühe bei Kräften, mit
dem bisschen Reis und Mehl, dem verschwindend wenigen
Fleisch; ohne die nötige Nahrung stand eine kranke Frau nicht
mehr vom Bett auf, und auch wenn das Fieber vorbei war, sack-
te der Körper weg wie unter einem Erdrutsch, dem Ansturm
eines Wildbachs.

Die erste Nonne, die starb, war Suor Anna, die Köchin,
abends hatte sie angefangen zu husten, nach Ablauf von drei
Tagen lag sie steif in ihrem Bett, die Augen aufgerissen wie jemand, der diese Welt nicht für eine andere verlassen will.

Suor Clara hatte sie waschen und ankleiden lassen, sie als Erste berührt, gestreichelt, gewiegt, als Lebende und als Tote, als

Gesunde und als Kranke, sie waren Frauen des Glaubens und durften keine Furcht haben vor dem Sterben, sie durften sich nicht von der Angst vor der Krankheit aufhalten lassen.

In der Stille, die wie von Watte und Stroh war in diesen Mauern, wurde auf den Korridoren gemunkelt, dass die Äbtissin die Krankheit ins Kloster gebracht habe, durch all diese Leute, denen sie nie etwas abschlug und die im Sprechsaal ausspuckten und die Infektion verbreiteten.

Eines Tages hatte eine Frau, die Frau eines Walnusszüchters, den Leichnam ihres achtjährigen Sohnes in den Sprechsaal gebracht, der an dem Fieber verstorben war, sie hatte ihn im Arm gehalten, hatte sich dem Sprechgitter genähert und gesagt, dass sie kein Geld habe, um ihn zu begraben, und auch nicht, um einen Sarg zu kaufen, man würde ihn ohne alles unter die Erde bringen, und das könne sie nicht ertragen.

Wenigstens ein Kreuz, Schwester, gebt ihm wenigstens ein Kreuz, hatte sie in tiefstem Dialekt gesagt.

Clara hatte die bläulichen Lider des Kindes betrachtet, die Hand ans Sprechgitter gelegt und geantwortet: Wir kümmern uns darum.

Ebenso war sie mit dem alten Mann verfahren, der seine erst zwanzigjährige Frau verloren hatte, und mit der rotgelockten Schwester eines Soldaten, der, kaum heimgekehrt, an der Krankheit gestorben war, mit einer siebenköpfigen Familie, von der nur drei übrig geblieben waren, immer wieder hatte sie gesagt: Wir kümmern uns darum, und sie hatte sich gekümmert, die Kasse des Klosters hatte sich geleert, sie hatte alles nur irgend Verkäufliche an die Dorfbewohner verkaufen lassen, sodass Clara am Ende nicht gewusst hätte, wie sie sich selbst hätte beerdigen sollen.

Aus Senigallia, Ancona, Fano kam keine Hilfe, Don Agostino taugte nur zum Messelesen, aber er fürchtete sich, die Toten zu berühren, er tat so, als könnte er sie nicht segnen, er verschwand, wenn er in ein Haus gerufen wurde, er machte einen

Bogen um den Friedhof, seit der letzten Unterredung hatte er nicht mehr mit Suor Clara sprechen wollen.

Die Schwestern waren ausgezehrt, und ihre Arbeiten gingen langsam voran, sie beteten auf Knien, die sie nicht mehr trugen, und hatten abends keine Kraft mehr zum Schreiben, mehr als eine hatte Suor Clara zugeflüstert, dass es Zeit sei, die Pforten des Klosters zu schließen und sich in Sicherheit zu bringen.

Clara war mittlerweile alt geworden, zwar noch wach und geistesgegenwärtig, aber schwerfälliger, ihre schwarze Haut verlor nicht an Glanz und umspannte ohne Falten Stirn und Wangen, von außen wirkte sie jugendlich und rege, aber im Inneren hatten die Jahre sich eingegraben.

Ihre Sehkraft ließ von Tag zu Tag nach, so sehr, dass sie nach Sonnenuntergang Schwierigkeiten hatte, beim Licht der Kerze zu gehen, sie stieß sich, verletzte sich, erhob sich jedoch gleich wieder in gefasstem Gehorsam und setzte ihren Weg fort.

Wenn das die Strafe Gottes ist, wenn Er uns dieses Fieber geschickt hat, weil wir Ihn mit unseren Kriegen und unserem geringen Glauben beleidigt und herausgefordert haben, dann lassen auch wir uns bestrafen, sagte sie bei einem Abendessen, als die anderen murmelnd ihren Unmut kundtaten.

Wir haben nichts mehr, Schwester, sagten jene. Zwei weitere Schwestern waren an der Spanischen Grippe gestorben, und im Garten gab es nur noch Knollen und Wurzeln; wenn sie gekonnt hätten, hätten sie sogar Bibeln und Notenblätter gegessen.

Nella sah sie vom entgegengesetzten Ende des Tisches her an, vor sich warmes Wasser und Kartoffeln, den Löffel voller Hunger und Mühsal. Also werden wir weiterhin geben, sagte sie mit lauter Stimme.

Dann steckte sie einen Löffel dieser Suppe in den Mund, die nach Erde und Wischwasser schmeckte.

Clara sah sie an und nickte.

Ein paar Tage zuvor hatte Nella unter ihrem Kopfkissen einen Zettel gefunden, kurz und knapp:

*Deine Mutter ist am Fieber gestorben.*
*Lupo geht es gut.*
*Ich bete für ihn.*
*Ohne Ende bete ich.*

* * *

Den Gottlosen schenkt keiner Vertrauen, hatte der Priester gesagt.

Auf solche wie ihren Großvater, wie dessen Freunde, könnten die Leute nicht zählen, wer keine Religion hat, hat keinen Anker in der Welt, ist wie eine Angelrute den Windböen ausgesetzt, versucht in leeren Gewässern zu fischen, er hat keinen Halt, hat keine festen Wurzeln, wer keinen Glauben hat, kann die Angst vor dem Tod nicht besiegen.

Niemand würde ihr glauben, er ein geweihter Kirchenmann, untadelig, beim Bischof angesehen, bekannt für seinen guten Willen; sie ein zügelloses Mädchen, das den Mund aufmachen und mit seiner Wahrheit hausieren gehen will, sich über heilige Dinge lustig macht.

Nella zitterten die Beine, doch sie blieb aufrecht und glatt, eine Perle in der Auster, während Don Agostino seine Soutane zurechtrückte und ihr drohte. Sollte sie reden und erzählen, was geschehen war, würde er sie für verrückt erklären, sie hätte es so gewollt, sie hätte darauf bestanden, er würde sie an einem heiligen Ort einschließen lassen, wo nur Priester Zutritt haben.

Das Spiel war vorbei, es gab nichts zu lachen.

Nella war erst vor Kurzem zur Frau geworden, sie hatte ihre

zerrissene Unterhose aufgelesen, sie wieder angezogen und hatte die Sakristei durch den Hintereingang verlassen.

Sie war nach Hause gegangen, hatte sich benommen, verloren gefühlt, sie hatte sich in ihr Bett gelegt, das sie neun Monate später würde verlassen müssen, sie hatte Antonio gehört, der sich in seinem bewegte.

Wo warst du?, hatte der Bruder sie gefragt.

Auf den Feldern, hatte Nella prompt geantwortet, und so, ohne nachzudenken, hatte sie angefangen zu lügen.

Als die Übelkeit einsetzte, hatte sie gesagt, es ekle sie vor dem Essen, es sei ihr heiß, es sei ihr kalt, alles in diesem Haus war ihr zuwider, je mehr sie sich verstellte und log, desto mehr wuchs der Bauch und brütete Lügen aus.

Sie hatte nicht mit Giuseppe darüber sprechen können, sie hatte nicht um Hilfe gebeten.

Dann war der Moment gekommen, in dem Luigi die Schwangerschaft bemerkte, als er die ältere Tochter genauer ansah, die er seit einiger Zeit nicht angesehen hatte, weil er ganz auf Antonio und ihrer aller Zukunft konzentriert war, Nellas Gegenwart war nutzlos für ihn, überflüssig, nichts wert.

Bist du schwanger?, hatte er sie direkt gefragt, sie waren in der Küche und schälten Kürbisse.

Sie hatte ihn angesehen und hatte Nein geantwortet, da war er näher gekommen, hatte sie am Arm und in der Taille gefasst und hatte ihr das Kleid bis über den Busen hinaufgezogen, hatte gesehen, was da zu sehen war, was Violante, schon halbblind, sicher nicht verstehen konnte.

Da war Luigi wütend geworden: Die einzige Tochter in heiratsfähigem Alter hatte sich zuschanden gemacht.

Das ist die Schuld von deinem Großvater, der dich mit all den Jungen zusammenbringt, diesen Verbrechern bei ihm im Haus. Wer war das?, hatte der Vater geschrien, und Nella hatte geantwortet, Giuseppe habe nichts damit zu schaffen.

Wer hat dann etwas damit zu schaffen? Eine Sache hättest du tun sollen, eine einzige, nicht schwanger werden, bevor du einen Bräutigam gefunden hast. War das so schwer?, hatte Luigi geschrien, hatte die Kürbisschalen genommen und auf den Boden geworfen.

Nella hatte Niemand geantwortet, hatte immer wieder Niemand gesagt, und je mehr ihr Vater sie einen fauligen Apfel schimpfte, desto mehr wollte sie sich verteidigen und einen Namen nennen, er lag ihr auf der Zunge, dieser Name.

Don Agostino war's, er hat mich dazu gezwungen, hatte sie unter Schreien und An-den-Haaren-Reißen, Schlägen und Kneifen vorgebracht, unwillkürlich hielt sie sich den Bauch, um ihn zu schützen, und da entdeckte sie, dass sie bald die Mutter von jemandem sein würde.

Violante hatte sich bekreuzigt und war in ihrem Zimmer verschwunden, wie um schon um Vergebung zu bitten.

Luigi hatte das nicht als ein Bekenntnis aufgefasst, sondern als eine weitere Frechheit des Mädchens, das sich als Anarchistin und als Rebellin aufspielen wollte.

Da war er in aller Eile zum Priester gelaufen, um mit ihm zu reden, auch wenn Nella ihn gebeten hatte, das nicht zu tun, weil er es doch nie zugeben würde.

Don Agostino hatte sich würdevoll verteidigt, er war noch jung, noch nicht von jahrelangen Schuldgefühlen gebeugt, er hielt sich schön aufrecht und sprach salbungsvoll.

Dem Mädchen geht es nicht gut, Signor Ceresa, seit einiger Zeit belästigt sie mich, ich glaube, sie hat Flausen im Kopf, hatte er alles offen lassend geantwortet.

Nella hatte immer wieder beteuert, dass es so gewesen war, sie hatte ihn herausgefordert, aber im Spaß, sie wollte das nicht, sie hatte Nein gesagt, er hatte nicht auf sie gehört, hatte seine Unterhose runtergelassen und hatte nicht aufgehört, so hatte sie hinausgeschrien, was sie monatelang für sich behalten hatte.

Violante hatte man eine Geschichte erzählt, das Märchen von der hoffnungslos verlorenen Tochter, der Verrückten, besessen von verderblichem Feuer, einer Freundin des Teufels, die Gott nicht kennt.

Dem, der Gott nicht kennt, ist nicht zu trauen, Signora Ceresa, hatte der Priester erklärt und dabei ihre Hände gehalten, in dem Versuch, sie zu trösten, sie würden eine Lösung finden, diese arme Seele zu retten, sie würden sie nicht fortgehen lassen, sie in wer weiß welche Besserungsanstalt stecken lassen, in wer weiß welche Hände geben, er würde sich darum kümmern, man brauchte nur zu beten.

Nella war bis zur Niederkunft im Haus gehalten worden, Giuseppe mit tausend Ausreden daran gehindert worden, sie zu sehen, man erzählte was von Schmerzen und Krankheiten, die das Mädchen nicht hatte.

Der Priester hatte das Kloster für sie vorgeschlagen, ein guter Ort, umsichtig geführt und vertrauenswürdig, wo sie wachsen und sich läutern konnte, Frieden finden, sich Gott wohlgefällig erweisen konnte.

Das Kind war blutig zur Welt gekommen wie alle Kinder, so groß wie alle Kinder, tränenreich wie alle Kinder, und Nella hatte es kaum gesehen, bevor Luigi es aus dem Zimmer trug.

Sie hatte gerade noch sagen können: Es heißt Lupo, mein Kind heißt Lupo.

Don Agostino war gekommen, es zu segnen, er war ins Haus Ceresa eingetreten mit der Miene des Mannes, der trotz der Schmach und der Flausen, der schrecklichen Lügen dieses Mädchens zu vergeben weiß, nur der frommen Violante wegen war er ins Haus gegangen, um das Kind zu segnen.

Nella war stumm geblieben, unfähig zu glauben, dass der Priester so weit gehen könnte, ohne dass sich in seinem Gesicht das Geringste veränderte, keine Falte, keine Träne, keine Grimasse. Als er ans Bett getreten war, um so zu tun, als vergebe er ihr, hatte sie gesehen, wie das klare Profil dieses jungen Mannes sich in Schatten verwandelte.

Wenn du nicht im Kloster bleibst, schicke ich dich an einen so entlegenen und so schrecklichen Ort, dass du von deinem Sohn nicht einmal mehr den Namen hörst, hatte der Priester mit beißender und fiebriger Stimme gesagt, die in nichts einem Ave Maria glich.

Wenn du ins Kloster kommst, musst du auf ihre Fragen nur eines sagen: Ich bin bereit, und sie werden dir glauben.

## Du hast den Abgrund vergessen

Ein Morgen im Oktober 1914 auf dem Domplatz in Mailand, zwei Männer, einer groß und in Schwarz, einer klein und in Grau. Der große Mann hatte den kleinen den Platz überqueren sehen, hatte den Mantelkragen hochgeschlagen und war rasch auf diese kleine Gestalt zugegangen, die jedoch so massig war wie ein Koffer, und hatte den Mann angehalten.

Die beiden Männer waren Jugendfreunde, der große sprach zu dem anderen in ihrem gemeinsamen Dialekt, so stark wie möglich, weil sie sich in der Sprache der Heimat sicher und nah von zu Hause fühlten, der Dialekt führte sie wieder in die Romagna und zu den Tagen, da sie beide die bestehende Ordnung umstürzen wollten, die Monarchie zu Fall bringen, die Arbeiter nicht alleinlassen, Wahrheit und Tugend verteidigen wollten.

Der große Mann hatte den anderen daran erinnert, dass ihre Väter harte Männer gewesen waren, prinzipientreu, standhaft und nie wankelmütig, sie waren mit ihren Idealen in der Tasche gestorben und hatten sich zu Grabe tragen lassen, jedes Wort mit Leben gefüllt, jede Tat getan.

Du hast den Abgrund vergessen, hatte der große Mann gesagt, und der Wind war über den Domplatz gefegt.

Den moralischen und politischen Abgrund, der uns von denen trennt, die herrschen wollen. Wir haben Verpflichtungen gegenüber der Jugend, gegenüber denjenigen, die wir in den Antimilitarismus hineingezogen haben und die wir heute nicht dem Gegner überlassen können.

Der kleine Mann hatte auf seine Schuhspitzen geblickt und hatte den anderen reden lassen, er wirkte nicht beleidigt, er schien ungerührt, doch als er den runden, glänzenden Kopf hob, hatte der geleuchtet wie der Mond, Ereignisse und Entscheidungen glitten daran ab, ein paar Körnchen Zeit, die man wie Salz über die Schulter wirft.

Ich nehme sie in Schutz vor diesen Feiglingen von offiziellen Sozialisten, die sich als Antimilitaristen ausgeben, sich aber nie für Masetti eingesetzt haben, sie hatten mehr Angst als der Oberst Stroppa, hatte der kleine Mann erwidert.

Gegen die Feigheit deiner ehemaligen Genossen zu sein bedeutet nicht, sich auf die Seite der Nationalisten zu schlagen, wahrhafte Demokraten müssen sich der revolutionären Kriegstreiberei widersetzen, die zu gar nichts führt, hatte der große Mann friedfertig gesagt, die Hände in den Manteltaschen.

Sie, die gemeinsam groß geworden waren, würden sich verstehen und im Schulterschluss auf die richtige Seite zurückkehren, diejenige, die den Frieden will, die keine Kolonien will, keine Militärs, die Seite der Aktivisten der Villa Rossa, die davon geträumt hatten, die Welt in sieben Tagen zu zerstören, wie Gott sie, schlecht genug, erschaffen hatte.

Der kleine Mann hatte angefangen zu schimpfen, die Halsschlagadern waren ihm geschwollen, mit den Händen hatte er Kreise in die Luft gezeichnet, hatte von der Inhaltsleere des Internationalismus gesprochen, von den echten Werten, denen der humanen Internationale, die er gegen die deutsche Barbarei, gegen die österreichischen Invasoren verteidigen wollte, um ihre Ideen zu retten, um sich mit Frankreich zu verbünden, die Zeit der Revolution war nah, und er hatte das begriffen.

Dann hatte der kleine Mann gesagt: Weißt du, dass ich eine neue Zeitung gründe?

Ich weiß, hatte der große Mann geantwortet.

Ich werde sie *Il Popolo d'Italia* nennen, hatte der kleine Mann gesagt.

Ich weiß, hatte der große Mann noch einmal geantwortet.

Komm in die Via Paolo da Cannobio und sieh dir die Räume und die Maschinen an, hatte der kleine Mann vorgeschlagen.

Danke, aber ich habe keine Zeit, hatte der große Mann geantwortet.

Du könntest freier Mitarbeiter sein, hatte der kleine Mann gesagt.

Es gibt da eine Schwierigkeit, hatte der große Mann geantwortet.

Die wäre ...?

Nimm mir's nicht übel, aber woher kommt das Geld für die Zeitung?, hatte der große Mann gefragt.

Der kleine Mann hatte ihn aus großen, wässrigen Augen angesehen, hatte die Kinnlade vorgereckt und die Hände in die Taschen gesteckt.

Vertraust du mir?, hatte der kleine Mann gefragt.

Ja, bis zum Beweis des Gegenteils, hatte der große Mann geantwortet.

Gut, du wirst ja sehen, hatte der kleine Mann zum Abschluss gesagt und mit schnellen Schritten die Straße im Schatten des Doms eingeschlagen.

Das war das letzte Mal, dass der große Mann den kleinen Mann sah, und später würde er sich an ihn erinnern, von hinten und mit seinem raschen Gang, wie ein Stein im freien Fall.

So nahm Armando Borghi Abschied von Benito Mussolini.


\* \* \*


Virginia war zehn Jahre älter als er und stammte aus den Abruzzen, sie war nicht sehr groß, nicht wirklich hübsch, ihr Körper hatte Ecken und Kanten wie die Felsen im Apennin, sie wirkte nicht einladend, bekundete keine Freundschaft.

Virginia schien keine Frau, die man lieben oder erobern könnte, sie trug immer hohe Stiefel und Hosen, sie band ihr Haar oben auf dem Kopf zusammen und hatte immer einen breitkrempigen Hut auf, sie kannte keine andere Farbe als Schwarz und konnte in einer Gasse verschwinden wie eine Maus.

Zum ersten Mal sahen sie sich in einem Keller. Gefolgt von einigen Männern betrat sie den Raum, und bevor er ihre Stimme hörte, hielt Lupo sie für einen von ihnen, ein kleines Männchen mit kurzen Beinen, das sein Gesicht mit einem Schal bedeckte, sodass nur die Augen herausschauten.

Dann stellte sie sich vor, sagte, sie sei auf der Flucht, sie werde sich in wenigen Monaten nach Amerika einschiffen, sie warte auf Kontaktpersonen aus Kanada, bis dahin brauche sie ein Versteck.

Lupo beobachtete sie von der Seite, diese kleine Frau ohne jeden Charme, die die Flüchtige spielte und von der man nicht wusste, weshalb sie verfolgt wurde, sie machte nicht den Eindruck, dass sie Schaden anrichten oder eine Gefahr darstellen könnte.

Sie nahm den Hut ab und ließ die ungepflegten lockigen Haare sehen, das Gesicht einer Frau aus dem Gebirge, rechteckige Backenknochen, kurze Nase und Schlitzaugen, zu große Ohren und ein zu kleines Kinn.

Sie sah alle verstohlen an, lächelte über die ordinärsten Witze, die die anderen über die Bordelle an der Front rissen, niemand benahm sich ihr gegenüber mit Anstand, man betrachtete sie als Bluthund und erwies ihr den Respekt, den man einem Kampfgenossen zollt.

Wie heißt du?, fragte sie Lupo, der mit seinem Stock in einer Ecke saß.

Lupo Ceresa, antwortete er und blickte auf.

Vor Jahren habe ich von einem Ceresa gehört, aber das warst nicht du, zu der Zeit hast du sicher noch in Windeln gekackt, sagte sie und lachte. Lupo rührte sich nicht.

Zu der Zeit habe ich schon gearbeitet, mit sechs war ich schon Bauer, antwortete er.

Und wo?, fragte sie da.

In Serra de' Conti, hier in der Nähe.

Ah, dann gehörst du zu den Bauern, die in Ancona die Settimana Rossa angezettelt haben, stimmt's? Man spricht über euch, ihr seid so selten wie rote Ameisen.

Ich glaube, ich bin als Einziger übrig geblieben, die anderen sind in den Krieg gezogen oder aus Italien geflohen.

Und du, warum bist du nicht im Krieg?

Lupo deutete auf sein Bein.

Hm, aber auch mit einem Bein allein kann man davonrennen, oder?

Ich glaube ja, mit einem Bein allein kann man alles machen.

Sie lächelte und zeigte einen abgebrochenen Schneidezahn und Grübchen in den Wangen, die gut zu einem Fuchsgesicht gepasst hätten.

Lebst du hier unten?

Vorerst schlafe ich hier und helfe in der Druckerei nebenan.

Kannst du lesen und schreiben?

Ja, ich hab's gelernt.

Dann bist du besser als eine rote Ameise, du bist eine gelbe Ameise, eine getigerte, sagte sie lachend, und Lupo verzog keine Miene.

Mein Bruder hat es mir beigebracht, ich habe gearbeitet und für ihn die Schule bezahlt.

Und wo ist dein Bruder jetzt?

Er ist an der Front gefallen. Lupo umklammerte den Stock mit der Hand.

Das tut mir leid.

Schweigend sahen die beiden sich an, dann rückte Virginia ihren Koffer zurecht, sie würde auch hier schlafen, sie holte ein Buch mit Gedichten von Ada Negri heraus und hielt es ihm hin.

Ich lese solches Zeug nicht, entgegnete Lupo.

Du liest keine Gedichte? Und warum?

Das ist nichts für mich, ich lese Artikel, Manifeste und Programme, keine Gedichte.

Da irrst du dich, ohne Gedichte gibt es keine Artikel oder Manifeste oder Programme. Virginia stand auf und legte ihm das abgegriffene Buch auf die Beine.

Ich komme aus einer ähnlichen Gegend wie du, ich war auf der Klosterschule, und die Gedichte haben mich gelehrt, nicht an Gott zu glauben, sondern an Männer und Frauen, nimm sie, und wenn du auch nur eines liest, ist das besser als nichts. Sie setzte sich wieder hin und zog die Stiefel aus, die anderen Männer ließen die beiden allein, sagten zu ihr, sie solle schlafen.

Bist du jemand Wichtiges? Lupo drehte das Buch in den Händen.

Niemand ist wichtig. Ich bin eine, die auf der Flucht nach Kanada ist.

Sie halten dich versteckt, also musst du wichtig sein.

Mir kommt da eine Geschichte in den Sinn, etwas, das wirklich geschehen ist, wer weiß, ob du sie kennst. Hast du je von San Lupo gehört?, antwortete sie.

Nein, nie gehört.

Da verstaute Virginia ihre Sachen unter der Pritsche, die man für sie aufgeschlagen hatte, und begann zu erzählen.

Es ist das Jahr 1877, du musst also erst noch geboren werden, in einem kleinen Örtchen namens San Lupo, da kommen eines Morgens zwei Fremde an, ein Paar, vornehme englische Herrschaften, und mieten ein ganzes Haus, die Taverna Jacobelli, oben in den Bergen in einem Dorf mit nur ein paar wenigen Seelen und ohne jeglichen Reiz, sie haben einen Dolmetscher dabei, einen Diener und einen Koch. Sie lassen es sich an nichts fehlen. Die Frau hat sehr grüne Augen und das Gesicht eines Menschen, der bald sterben wird, sie sagt, sie sei an Tuberkulose erkrankt und der Arzt habe Gebirgsluft verordnet, um das Übel zu bekämpfen.

Die Leute nehmen sie auf, reden aber über sie wie von Sonderlingen, die vom Himmel gefallen sind.

Keiner von ihnen ist, was er vorgibt zu sein, denn das ist kein Paar, und vor allem ist der andere kein Dolmetscher.

Die drei waren Cafiero, die russische Gefährtin des Exilanten Stepnjak und Malatesta, verkleidet als wohlhabende Bürger und Adelige in der Sommerfrische.

Mit Unterstützung der Dorfbewohner wurde in San Lupo der Ausbruch einer großen Revolution geplant, die ausgehend von den Briganten im Gebirge ganz Kampanien erfassen sollte, dann das Molise und hinauf bis ins Piemont.

Malatesta war vierundzwanzig Jahre alt und glaubte an San Lupo, glaubte an die Bauern, die Tagelöhner, die Gebirgler, an die, die geschworen hatten, den Aufstand zu machen.

Aber so ist es nicht gekommen. Die Kisten mit Waffen und Lebensmitteln treffen ein, man ist bereit, die Region des Matese zu einer großen Festung auszubauen, dem ersten freien Ort, der ersten Erhebung.

Ihr Verbindungsmann, einer aus Maddaloni, hat Gefolgschaft geschworen und erklärt, sicher zu sein, dass Schäfer und Bauern die Revolte mitmachen würden, sie unterstützen würden, aber er arbeitet seit einiger Zeit mit der Polizei zusammen und wird von ihr bezahlt, um San Lupo und unsere Genossen zu verraten.

Du trägst also den Namen der Hoffnung und der Niederlage, wer weiß, warum man ihn dir gegeben hat.

Virginia schwieg und betrachtete das junge und schon alte Gesicht dieses Burschen, das ihr wie Bimsstein erschien, schwarz war wie das Lavagestein eines Vulkans.

Ich weiß nicht, wer ihn ausgesucht hat, ich hab ihn nun mal und basta, antwortete Lupo und sah sie an.

Er passt zu dir, aber es gibt nichts Schlimmeres als einen verletzten Wolf im Käfig, schloss die Frau, dann holte sie noch ein Buch aus dem Koffer und streckte sich im Licht, das durch das niedrige Fensterchen hereinfiel, auf der Pritsche aus.

Da schlug auch Lupo das Buch auf, das er in der Hand hielt, und las sein erstes Gedicht.

\* \* \*

Lupo war von Serra nach Fano gegangen, weil er erfahren hatte, dass dort noch welche von der Villa Rossa waren, und er war mit der üblichen Wut im Bauch dort angekommen, aber sie fühlte sich an wie gespalten, sie hatte zwei parallele Wege genommen, auf der einen Seite die Wut wegen all dem, was, so glaubte er, von Kindheit an nicht gut gelaufen, schrecklich gewesen oder nicht wahr geworden war, auf der anderen Seite der politische Zorn, der ihn seit den Tagen von Ancona erfasst hatte, man beschwor in großen Tönen die Revolution, man kostete sie, und dann kam sie nie.

Er war von zu Hause aufgebrochen voller Rachedurst und mit der Kraft in den Armen, um Sprengkörper zu werfen und Kirchen in die Luft zu jagen, aber während des Krieges waren die Anarchisten wie Pestkranke geworden, waren lästiger als die Spanische Grippe, man hatte ihre Zeitungen beschlagnahmt und geschlossen, sie wurden heimlich gedruckt, und dauernd riskierte man die Zensur, jeder Aufruf zum Frieden, jeder Angriff auf den König, jede Beleidigung der Regierung wurde mit Gefängnis bestraft.

Am Ziel angekommen, war Lupo in eine Bar gegangen, um einige Bekannte zu treffen, von den wenigen, die von der Front heimgekehrt oder nie fortgegangen waren. Sie hatten getrunken und dabei die paar Lire ausgegeben, die sie besaßen, betrunken hatten sie angefangen zu singen vor den Frauen an den Tischen.

Freudlos hatten sie gesungen, hatten mit den Füßen auf den Boden gestampft und ein paar Gläser zertrümmert. Dieser

Gesang brachte ihm eine Woche Gefängnis ein, die Polizei hatte zu ihm gesagt, bei seinem Familiennamen und den bisherigen Ordnungsverstößen täte er besser daran, sich auf einem Dachboden einzuschließen, sonst würde er seine Zeit damit verbringen, von einer Zelle in die andere zu wandern.

Auch in der Stadt litt man Hunger, es wurde gestohlen, man war des Sterbens müde, ständig wurde man verhaftet wegen Schwarzhandel mit Hühnern, Fleisch, Medikamenten und Uniformen, wegen Trunkenheit, Ruhestörung, wegen des Fluchens auf Geistliche, versuchter Landesflucht, Fischerei außerhalb der vorgeschriebenen Zeiten, Verkauf von Weizen zu überhöhten Preisen, unerlaubten Tanzfesten.

Zehn Frauen hatten sich in Handschellen wiedergefunden, weil sie eine Demonstration für den Frieden vereinbart und sich über Flugblätter auf der Piazza XX Settembre verabredet hatten.

*Die Bevölkerung wird gebeten, sich am Sonntag um 10 Uhr vormittags auf der Piazza XX Settembre in Fano einzufinden, wohin wir alle vom Land kommen werden, um für den Frieden zu demonstrieren, erscheint bitte zahlreich.*

Die Frauen, Bäuerinnen aus der Umgebung von Fano, waren wegen Widerstands gegen die Staatsgewalt verhaftet worden.

Die subversiven Aktivitäten in der Provinz Ancona in dieser Zeit waren wenig durchschlagend, kamen bald zum Erliegen, auf dem Land waren nur die Mütter übrig geblieben, im Hafen hatten viele Docks geschlossen, die Gewerkschaften schwiegen, und um den Sprung zu schaffen, um wirklich am politischen Leben teilzunehmen und Entscheidungen zu treffen, Wortführer zu werden, an der Seite der Großen zu stehen, die in diesen Jahren kämpften, hätte Lupo die Marken verlassen, hätte aus diesem Sumpf fliehen müssen, der wie der große Brandherd der Revolte ausgesehen hatte und jetzt nur dürres und feuchtes Stroh war.

Doch das hatte er nicht getan, er war geblieben und hatte sich versteckt. Er half in einer Druckerei im Untergrund aus, er ging nachts aus dem Haus, hinkend mit seinem Stock, bewegte sich, so schnell er konnte, schob Flugblätter unter die Türen der Häuser, klebte Plakate an, verprügelte im Dunkeln diensthabende Polizisten, schürte Protest und Verzweiflung.

Und jeden Tag, den er auf seiner Pritsche in dem Keller in einer kleinen Gasse zubrachte, dachte er an Nello Budini, an sein Gesicht, als er erschossen wurde, und an das, was hätte geschehen müssen und nicht geschehen war.

Die Wahrheit war, dass viele sich für den Krieg hatten kaufen lassen, auch solche, die jahrelang überzeugte und erbitterte Antimilitaristen gewesen waren, Sozialisten, Republikaner, Anarchisten, solche, die Masetti verteidigt hatten oder nie dem reformistischen Flügel hatten beitreten wollen, solche, die gesagt hatten, keiner von uns wird es so machen wie Andrea Costa, wir schwören nicht den Treueeid gegenüber dem König, um an die Regierung zu kommen.

Eines Abends sprach er darüber mit Virginia, sie waren schon oft miteinander im Bett gewesen, mehr aus Trägheit und um Gesellschaft zu haben, aber er vertraute ihr, sie verbrachten ganze Tage eingeschlossen in diesem Zimmer oder streiften nachts durch die Gassen, bis sie in der Ferne den Geruch von Salz wahrnahmen.

Die Liebe zur Anarchie ist eine schwierige Sache, viele kehren sich von ihr ab oder nutzen sie aus, ereifern sich in ihrem Namen. Die Macht verlockt viele, auch die über allen Zweifel Erhabenen; wenn man ihnen Geld, ein Haus, eine schöne Frau vorsetzt, geben sie ihre Ideale auf, ich habe Freunde, die sind zu den Kriegsbefürwortern übergewechselt und Nationalisten geworden, während ihnen vorher schon schlecht wurde, wenn sie nur das Wort Vaterland hörten. Denk nur an Mussolini. So ist die Politik, sie besteht aus Verrat, erklärte sie und zündete sich an einer Kerze eine lange Zigarette an.

Ja, aber wir armen Teufel ohne Haus, die wir euch gefolgt

sind, mit euch auf die Straße gegangen sind und es mit dem Leben gebüßt haben, was sollen wir jetzt tun?, fragte Lupo und sah sie mit verschränkten Armen an.

Weiter Widerstand leisten, sich nicht bestechen lassen, wachsam bleiben, sich mit Gleichgesinnten zusammentun, sich informieren, sich empören, einfach da sein, der Krieg wird zu Ende gehen, sagte sie, sog den Rauch ein und stieß ihn in einem Kringel wieder aus.

Gehst du deshalb fort? Warum bleiben nur wir in Italien? Die, die keine schönen Reden halten können und am Ende die sind, die draufgehen?, fragte Lupo ungehalten.

Ich gehe fort, weil ich hier nicht schreiben und nicht reden kann, weil es Teile in der Welt gibt, von wo aus wir uns noch Gehör verschaffen können, Orte, an denen Ableger entstanden sind, Gruppen, Gemeinschaften, wir müssen für ihre Anerkennung sorgen und ihnen helfen zu wachsen.

Ihr lasst Italien allein.

Es ist Italien, das uns vertreibt, du solltest dir das auch überlegen, hier gibt es nichts, was du tun könntest, außer am Rockzipfel deiner Vergangenheit hängen. Worauf wartest du? Dass die Toten wiederauferstehen?

Ungeduldig erhob sich Lupo von der Pritsche.

Du bist erst zwanzig und hast so viele schmerzliche Erinnerungen wie ein alter Mann, fuhr Virginia fort, ich weiß, was es heißt, jemanden zu verlieren, aber man muss loslassen können, sonst überlebt man nicht. Nie lächelst du, nie lässt du locker, du kommst einem vor wie ein Ochsenziemer, trocken und hart, auch wenn du nackt bist, wirkst du wie gepanzert.

Ich bin euch gefolgt, ich habe gemacht, was ihr verlangt habt, was mein Großvater gesagt hat, und nichts haben wir erreicht, schrie Lupo auf einmal, in der Tür lehnend.

Wo steht geschrieben, dass die Revolution leicht zu haben ist? Wer hat euch denn gesagt, dass die Anarchie kommen wird wie der Sonnenaufgang?, verteidigte sie sich.

Wen interessiert denn eine Sonne, die nie aufgeht?, stieß Lupo zwischen den Zähnen hervor.

Diejenigen, die daran glauben, dass sie eines Tages aufgehen wird, wenn man etwas dafür tut, und diejenigen, die diesen Sonnenaufgang nicht selbst sehen wollen, sondern ihn für andere erwarten, für die, die nach uns kommen, antwortete Virginia.

Das ist alles nur ein Traum, alles Phantasie, sagte Lupo mit gesenkter Stimme.

Ja, und das ist unsere Stärke, diese andere Vorstellung vom Leben, von der Politik und von der Gesellschaft, daraus schöpfen wir unsere Kraft. Aber ist das nicht alles eine Traumwelt? Die Regeln, die wir uns geben, die Bücher, die wir lesen, das Geld, mit dem wir einkaufen, die Leute, die wir unterwerfen, unsere Hoffnungen, das sind nichts anderes als Illusionen, Kompromisse, Entscheidungen, die wir vor langer Zeit erfunden haben, das ist richtig, und nun werden wir eine ebenso lange Zeit brauchen, um das zu verändern. Virginia hatte von ihrer Rede rote Wangen bekommen.

Lupo sah sie an und schwieg.

Wenn es die Politik ist, was dich interessiert, musst du wirklich damit anfangen. Hier und jetzt können wir keine Politik machen. Die Anarchisten stehen von Natur aus außerhalb des Gesetzes, sie schauen in die Zukunft, sie gehören nicht zu einem Ort allein. Ich kann noch ein Billett besorgen, du musst nicht als mein Geliebter mitkommen, du kannst als Lupo Ceresa reisen.

Er antwortete nicht.

Willst du das Billett oder nicht? In Amerika gibt es viele Genossen und Genossinnen, auf die man sich stützen kann, du könntest anfangen, es wirklich anders zu machen, drängte sie und schnippte dabei mit dem Zeigefinger die Asche von der Zigarette.

Besorg es, schloss Lupo und ging aus dem Zimmer.

* * *

Lupos Schlaf war unruhig, er hatte Albträume, er wälzte sich hin und her, er stand auf und sah unter dem Bett nach, er dachte an Cane, der draußen vor der Schwelle lag, er hörte ihn an der Tür kratzen wie ein Holzwurm, der einen an die Vergangenheit erinnert und einen daran hindern will, sie zu vergessen.

Oft lag er auf derselben Pritsche wie Virginia, und sie lasen die Gedichte, die sie so sehr liebte, bis tief in die Nacht, sie glaubte, ihn zu beruhigen, er war im Innersten aufgewühlt, sah seine Zweifel auf diesen Seiten, seine Melancholie.

Alles um sie herum schien zur Flucht aufzufordern, der Krieg war am Ende, aber die Krankheit verschlang nun auch die Städte, sie war nach Pesaro und Fano gelangt, die Spanische Grippe pflückte die Menschen wie Weizen und ließ Spreu und Stroh am Boden zurück, verknetete Muskeln und Knochen zu einem Teig, jeden Tag hörte man auf den Straßen die Karren vorbeifahren, die infizierte Kleider und Wäsche einsammelten, auch noch gute Kleidung wurde verbrannt, man streute Desinfektionsmittel auf das Pflaster, ein ranziger Geruch nach widerwärtiger Sauberkeit drang in die Keller und troff von den Wänden.

Lupo war mit festen Vorstellungen auf die Welt gekommen und groß geworden, sie waren hart und solide wie Statuen, von Kindheit an war er auf seinem eigenen leuchtenden Pfad gegangen, der vorgezeichnet und gewiss erschien, wie sein Großvater hatte er es gemacht, auch er würde gegen die vorgegebene Ordnung aufbegehren, gegen alles, was Zwang war und dem Leben der Menschen schadete, was durch Geld und Interessen entschieden wurde; alles, was gemacht war, um auszubeuten, zu betrügen, zu unterdrücken, das wollte er bekämpfen.

Er hatte die Anarchie nicht nur als Erbe empfangen, sondern aus Überzeugung gewählt, solche, die nach Macht strebten, hatte er nie gemocht.

Er glaubte, die Menschen müssten aufhören, sich aufrecht zu denken, vertikal und zum Himmel strebend wie Bäume, darum wetteifernd, wer die Blätter am höchsten reckt, sondern liegend, einer neben dem anderen, Männer und Frauen, die auf dieselbe Weise nach oben schauen und den Raum wie ein einziger Körper ausfüllen, sich verbünden und, wenn sie es wollen, gemeinsam aufstehen.

Doch die Dinge hatten sich nicht geändert, auch wenn sie gestreikt, die Arbeit verloren, weniger gegessen und weniger lang ihr Dasein gefristet hatten; als sie sich aufgelehnt und demonstriert hatten, hatten sie sich niedergesetzt statt aufzustehen, als sie protestierten und gemeinsam sangen, hatte das nichts genützt, der Krieg war trotzdem gekommen, und das Fieber brachte sie sowieso um.

Mörder und Bombenleger nannte man sie, man glaubte, sie seien alle bewaffnete Banditen, man dachte, sie würden in die Häuser eindringen und stehlen, sie wären Sektierer, man stellte sich vor, wie sie mit Totenschädeln in der Hand in den Gassen standen.

Lupo glaubte, die Mächtigen in die Luft zu jagen sei eine gerechte Sache, das glaubte er jetzt mehr denn je, seitdem sie in die Luft geflogen waren, seine ganze Familie und ihre Zukunft, aufgrund der Entscheidungen von denen dort oben.

Er sah die Billetts für Amerika auf dem Nachtkästchen und fühlte, wie sich seine Knöchel anspannten.

Die Marken waren sein Zuhause, der Flecken auf der Welt, für den es zu kämpfen und den es zu verteidigen galt, die Anarchie aber gehörte der Menschheit, sie wollte keine Kirchturmpolitik, keine Grenzen und Nationen, sie breitete sich aus wie das Meer und umspülte alle Küsten, überwand hohe Hindernisse und schlug Brücken über die reißendsten Ströme.

Lupo glaubte, am Rand zu stehen sei nützlich, denn von den Rändern her schob man in Richtung Zentrum, man übte beständigen Druck aus, Risse taten sich auf, man verließ eingefahrene Bahnen, und wenn man dann zog, würde man von dort aus früher oder später etwas losreißen können, früher oder später...

Als die Männer hereinkamen, die sie begleiten sollten, war der Koffer fertig gepackt, es war mitten in der Nacht, und sie würden zum Hafen gehen, endlich hatten sie auf einem Frachtdampfer eine Passage nach Venedig gefunden.

Unter ihnen entdeckte Lupo ein bekanntes Gesicht: Es war ein Bekannter aus Serra, ein Freund des jüngeren Bruders von Garelli, er umarmte ihn, als ob er in Gestalt dieses untersetzten kraushaarigen Jungen mit schiefer Nase sein ganzes Dorf begrüßen würde.

Ich hab neulich deinen Bruder gesehen, sagte der Junge leichthin, wie man zur Begrüßung ein paar unverbindliche Worte spricht.

Wen?, Lupo war sofort erstarrt.

Nicola, deinen Bruder, er war im Laden und hat Milch gekauft.

Lupos Miene veränderte sich, er nahm den Jungen beim Hemdkragen und drängte ihn gegen die Wand, die anderen umringten ihn sofort.

Willst du mich an der Nase rumführen? Machst du dir einen Spaß? Man scherzt nicht über die Toten, weißt du das?, schrie Lupo, auch Virginia trat näher hinzu.

Ich mache keinen Spaß... er ist vor vielen Monaten auf Urlaub gekommen... er hat das Fieber gehabt, murmelte der Junge, Lupos Hände an seiner Kehle.

Lupo drückte noch fester zu, bis der Junge im Gesicht blau anlief, die anderen waren dicht bei ihm, zogen ihn weg.

Lupo wurde wütend und trat auf die Truhe ein, auf die Pritsche, die Kommode und den Koffer, das Bein brannte, und er heulte vor Schmerz, jetzt schien er wirklich ein Tier in Ketten.

Spiel nicht verrückt, geh nachschauen, sagte Virginia und packte ihn am Arm, ohne Angst.

Sie sahen sich an.

Geh nachschauen, ob Nicola da ist, wiederholte sie und lockerte den Griff. Jemand soll ihn hinbringen, jetzt gleich, sagte sie zu den Männern.

Er ist nicht da, er macht sich lustig über mich, sagte Lupo zähneknirschend.

Und willst du mit dem Zweifel losfahren? Das glaube ich nicht. Virginia nahm ihren Koffer und die Billetts und rückte den schwarzen Hut auf dem Kopf zurecht.

Einer der Männer sagte, er würde ihn mit dem Karren hinbringen, und Lupo nickte, ohne einen Moment nachzudenken, er sah dem Jungen, den er angegriffen hatte, nicht ins Gesicht und ging aus dem Zimmer.

Als er vor dem Gebäude stand, kam es ihm so vor, als hätten die Sterne neue Konstellationen gebildet und könnten jeden Moment auf die Erde fallen.

\* \* \*

Don Agostino betrachtete seinen Hornkamm und das Wasserbecken, in das er vor dem Schlafengehen stets die Finger eintauchte, er erließ sich seine Sünden, ging geweiht und geheiligt ins Bett.

Er zündete den Weihrauch an und schloss den Silberdeckel des Weihrauchgefäßes.

Nachdem er die Decke von der Rückenlehne des Stuhls genommen hatte, ergriff er diesen und rückte ihn in die Mitte des Zimmers, wo er in den letzten zwanzig Jahren mit größtem

Eifer gebetet hatte, dabei hatte er Christus als eine Art Vater betrachtet, den man um Verzeihung bitten muss, weil man die einzige Milch gebende Kuh getötet hat.

Seine Predigt am Sonntag war lang und ermüdend gewesen, in einer Kirche mit wenigen Gläubigen, in den hinteren Reihen wurde gehustet, es waren vor allem alte Frauen da, seit geraumer Zeit kamen die jungen Leute nicht mehr in die Messe oder in den Hort.

Da war ein Messdiener, Sohn eines der wenigen Einwohner von Serra mit etwas Geld, den in diesen Zeiten reich zu nennen töricht gewesen wäre, dem es aber besser ging als anderen, er hieß Francesco und er dachte, dass Gott für sie alle künftiges Glück bereithielte, er starrte immer mit weit aufgerissenen Augen auf die Höfe und sagte, jede Krankheit lasse sich heilen.

Don Agostino hatte angefangen, ihn zu hassen, mit einem stillen, schwarzgalligen Hass.

Heute will ich zu Euch von der Apokalypse sprechen, hatte der Priester gesagt und die Bibel aufgeschlagen.

Habt Ihr Euch je nach dem Grund für unsere Übel gefragt? Wenn Gott uns liebt, wenn Gott uns beschützt und leitet und man ihm desto näher ist, je mehr man betet, warum leiden wir dann trotzdem?

Weiß das jemand? Ihr dort hinten in der letzten Reihe, wollt Ihr uns vom Zorn Gottes erzählen? Der Priester forderte die wenigen Anwesenden in einer merkwürdigen, plumpen Art auf, die betretenes Schweigen auslöste. In der Kirche stank es nach Mist, man konnte Weihrauch nicht mehr in größeren Mengen kaufen, Don Agostino behielt ihn für sich.

Habt Ihr je vom Abgrund gehört?, hatte der Priester weitergesprochen und die Hände auf dem Stehpult gefaltet.

Er verrückte mehrfach den Stuhl, den er in die Mitte gestellt hatte, schob ihn weiter nach rechts, weiter nach links, einen Zentimeter nach vorn, doch dann schien ihm das Licht zu schwach hereinzufallen, daraufhin stellte er den Stuhl zurück, betrachtete die Höhe der Decke, maß den Abstand nach Spannen, stellte sich die Szene vor.

Es gibt einen Abgrund, hatte er in der Kirche weiter gesagt, von dem man nicht weiß, wie tief er ist, tiefer als jedes Meer ist er, in diesen Abgrund hat Gott alle Pein, alle Übel und Strafen eingesperrt, er sollte der Einzige sein, der die Schlüssel besitzt, um alle Übel darin verschlossen zu halten, sie nie herauszulassen und das Glück der Menschen zu garantieren. Der Priester hatte seinen Blick über die Gesichter der Anwesenden schweifen lassen, einige gelangweilt, andere müde, wieder andere erregt, niemand wollte mehr von Leiden hören, sie erwarteten von ihm Vergebung und Hoffnung, greifbare Rettung.

Aber so ist es nicht, Gott ist nicht der Einzige, der den Schlüssel zu dem Abgrund besitzt. Don Agostino hatte die Augen auf den heiligen Text gerichtet, mit dem Finger die Stelle gesucht und laut vorgelesen, er war nie ein guter Vorleser oder versierter Redner gewesen, er hatte sich stets mit dem Notwendigen begnügt, sich auf die kanonischen Bibelstellen beschränkt.

Der Stuhl stand jetzt genau an der Stelle, an der er ihn haben wollte, vom Fenster her, das auf die Piazza ging, kam Luft herein, man sah ein wenig Grün, den Rand des alten Ortskerns dicht bei den Steilhängen.

Auch die Dämonen, die Teufel, die gefallenen Engel, Seine treuesten Diener, die gesündigt haben, besitzen diese Schlüssel, sodass sie den Abgrund öffnen und die Plagen herauslassen können, um die Menschen daran zu erinnern, dass es eine Strafe gibt für jene, die nicht wirklich gläubig sind, hatte er zu den schweigenden Anwesenden gesagt und nur ein Husten und ein paar verwunderte Blicke geerntet.

Don Agostino erinnerte sich an den Tag, da er von fern den Kirchturm dieses Dorfes gesehen hatte: Damals war er überzeugt gewesen, dass er nicht lang hierbleiben würde, solche wie er, gebildet und unnachgiebig, waren für höhere Stellungen geschaffen.

Mit fließenden Bewegungen, fast tänzerisch, nahm er das Seil, zog die Sandalen aus, rückte das Kruzifix am Hals zurecht, stieg mit nackten Füßen auf den Stuhl und schlang das Seil um einen Deckenbalken.

Was kommt aus dem Abgrund? Erinnert Ihr Euch an etwas, das Gott den Menschen auferlegen wollte?, hatte der Priester gefragt, in der Kirche herrschte Schweigen, sein Monolog ging weiter, ohne bei seinen Zuhörern Antworten zu erwecken, stiftete nur Verwirrung.

Die Heuschrecken, das wisst Ihr bestimmt, alle wissen von den Heuschrecken. Hier hatte Don Agostino gelächelt, mit dem schiefen Ausdruck eines Verdammten war er sich durch die Haare gefahren. Man sagt, das seien mit spitzen Zähnen bewehrte Pferde gewesen, imstande, einen jahrelang, jahrzehntelang, jahrhundertelang zu quälen, jeden Tag, jede Stunde, jeden Ungläubigen.

Was ist eine Qual, wenn nicht etwas, das die Zeit überdauert? Sie verlässt dich nie und lässt dich nicht sterben, sie erhält dich im Leiden am Leben, in dem Bewusstsein, am Leben zu sein und zu leiden, hatte er hinzugesetzt, die Worte fast wütend und mit einem Hauch Melancholie unterstreichend.

*Und er öffnete den Schacht des Abgrunds. Da stieg Rauch aus dem Schacht auf, wie aus einem großen Ofen, und Sonne und Luft wurden verfinstert durch den Rauch aus dem Schacht. Aus dem Rauch kamen die Heuschrecken über die Erde*, hatte der Priester gelesen, jeden Buchstaben einzeln betonend.

Die Heuschrecken, hatte er wiederholt und diese Männer und Frauen angesehen.

Denkt an die Heuschrecken und den Abgrund, hatte er geschlossen, bevor er zu einer anderen Stelle überging und dann noch zu einer anderen, es schien, als sollte die Messe nie aufhören, so hätte er es gewollt: in Ewigkeit die Messe lesen, die ganze Apokalypse lesen.

Als er auf dem Stuhl stand, begannen seine Knie zu zittern, er schlang das Seil zu einem Knoten und zurrte ihn fest, zog mit seinem ganzen Gewicht daran, dann machte er eine Schlinge, und während er sie sich um den Hals legte, spürte er, wie die Haut glühend heiß wurde und der Schweiß eiskalt.

Er hatte den Brief auf dem Tisch gelassen und denjenigen, der ihn finden sollte, gebeten, ihn nicht zu lesen, sondern direkt dem Adressaten zu übergeben, darauf lag sein Rosenkranz, den er unzählige Male durch die Finger hatte gleiten lassen, ganz dunkel waren die Perlen davon geworden.

Je länger er zögerte, desto schwieriger wurde es, die Tat zu vollbringen, als daher die Schlinge um den Hals lag und der Knoten sicher und fest war und der Blick aus dem Fenster der richtige war, stellte sich Don Agostino auf die Zehenspitzen und stieß den Stuhl weg.

Wie ein Sack oder ein Pendel blieb er hängen, strampelte mit den Beinen und griff nach dem Seil, es überkam ihn der Wunsch, hinunterzusteigen und noch einmal von vorn anzufangen, auf den Scherben seines Priesteramts rückwärts zu gehen.

In der letzten Sekunde dachte er an die Schafe in der Kirche und an den Dreck, den man wegputzen musste, an den Mist unter dem Altar, die überquellenden Weihrauchgefäße und das zufriedene Gesicht seines Sohnes.

# Der letzte Ceresa von Serra de' Conti

Pachthöfe mit verrutschten Schindeln, von Eichen gesäumte Feldwege, die Felder perfekte Rechtecke, aufgelockert nur durch Gräben und ein paar Büsche und Brombeersträucher.

*Cantarinello mio, cantarinello …*

In den Marken gab es kein Entrinnen, Halbpacht war die Regel, die Gesänge der Tagelöhner bei der Arbeit verstummten nur in den härtesten Wintermonaten.

Lupo hatte Nicola zu den Weinbergen der Garelli mitgenommen und ihm gesagt, es sei die Zeit der Lese, er war mittlerweile zwölf und musste das Warum und das Wie kennenlernen, er konnte die Jahreszeiten und die Ernte nicht ignorieren, er würde nicht überleben, ohne den Bauern seine Arme zu leihen.

Er sorgte sich um seine Zukunft, was würde der Bruder tun, wenn er einmal nicht mehr da war, ohne Hilfe und Schutz, sie würden ihn zu einem Priester schicken, würden ihn zum Heiligen machen, unberührbar und eisig, ein Haufen Schnee, der bald tauen würde.

Lupo hatte die Getreideernte immer geliebt, lang und ermüdend, sie setzten die Sense ganz unten am Halm an, schon als Kind hatte er den Bauern auf den Feldern stundenlang zusehen können, sie ließen nicht den halben Halm stehen, in den Marken ging man mit der Sense bis auf den Grund, und bei der ersten Unaufmerksamkeit verletzte man sich die Finger.

Doch von Nicola zu verlangen, er solle bei ihnen mitmachen,

wenn Getreide gemäht wurde, wäre schwierig gewesen, die Stunden in der sengenden Sonne, die präzisen Bewegungen, die Rückenschmerzen, das war nichts für ihn.

Mit den Trauben war es einfacher, er musste nur das machen, was die kleinen Mädchen machten, die kleinen Töchter der Pachtbauern, die Trauben auflasen, die beim Abschneiden herunterfielen, das war einfach, es verlangte Aufmerksamkeit, barg jedoch keine Gefahr.

Komm hierher, Lupo hatte Nicola am Hemdärmel gezogen und bemerkt, dass sein Hemd schon nassgeschwitzt war, der Bruder schlüpfte davon wie ein Aal, wenn er sich im Fluss zwischen den Steinen verstecken will.

Ich steige mit Ettore auf den Baum, jedes Mal, wenn du eine gute Traubenbeere herunterfallen siehst, hebst du sie auf und tust sie in das Körbchen, hast du verstanden? Lupo hatte ihm die Körbe gezeigt, die sie für die erste Lese verwendeten.

An jedem Ahorn, an dem sich Reben hinaufrankten, lehnte eine Leiter oder sogar zwei, auf den Leitern standen die Leser, bewehrt mit kleinen Sicheln, um die miteinander verflochtenen Trauben zu trennen und zu entscheiden, ob es da Weinbeeren gab, die zu schön waren, um gestampft zu werden, die vielmehr für den Tisch des Padrone beiseitegelegt wurden. An jeder Rebenranke zwischen den Ahornen machten sich Männer und Frauen zu schaffen, die die Trauben abschnitten und in die Körbe legten.

Diese Arbeit erforderte große Sorgfalt, sie hatte ihre präzisen Abläufe und ihren Rhythmus, beim Arbeiten wurde geredet, denn man musste die Zeit herumbringen, und ohne Reden und Singen wäre sie lang und beschwerlich geworden, wäre diese Jahreszeit unerträglich gewesen.

*Cantarinello mio, cantarinello ...*

Nicola hatte sofort begriffen, dass die Arbeit, die Lupo ihm zuteilen wollte, die war, die in den Weinbergen die kleinen Mädchen verrichteten, barfuß, die Kleidchen schon gefleckt von Traubensaft und Blättern, sie bewegten sich wie Heuschre-cken auf dem Gelände.

Ich will das nicht machen, hatte Nicola zum Bruder gesagt, mit zitternden Händen hielt er den kleinen Korb, den er ihm gegeben hatte.

Ninì, das ist ganz einfach, heute ist es nicht heiß, es sind Wolken am Himmel, da ist ein Krug Wasser, hier Käse, wenn du Hunger oder Durst hast, machst du einen Moment Pause.

Ich kann das nicht, hatte Nicola noch einmal gesagt, und die Ahorne mit ihren Ästen waren wie ein furchterregender Wald erschienen, die Blätter spitz, die Wurzeln knorrig.

Komm her, Lupo hatte ihn kurzerhand gepackt und geführt, hatte ihn niederknien lassen, hatte seine Hand genommen und mit ihm ein paar herabgefallene Weinbeeren eingesammelt, während die anderen zusahen und der eine oder andere lachte.

Lupo hatte einen dummen Bruder, die kleinen Bauernmäd-chen waren stärker als er, er hätte keinen Strumpf stopfen und keine Suppe kochen können, er war weder Mann noch Frau, er war fremd, wohin man ihn auch stellte, er war nie an seinem Platz.

Ich will nicht. Nicola war aufgesprungen, hatte den Bruder aus verzweifelten Augen angesehen und war davongerannt, die Wolken würden abziehen, und die Sonne würde ihn versengen, ihn in ihrem Glutofen rösten.

Lupo hatte ihn gehen lassen, er musste arbeiten, konnte ihm nicht nachlaufen und ihn zurückhalten, keiner hatte vor ihm et-was dazu gesagt, aber alle hatten gedacht, dass es ein Unglück war, zwei Söhne zu haben, von denen einer so war.

Am Abend war Lupo mit einem Körbchen Trauben nach Hau-se gekommen, die er beiseitegelegt hatte, hatte sich an den Tisch gesetzt, Nicola gegenüber, der ihn nicht ansah und in sein Heft die Umrisse eines Bergs zeichnete, den er nie bestiegen hatte.

Koste, hatte Lupo zu ihm gesagt und die Trauben vor ihn hingestellt, doch er hatte nur den Kopf geschüttelt.

Da hatte Lupo eine Weinbeere zwischen die Finger genommen und ihm zum Mund geführt, der Bruder hatte ihn langsam aufgemacht und Lupo angesehen, er hatte sie ihm in den Mund gesteckt, so hatte er ihm drei Weinbeeren verabreicht.

Verwirrt von der intimen Geste, hatte Nicola den Bleistift auf den Tisch gelegt.

Sie sind gut, nicht wahr?, hatte Lupo gefragt und war aufgestanden.

Nicola hatte genickt, die Trauben waren gut, doch als der Bruder aus der Küche gegangen war, hatte er lang auf der dicken und sauren Haut herumgekaut, sie war ihm in der Kehle stecken geblieben, er hatte gehustet und sie dann hinuntergeschluckt.

* * *

Als Lupo nach Serra kam, war schon heller Tag, sie hatten zum Schlafen ein paar Stunden Rast machen müssen, er aber war wachgelegen, auf dem Karren ausgestreckt, und hatte diese spitzigen Sterne angeschaut, die leuchteten, aber keinen Rat gaben.

Nicola war im Morgengrauen auf den Friedhof gegangen, um nachzusehen, ob die Gräber sauber und in Ordnung waren. Er hatte Wiesenblumen daraufgelegt, Erde von der Fotografie Antonios weggewischt, die Jahreszeiten hatten das Gesicht vergilben lassen, er hatte sich nicht bekreuzigt.

Nicola sah Lupo auf den Stufen des Hauses sitzen, den Kopf in die Hände gestützt, abgelegt wie eine Marionette, wenn keiner mit ihr spielen will.

Er blieb lange stehen, um sich schlüssig zu werden, ob es wirklich er war oder irgendein beliebiger Klumpen Fleisch.

Lupo öffnete die schwarzen Augen und sah den anderen in ein paar Metern Entfernung vor sich, der ihn anschaute, er war größer, magerer, dunkler, und sein Blick war nicht glücklich.

Ninì …, Lupo stand von der Stufe auf, ihm wurde schwindlig, das Bein gab nach, er fiel die Stufen hinunter, es war, als hätte er eine Schlange gesehen, die bis zu den Wolken reichte.

Nicola ließ ihn hinunterrollen, wie Steinchen und Sandkörner, ließ ihn zu Boden fallen.

Sieh mal einer an, wer da ist, sagte er und nahm die Hände nicht aus den Hosentaschen. Aha, hast du dich also daran erinnert, dass du hier wohnst?, versetzte er, und seine Augen füllten sich mit Wut, rot und duftend wie Peperoncino.

Nicola …, setzte Lupo an und erhob sich mühsam vom Boden unter der Treppe, seine Beine fühlten sich schwer und steif an.

Ja, ich bin's. Und ich bin am Leben, stell dir vor, was für eine Überraschung, sagte Nicola bitter und ballte die Fäuste, er ging auf ihn zu und schubste ihn, sodass er wieder hinfiel, und betrachtete ihn von oben, wie man die Reste eines schlecht gekochten Abendessens, schmutzige Kartoffelschalen ansieht.

Ein mit Dynamit bewaffneter Fremder, so kam er Lupo vor, unbekannt und anders.

Wo warst du?, schrie Nicola und beugte sich über ihn, das Gesicht ungewohnt wild, die Haare militärisch kurz, die Lippen geschwollen wie bei jemandem, der darauf herumkaut, im Gesicht ein leichter Bart, wie die Bauern ihn sich nicht erlauben dürfen.

Ich wusste nicht, dass du zurückgekommen bist …, entgegnete Lupo leise und beobachtete dieses Gesicht, das ihm im Raum immer näher, in der Zeit aber immer ferner erschien.

Natürlich hast du das nicht gewusst, auf dem Küchentisch liegen die Briefe, die ich dir geschickt habe, in denen ich dir gesagt habe, wie es mir geht und dass ich bald heimkommen würde, aber sie sind ungeöffnet dort liegengeblieben, keiner hat sie aufgemacht, und rate mal, warum?, schrie Nicola.

Ich dachte … du wärst …

Du dachtest, ich wäre tot, stimmt's? Der Junge, der nichts taugt, der ohne dich nur sterben kann, sieh mich an Lupo, ich lebe noch, und während du nicht da warst, habe ich meine Mutter begraben, die einzige, die ich kannte, mit diesen Händen, sie ist im Lauf von fünf Tagen gestorben, und hier ist niemand mehr, wie du siehst. Ich, ich bin der letzte Ceresa von Serra de' Conti, brachte Nicola in einem Atemzug heraus, mit geblähten Backen und bebenden Lippen.

Ninì, es tut mir leid, Ninì, ich habe Luigi verjagt und bin fortgegangen... in Fano hat uns die Polizei verfolgt... ich konnte nicht früher zurückkommen... ich dachte nicht, dass ich dich hier finden würde, und ich wusste nicht, dass Violante..., versuchte Lupo sich zu rechtfertigen.

Nenn mich nicht Ninì, hör auf damit. Du hast es nicht gewusst, weil du Besseres zu tun hattest, du hast sie gekauft, die Billetts, nicht wahr? Die Billetts, um ohne mich fortzugehen... Bevor er abgekratzt ist, hat Garelli mir die schöne Neuigkeit eröffnet, sagte Nicola, und seine Hände funkelten, wie wenn einer in der Luft boxen will.

Ich hatte Angst, die Benachrichtigung vom Heer zu bekommen. Sie zu öffnen und zu lesen, dass du tot bist, ich wollte nicht lesen müssen: VERSTORBEN. Nicola Ceresa verstorben in x und begraben..., Lupo setzte sich in eine Ecke der Treppe.

Nun, ich habe es für uns beide mit dem Tod aufgenommen, allein. Nicola sah ihn an und ging an ihm vorbei die Treppe hinauf.

Nicola, lass mich reinkommen... lass uns reden, wirklich reden..., Lupo versuchte aufzustehen, aber er fühlte sich ohne Muskeln und Sehnen.

Mit wem wolltest du weggehen, ohne mich?, fragte Nicola und machte auf den obersten Stufen Halt.

Leute... aus der Bewegung..., sagte Lupo und sah ihn an.

Nun, das solltest du tun, mit diesen Leuten aus der Bewegung aufbrechen, du hast sie uns immer vorgezogen, ist es nicht so? Fahr also, ich habe alles überlebt und werde es auch weiterhin tun. Ich bin nie dein Bruder gewesen. Wie es aussieht, kannst du dich endlich von mir befreien... Nicola öffnete die alte Holztür, trat ins Haus und schloss die Tür hinter sich, drehte den Schlüssel herum.

Lupo hielt sich am Geländer fest, stand auf und stieg mit zerschlagenem Rücken die Stufen hinauf.

Er lehnte sich an die Tür und begann zu klopfen, anfangs leise.

*Tock, tock*, leicht, bescheiden und ängstlich wie ein Neugeborenes.

*Tock, tock*, lauter, mit der Energie eines Heranwachsenden, der es eilig hat und ins Bett gehen will, um zu träumen.

*Tock, tock*, heftig mit beiden Händen, denn nun war er Mann und konnte es nicht ertragen, dass ihm etwas verweigert wurde, er musste entscheiden, es in Ordnung bringen.

Mach auf, Nicola, brüllte er und hieb gegen die Tür, kratzte daran und trat mit Füßen dagegen, er fühlte die Nerven im ganzen Körper, aufgeladen mit Elektrizität und wie bewehrt mit Stacheln, sie taten ihm weh von den Ohren bis zu den Fingernägeln.

Nicola saß am Tisch, die Arme verschränkt, die Augen starr geradeaus gerichtet, und hörte auf die Geräusche, sie liefen an ihm herab, als ob er im August mit den Beinen in den warmen Wassern des Misa stünde.

Vielleicht versteckte sich Cane in der nächsten Flussbiegung, hinter dem Schilf, bei den Fischen, aber sie konnten ihn nicht sehen.

\* \* \*

Eine ganze Woche lang kam Lupo bei Nachbarn unter, lungerte beim Wirtshaus herum, begrüßte alte Freunde, die geblieben oder heimgekehrt waren, ließ sich erzählen, wie viele Leute umgekommen waren, die Totenbildchen reichten nicht mehr aus, es war kein Geld da, um sie drucken zu lassen.

Es kam ihm vor wie gestern, Gaspare auf den Stufen seines Hauses sitzend und Lagna zu seinen Füßen, in Händen süßes Mostgebäck, die Arme von Stacheldraht zerkratzt, er hatte das Gehege für die Schweine erneuert.

Auch die Grabsteine von Gaspare und Paoletto konnte man auf dem Friedhof besuchen gehen.

Wie eine Fliege ums Gemüse kurz vor Marktende strich Lupo um das Haus Ceresa herum, er folgte Nicola mit Blicken und Schritten, während der ihn ignorierte und ihn keiner Antwort und keines Blickes würdigte.

Nicola, ich gehe nicht fort, bleib stehen und lass uns reden, wiederholte er jedes Mal, bei der öffentlichen Waage und auf dem Corso, auf dem Weg zum Friedhof, vor dem Schusterladen, er war wie eine Heiligenfigur auf dem Nachtkästchen, die sich auch nicht von dort wegbewegt, er war aufdringlich.

Wenn er ihm zu nahe kam, beschleunigte Nicola seinen Schritt, wenn er an ihn heranrückte und ihn am Hemd zu ziehen versuchte, wich er aus und sagte, er solle ihn nicht anrühren, sie hätten sich nichts zu sagen.

Nicola ging nur aus dem Haus, um Gegenstände zu verkaufen und zu Geld zu machen, um alte Familienschulden einzutreiben, ein paar Soldi für das Essen zusammenzuraffen, er hatte noch keine Ahnung, was aus ihm werden sollte, ob er dableiben oder fortgehen sollte, im Haus würden nur alte Bücher und Hefte zurückbleiben, mit gekritzelten Kinderreimen und Parabeln aus der Bibel in Schönschrift.

Die Distanz und das Warten machten Lupo nervös und reizbar, wütend hinkte er mit seinem Stock herum, er setzte sich auf die oberste Stufe der Treppe und sagte, er würde ihn nicht hineinlassen, wenn sie nicht vorher miteinander redeten, und Nicola schob ihn beiseite, mittlerweile hatte er genug Kraft in den Händen, um sich zu wehren.

Als es Nicola schien, es sei nun genug Zeit vergangen, ließ er eines Abends die Tür offen und sagte zu ihm: Komm rein.

Da trat Lupo ein, und das Haus kam ihm so schwarz vor, dass es wie verbrannt wirkte, jeder Holzbalken, jeder Vorhang, jedes Stück Geschirr war ins Feuer der Zeit geworfen und von ihm verzehrt worden, sie lagen unter einer Schicht von Vernachlässigung und Traurigkeit.

Der Tisch, das Waschbecken, die Stühle, in die er mit einem Messerchen Vogelbilder geritzt hatte, die seiner Ansicht nach Falken darstellen sollten, die Körbe, die Adelaide geflochten hatte, als ihr die Hände noch nicht leblos an den Seiten herabhingen, der Haken für Antonios Mantel, an den Luigi schließlich ein Hufeisen gehängt hatte, sodass ihn niemand mehr als Kleiderhaken hatte benutzen können.

Es war ein Ort für abgelegte Stoffpuppen, ein dunkler Keller mit alten Fässern und Schubladen voller zerbrochener Dinge, das war kein Haus mehr, kein Heim mehr für eine Familie.

Schlaf hier drinnen, es ist kalt, und es fehlte noch, dass du auch noch krank wirst, sagte Nicola und ging in ihr Zimmer, das mit den zwei Betten.

Es tut mir leid wegen Cane, es war meine Schuld, ich habe auch ihn alleingelassen, entgegnete Lupo und sah auf die leere Stelle unter seinem Bett, wo sich das Tier früher versteckt hatte.

Es war nicht deine Schuld, Wölfe sind nicht dafür gemacht, im Haus zu leben, das weißt du, bemerkte Nicola und setzte sich auf das Bett, das Laken war zerwühlt, der Bettbezug hätte gewechselt werden müssen; er war allein in diesem Haus und hatte keine Ahnung, wie man es in Ordnung hielt, er aß Brot und ranzigen Schinken oder gekochte Kartoffeln und Reis, alles schien ihm besser als der Fraß am Ufer des Piave.

Können wir reden? Erzählst du mir, was passiert ist, während du weg warst?, fragte Lupo, setzte sich auf das zweite Bett und sah ihn an.

Jetzt bin ich müde, morgen muss ich mit Farsetti sprechen,

der mit der Bar auf dem Weg hinauf zur Kirche, er sagt, er will den Backofen kaufen, aber ich habe keine Papiere, keiner weiß, wo Luigi ist und wer der Eigentümer dieses seit Jahren geschlossenen Ladens ist, erklärte Nicola, drehte sich zur Wand und streckte sich in seinem Bett aus.

Ich weiß nicht, wo Luigi ist, ich habe ihn geschlagen, und das war richtig, denn es ist seine Schuld, dass du wegmusstest, sagte Lupo, legte sich aber nicht hin.

Alle mussten fort, so ist das nun mal im Krieg. Ohne Luigi weiß ich nicht, was ich hier machen soll, weder mit dem Ofen noch mit dem Haus, er hat sich nicht einmal blicken lassen, als ich Violante beerdigt habe. Nicola sprach zur Wand, die in der letzten Zeit seine einzige Gesellschaft gewesen war, es kam ihm absurd vor, dass jemand anderer antwortete.

Ich kann nicht lang hierbleiben, die Polizei wird mich suchen und uns Ärger machen, es ist nicht wie früher, sagte Lupo und ließ seinen Blick über die Zimmerwände schweifen, die leeren Schubladen, das Zimmer wirkte wie die Schale eines zerbrochenen Eis.

Niemand hat dich gebeten, zu bleiben, ich habe nur gesagt, dass es kalt ist und dass du hier schlafen kannst, antwortete Nicola und dachte an die Stiefel der Toten, die er hatte putzen und nach Schuhgröße sortieren müssen, sie wurden wiederverwendet und denen gegeben, die später kamen.

Du bist unerträglich geworden, sagte Lupo verärgert über seine Art, die er nicht gewohnt war, dieser neue Nicola verwirrte ihn und machte ihn neugierig, er wollte sich ihm nähern, um zu spüren, ob er noch immer dieselbe Haut hatte, aber er wollte ihn auch wegjagen und vergessen, weil er nicht mehr sein ergebenes, unglückliches Kind war, er schien niemanden zu brauchen.

Nicola schwieg einen Moment und dachte nach, was er antworten sollte, er wollte stark und gewappnet wirken.

Du erträgst es nicht, wenn jemand Nein sagt, beschuldigte

er ihn schließlich, dann beugte er sich vor und blies das Licht auf seinem Nachttisch aus.

Da stand Lupo auf, schleppte sich und das Bein, auf das Nicola geschossen hatte, bis zu Nicolas Bett, er sah ihn von oben an wie ein Adler, aber auch wie eine Wolke, und schlüpfte zu ihm unter das zerknitterte Laken.

Nicola fuhr zusammen.

Es bricht auseinander, es ist ein altes Bett, und du bist schwer, versuchte er sich zu wehren.

Sei still und schlaf, antwortete Lupo und drängte sich an seinen Rücken.

Geh weg, mit einem Ruck stieß Nicola ihn zurück, da legte Lupo sich mit seinem ganzen Gewicht auf ihn, erdrückte ihn, Nicola stieß ihn zurück, sodass er fast aus dem Bett gefallen wäre.

So begannen sie zu kämpfen, mit Hieben, Ohrfeigen und Tritten rauften sie.

Das war zwischen ihnen nie vorgekommen, nicht wie bei anderen Brüdern, die streiten, handgreiflich werden, sich balgen, raufen und verprügeln, gewöhnlich schimpfte Lupo ihn, und der Jüngere steckte es entweder ein oder lief davon.

Nicola nahm Lupos Haut am Arm zwischen zwei Finger und kniff fest zu, boshaft.

Lupo sagte: Du tust mir weh, und der andere ließ nach.

Da blieb Nicola reglos liegen, er hörte das Bett knarren, ihre Füße standen über den Rand hinaus, und das Laken bedeckte sie nur unvollständig, sie waren zu groß, hatten zu viele Muskeln, waren erwachsen.

Lupo drückte ihn mit den Armen an sich, drückte fester und fester.

Nicola sagte: Ich ersticke, da ließ der andere los.

Ich bitte dich um Verzeihung, Ninì, sagte Lupo in den Nacken dessen, der sein Bruder gewesen war, und der andere antwortete nicht. Ich bitte dich um Verzeihung, wiederholte Lupo.

Stille breitete sich im Zimmer aus, es war absurd, allein dort zu sein, Nicola musste weinen.

Du könntest mitkommen nach Amerika, die Leute, die ich kenne, gehen nach Kanada, aber andere, mit denen ich in Fano zusammen war, sind in Connecticut, kennst du das? Wir könnten dort was suchen, da wären auch noch andere aus den Marken, welche von uns, sie würden uns helfen, Arbeit zu finden, schlug er schließlich vor.

Und was sollen wir dort? Ich bin für keine Arbeit gut, ich kann nur schießen. Ich verstehe sehr gut, weshalb du dorthin gehen willst, es ist nicht wegen der Arbeit ...

Ninì, ich kann nicht leben, ohne das weiterzumachen, was ich bisher gemacht habe, ich kenne mich, wenn mir was nicht passt, werde ich wütend, muss ich meine Meinung sagen, so bin ich nun mal, und ich werde mich nicht ändern, dort gibt es Leute, die Widerstand leisten, die weiterhin Politik machen, wie ich sie machen will, sagte Lupo, dann schwieg er einen Moment. Und du ... du könntest schreiben, du weißt so viel, warum nutzt du das nicht?

Ich weiß nicht, in den letzten Jahren habe ich nur Briefe für andere geschrieben, ich lese auch nicht mehr, antwortete Nicola, ich kann mich auf nichts mehr konzentrieren ...

Du könntest wieder anfangen. Ich kann dir dabei helfen, schlug Lupo vor.

Vielleicht ... Aber wenn ich mitkomme, musst du mir versprechen, dass ich dabei sein kann, wenn du etwas unternimmst, es bringt nichts, wenn du mich zu Hause lässt oder mir verbietest, mitzumachen, ich werde wütend, wenn du mich ausschließt oder mich lächerlich machst, erklärte Nicola.

Du hast recht, das habe ich falsch gemacht, aber ich wollte dich beschützen. Und jetzt, wo du ein Mann bist ...

Beide schwiegen einen Moment lang, fragten sich, was das bedeutete, ein Mann zu sein.

Wenn wir fortgehen, wer kümmert sich dann um das Haus

und den Ofen, wer geht auf den Friedhof?, fragte Nicola nach-
denklich.

Das wird Luigi machen, wo soll er schon sein? Er wird hier
in der Gegend sein, irgendwo versteckt, er ist derjenige, der
bleibt, das Haus ist seins, der Ofen ist seiner, die Frau war seine,
die Kinder waren seine. Er ist der Vater.

Wir sind nicht seine Kinder, sagte Nicola und betrachtete
die Risse, die durch die Feuchtigkeit im Mauerwerk entstanden
waren, der Putz blätterte ab, Stücke lösten sich wie Stofffetzen.
Lupo gab ihm einen Kuss auf den Hals und umfasste mit den
Armen seine Hüften.

Der Pfarrer hat sich umgebracht, er hat einen Brief für dich
hinterlassen, man hat ihn mir nach Haus gebracht, sagte Nicola,
noch bevor er sich zu ihm umdrehte.

* * *

Die Augen an der Christusstatue waren trübe, die Farbe war
abgeblättert, und von den Pupillen blieb nur der ins Holz ge-
schnitzte Kreis, da sie sich keinen Marmor leisten konnten, und
der Goldlack war wie alles andere ein Opfer der Zeit geworden,
aus dem Vorhandenen bauten sie ihren Glauben.

Lupo hob den Blick und sah das Fresko der heiligen Maria
Magdalena über ihren Köpfen, die gemalten Wolken, die vom
Wind gebauschten Gewänder, die Engel und die Kreuze, das
Gesicht der Heiligen, die stets nach oben blickt, sie ist sich ge-
wiss, dass da etwas ist, und deshalb ist sie zur Erwartung ver-
urteilt.

Er lehnte den Stock an die Wand und ging zum Gitter des
Sprechsaals. Nicola blieb ein paar Schritte hinter ihm und betrachtete den Nacken des anderen, voller Locken und Willens-
kraft.

Lupo setzte sich, das lahme Bein ausgestreckt, und sah das Gesicht einer Frau, das mit der Dunkelheit verschmolz.

Ich bin Lupo Ceresa, ich muss mit meiner Mutter sprechen, sagte er den Blick erhebend.

Ich bin froh, dass du zurückgekehrt bist, antwortete Suor Clara und versuchte seinen Blick einzufangen.

Ich bleibe nicht lang, entgegnete Lupo knapp und versuchte die Züge der Frau zu erkennen, von der er oben auf dem Turm nur die Silhouette gesehen hatte.

Der Weg zum Kloster war für ihn eine Pilgerreise gewesen, es war ein Ort des Hohns, der Tränen und der Wut, er verabscheute es. Jahr für Jahr war er dorthin gegangen, um eine Schwester zu suchen, die es nie gegeben hatte, jetzt wusste er es: Seine Mutter war eine Nonne, sein Vater ein Priester, wenn man es recht bedachte, war es fast zum Lachen.

Diese Suor Clara war ein Geheimnis für ihn, und nicht zu verstehen, nicht sicher sein zu können, erboste ihn.

Nie ertappte man sie bei einem Fehler, sie kannte keinen Irrtum, sie verschenkte sich noch und noch, nie bat sie um einen Lohn, einen Gefallen; wenn sie gekonnt hätte, würde sie sich die Knochen aus dem Leib reißen, um sie zu verschenken.

Alle konnte man beschimpfen, doch wer gegen La Moretta die Stimme erhob, den traten sie mit Füßen, auch die Nicht-Gläubigen, auch diejenigen, die am schwersten zu berühren waren, hatte sie berührt.

Wie alle Menschen in Serra und Umgebung wusste Lupo, was sie für die Männer und Frauen dieses Ortes bedeutet hatte. Die Schwester wurde alt, und schon betrachtete man sie als Heilige, ihr Name wurde nur geraunt. Um ihr nahezukommen, hätten viele Kühe und Haus verkauft, aus den entlegensten Gegenden kamen Pilger bis vors Kloster, um ein Wort mit ihr zu sprechen, ihren Segen zu empfangen.

Bei ihrem Tod sollte das ganze Dorf Trauerkleidung tragen, um seinen Polarstern zu feiern, von den Feldern, aus den

Wäldern, von den Pachthöfen, aus den Scheunen würden sie zum Grab von La Moretta strömen und ihre Gnade erbitten.

Nun, dann gehe ich sie holen, Suor Clara erhob sich etwas mühsam von der Bank, sie war schwach und abgemagert wegen der Entbehrungen, im Kloster litt man Hunger.

Ihr macht mir Angst, Schwester, sagte Lupo, bevor sie verschwand.

Und warum?, fragte Suor Clara und machte an der Schwelle Halt.

Weil Ihr an die Lügen, die Ihr erzählt, wirklich glaubt, erklärte Lupo.

Machst du es nicht vielleicht genauso? An etwas glauben, was für die anderen Lüge ist?, fragte die Schwester.

Lupo wollte schon antworten, doch dann schwieg er, betrachtete das Licht, das von der Seite auf diesen Frauenleib fiel.

Dann verließ Suor Clara den Sprechsaal.

Nicola trat hinzu und setzte sich neben Lupo, eine Hand auf seinem Bein.

Als Nella hereinkam, war sie schon tränenüberströmt, sie setzte sich unter lang anhaltendem Schluchzen, das im Sprechsaal und draußen in der Kirche widerhallte, Lupo blieb reglos sitzen, ließ sie sich ausweinen, hörte zu.

Das ist Nicola, und das hier ist für dich. Lupo zeigte ihr den Brief von Don Agostino und das Foto von Giuseppe. Ich lege das ins Rad, bevor ich gehe, sagte er und nahm die Papiere wieder an sich.

Nella trocknete sich das Gesicht mit einem Taschentuch und näherte sich dem Sprechgitter, um besser zu sehen, sie betrachtete das feine Haar des Jungen, der neben ihrem Sohn saß, Nicola lächelte ihr zu.

Was machst du hier?, fragte Lupo und betrachtete die dunkle Gestalt seiner Mutter. Warum bist du nicht fortgegangen von diesem verfluchten Ort? Lupo erhob die Stimme, und Nicola drückte fester auf sein Bein.

Anfangs konnte ich nicht, und jetzt will ich nicht mehr ..., antwortete sie und versuchte die Umrisse des Jungen klarer zu erkennen, der ihr in allem glich, ihr vorführte, wie die Zeit vergangen war.

Mittlerweile ist das Kloster mein Zuhause, Clara ist meine Schwester, sie braucht mich, setzte Nella hinzu und legte die Finger ans Gitter.

In diesem Augenblick dachte sie zurück an die erste Äbtissinnenwahl, die Steine, mit denen sie sie gewählt hatten, sie erinnerte sich genau an Claras Gesichtsausdruck, an diesen Anflug von Hoffnung und Leidenschaft, die sie gewöhnlich verbarg, sie fühlte wieder den eigenen weißen Stein unter die anderen gleiten. Sie hörte den Nachhall des *Tock, Tock* der fallenden Steine und erinnerte sich an den Blick, den Clara ihr zugeworfen hatte, als der schwarze Stein ausgezählt wurde, der Nein zu ihr sagte. Wer gegen sie gestimmt hatte, würden weder Clara noch Nella je erfahren, aber sicher würde diese Schwester ihren Fehler früher oder später einsehen.

Suor Clara ist nicht mehr imstande, das Kloster zu führen, sie sieht nicht gut, ist müde, sie muss sich dem Gebet widmen, ich bin die nächste Kandidatin, ich soll ihr Amt übernehmen, erklärte Nella und faltete die Hände.

Aber glaubst du wirklich an all diese Gebete?, fragte Lupo wütend.

Zwanzig Jahre sind vergangen, Lupo, in zwanzig Jahren beginnt man an alles zu glauben, murmelte sie.

Wenn er sich nicht selbst umgebracht hätte, hätte ich das getan, sagte Lupo und meinte den Priester.

Er hatte den Brief gelesen, in dem Don Agostino Erklärungen abgab und um Vergebung flehte, und es war ihm wie das Gefasel eines Verrückten, das listige Augenzwinkern eines Gerissenen erschienen, der letzte Akt einer lächerlichen Tragödie.

Suor Clara hat es mir erzählt, wir werden für ihn beten, erklärte Nella, und Lupo schüttelte den Kopf, er wollte sie anbrüllen, dass man mit Gebeten nichts ändert, all dieses Flehen und Händefalten und Bitten, aber wen denn? Wen baten sie denn um Hilfe?

Wir werden bald aufbrechen, ich kann nicht mehr in Italien bleiben, wir haben alles verloren, sagte Lupo, und sie ließ die Hände in den Schoß sinken, sie drückte sie tief in den Bauch, fügte sich Schmerz zu.

Nella nickte, ihr Sohn war ihr unbekannt. Für sie war er wunderschön, unberührbar, wie aufgebahrt in einer Krypta.

Bevor du gehst, wollte ich dir wenigstens eines sagen ... Giuseppe ist mein einziger Vater gewesen, und an dir lag ihm sehr viel, du warst seine Hoffnung, deinen Namen hat er ausgesucht, ich habe nie verstanden, warum, vielleicht hatte es mit seiner Verletzung am Bein zu tun, dem Ort, wo er sie sich zugezogen hat, sagte sie nach einem Weilchen, ihre Worte mit den Händen unterstreichend.

San Lupo ..., dachte der Junge laut nach und kreuzte den Blick aus Nellas schwarzen Augen.

Sie sahen sich an, dann stand er auf und trat an das Sprechgitter, legte die Lippen an das Metall, und die Mutter tat dasselbe, sie küssten sich, um sich Lebwohl zu sagen.

Pass auf dich auf, rief Nella ihm nach, während er mit raschen Schritten hinausging.

Als sie wieder draußen waren, sah Lupo Nicola an und sog die Luft tief ein, mit einer Hand wischte er sich Hemd und Hose ab, klopfte auf die Schuhe, als ob er drei Fingerdick Staub und einen Schwarm Fliegen abschütteln müsste.

Ich hasse Kirchen, sagte er, sie sorgen dafür, dass ich mich verkehrt und schon tot fühle.

So machte Lupo sich auf den Weg mit seinem schiefen, aber entschlossenen Gang, hinunter zum Backofen, und Nicola folgte ihm.

Der kleine Ceresa hatte keine Augen mehr für die schönen Häuser, im Gehen betrachtete er Lupos schaukelnden Kopf, er dachte ans Meer und was jenseits des Ozeans sein mochte, die phantastischen Orte, die er nie gesehen hatte, an die Träume, die in diesem Großen Amerika zerschellen oder Verklärung finden würden.

Ein Land ohne König, ohne Monarchie, ohne Tyrannen, ohne Papst und mit tausend Göttern, es war riesig, es enthielt alle und alles, es konnte dich verschlingen, aber auch deine Wunden lecken, so viele schon waren aufgebrochen, und so viele brachen noch immer auf mit der Vorstellung, den Lauf ihres Lebens zu ändern, den Krankheiten zu entfliehen, den Toten, den verfallenen Häusern, den müden alten Dörfchen, die an den italienischen Berghängen klebten und das Andenken an längst begrabene Mütter bewahrten.

Die Spanische Grippe forderte weiterhin Tote, der Krieg hatte nur Luft geholt, der Faschismus würde kommen, das Große Amerika würde Unschuldige auf den elektrischen Stuhl schicken, die Anarchie würde sich verstecken müssen, schuldig, verleugnet, verpönt und erinnert nur durch Bomben und Attentate, der Glaube würde zusammenbrechen, leer, falsch, elend, denkbar nur als Zepter, Krone und Inszenierung.

Die Halbpacht dagegen würde noch lange fortbestehen, und die Felder und die Weinberge, die Nussbaumhaine und die Eicheln und das Mehl würden in den Marken noch lange herrschen.

Denn, wie man weiß: Die Erde bleibt, während die Menschen fortgehen.

# Epilog

Der Zitronenhain war verwüstet, zum Schaden kam noch der Spott hinzu, die Pflanzen waren tot, aber der Sturm hatte Äste herangeweht und darauf fallen lassen, am Boden vermengte sich ihr Holz mit den vertrockneten Wurzeln.

Nella betrachtete das Unheil von ferne, dieses Sommergewitter hatte die schwächeren Stämme geknickt, Heu durch die Luft gewirbelt, hatte in nur einer Stunde die Ernte von Monaten vernichtet, so heftig hatte der Hagel gegen die Fensterscheiben geprasselt, dass sie zerbrachen.

Die Straße nach Montecarotto war blockiert, zu zehnt hatten die Männer sich zu schaffen gemacht, um die Reste der Überschwemmung aus den Gassen zu räumen, der Ast einer Zypresse war auf Violantes Grab gefallen, der schon von Gras überwucherte Grabstein war jetzt mit Abfall bedeckt, aber das konnte Nella nicht wissen.

Den Zitronenhain betrat niemand mehr, alles, was in dieses Rechteck fiel, würde dort liegenbleiben, bis es verrottete, Form und Zusammenhalt verlor.

Ihr dürft nicht enden wie die Zitronenbäume, hatte Clara in den Tagen vor ihrem Tod zu ihr gesagt, als sie schon bettlägerig war und nur mehr den Kopf heben konnte, und Nella war wütend geworden, sie wollte von ihr nicht die Ratschläge einer Sterbenden hören, denn in der kosmischen Ordnung war nicht vorgesehen, dass sie endlich sein sollte.

Sie antwortete: Sprich nicht so, sei jetzt still, du musst trinken.

In ihren letzten Lebensjahren hatte Clara stets daran gedacht, was nach ihrem Tod sein würde, sie sorgte sich nicht
um sich selbst, weil sie bereit war, sich in die Hand Gottes
zu geben, sondern um das Kloster, um ihre Schwestern, um
ihr Land und ganz Italien, das nach dem Krieg und der Spanischen Grippe weitere Unbill erdulden sollte, sein Gedächtnis
verlor.

Also hatte sie noch mehr gebetet, mittlerweile fast vollständig blind, ließ sie sich in die Kirche oder im Garten zum Brunnen bringen, sie strengte sich an, zog mühsam mit ihren dün-
nen Armen den Wassereimer vom Grund herauf und setzte ihn
an die Lippen.

Sie hatte einen kleinen Altar mit einer Kerze in der Mitte
errichtet, die sie sich bemühte, stets angezündet zu halten, zu
zweit musste man sie in den Sprechsaal tragen, weil sie es allein
nicht mehr schaffte, doch solange die Beine sie trugen, war sie
unermüdlich gewesen, hinzugehen und zu segnen.

Ihr dürft nicht enden wie die Zitronenbäume, die Menschen
brauchen euch, sie drückte ihre Hand, ihr Atem ging schwach,
ein Holzkreuz lag auf ihrer Brust, das sehr kurze Kraushaar un-
bedeckt, ihr Alter war noch immer Jugend, mit einer Haut, die
nur wenige Falten aufwies und wie in einem Reliquiar intakt
geblieben war, bereit, beigesetzt zu werden.

Sprich nicht so, sei still, Nella benetzte ihr mit einem feuchten Tuch die Lippen.

Sie waren gefährliche und gefährdete Frauen gewesen, versehen mit einer Kraft, die Nella erst jetzt, nach vielen Jahren erkannte: In der Vergangenheit hatte sie diese Kraft gelebt, aber
nicht verstanden. Sie hatte diese Energie gespürt, den Aufruhr
des Glaubens, als Suor Clara starb. So viele Leute waren gekommen, um von ihr Abschied zu nehmen, dass die Schlange
bis ans andere Ende von Serra reichte, sie waren von der Küste
hergekommen und aus dem Landesinneren, so viele Menschen
in Trauer hatte sie noch nie gesehen.

Sie murmelten und weinten, sie sagten, jetzt sei es wirklich zu Ende, jetzt sei die Apokalypse da, jetzt seien sie allein.

Und Nella hatte das fast als lästig empfunden, wie konnten die Menschen es wagen, sie zu beweinen, sie, die sie nie wirklich gekannt hatten, La Moretta war eine Klosterfrau, sie gehörte ihren Schwestern, bei ihnen würde sie für immer bleiben.

Rührt sie nicht an, hätte sie schreien mögen, während sie den Sarg küssten, zehrt nicht weiter von ihr.

Euer Schmerz ist nichts, wollte sie rufen, seht den meinigen, ich habe eine Schwester verloren, eine Mutter, eine Freundin. Ich habe einen Sohn auf der anderen Seite des Meeres und eine Familie unter der Erde.

Bischöfe waren gekommen, Priester waren gekommen, sogar ein Brief aus dem Vatikan war eingetroffen, zur Beisetzung waren all jene herbeigeströmt, die sich vorher tunlichst ferngehalten hatten.

Suor Clara hätte bestimmt verächtlich gelächelt, wenn sie dieses Defilee der Höflichkeitsbekundungen und der heuchlerischen Gebete gesehen, das Rascheln der staubigen Gewänder gehört hätte, sie, die nie an ihren Paraden hatte teilnehmen wollen, am Zug ihrer Eminenzen, die sie immer mit Mitleid und Misstrauen betrachtet hatte …

Am Rande lebend, hatten die Nonnen in aller Stille doch Aufruhr gestiftet, von der Höhe des Dörfchens aus, das eine Träne war inmitten eines Sonnenblumenfelds.

Äbtissin!, die alte Köchin kam nur mit Mühe und außer Atem auf den Turm herauf. Habt Ihr die Glocke nicht gehört?, fragte sie sie. Schon seit gut einer halben Stunde rufen wir Euch.

Entschuldigt, ich war in Gedanken, es ist Zeit zum Abendessen, ich weiß, sagte Suor Nella.

Sie blickte nicht länger auf die Gespenster der Zitronenbäume und ihrer Lieben, sie bekreuzigte sich und sagte:

Ich komme.

# Anmerkungen der Autorin

In Serra de' Conti gibt es noch das Fensterchen, das auf die Straße und die Bar geht, wenn man zwischen den schönen Häusern hinaufsteigt. Es gehörte Nicola Ugolini, meinem Urgroßvater, der Anarchist war, sich nie taufen ließ und seine Frau erst auf dem Totenbett ehelichte, als die Spanische Grippe sie bereits bei lebendigem Leib aufgefressen hatte, der aufbrach und Italien verließ und dessen Spuren sich dann verlieren, vielleicht in Deutschland. Mit dieser kleinen Geschichte in Händen bin ich zu den Orten der Kindheit meiner Mutter und meiner Großmutter zurückgekehrt, unter dieses Fensterchen, mit der Idee, dass ich ein Buch über die Anarchisten in den Marken schreiben wollte, ein Buch über Nicola Ugolini und jene, die wie er an die Anarchie geglaubt und das Vorurteil von den Anarchisten als Bombenlegern, sinnlos Gewalttätigen und unheilbringenden Briganten widerlegt haben.

Während meine Eltern und ich unterwegs waren, um in Serra, Fano, Senigallia und Pesaro Material zu sammeln, erinnerte sich meine Mutter auch wieder an das Kloster ganz oben im Ort, das berühmt war für seine Musik und wo die Nonnen sich lange Jahre hindurch hatten halten können, obwohl die Welt sie als die Letzten und Verblendetsten betrachtete.

Als wir die Schwelle des Klosters von Serra überschritten, hatte es eben so heftig geregnet, dass Äste in den Hof gestürzt waren, darin die Statue von La Moretta, die immer noch jeden Besucher empfängt. Als ich sie sah, beschloss ich, dass dieser Roman auch von ihr und dem unglaublichen Leben der Zeinab Alif handeln würde, allen bekannt als Suor Maria Giuseppina Benvenuti, der Schutzpatronin des Klosters. Ich habe beschlossen, die Figur der Suor Clara ausgehend von ihrer Biografie zu gestalten, von ihrer Entführung im Sudan zu erzählen, von ihrem widerspenstigen Charakter, von der Liebe zur Musik, von ihrer Hartnäckigkeit und ihrem starken Willen, den Wundern, von der Kraft, mit der ganz Serra sie verteidigte, als es diejenigen mit Steinen bewarf, die sie wegholen wollten.

Heute befindet sich in den Räumlichkeiten des Klosters ein sehr schönes Museum, das *Räume der aufgehobenen Zeit* heißt, wo man die Arbeit und das Kunsthandwerk der Nonnen und die Geschichte von Zeinab entdecken kann. Mir, die ich in meinem Leben recht wenig mit Religion zu tun und vom Klosterleben keine Ahnung hatte, ist es nicht gelungen, nicht auch über diese Nonnen zu schreiben. Ich habe Material über Serra und La Moretta zusammengetragen, ich habe das Archiv des Anarchismus in Fano besucht, wo ich Einblick in die Polizeiakten und in die Steckbriefe einiger Anarchisten der Zeit nehmen konnte. So habe ich die Figur des Giuseppe entworfen und in der Folge alle anderen. So sind Lupo und Clara entstanden, zwei für mich so weit voneinander entfernte Figuren, dass sie schon wieder nah sind, vollendete Gegensätze, zwei verlorengegangene Welten, denen man nachtrauern kann.

Das verwendete Material betrifft vor allem die im Buch verarbeiteten historischen Tatsachen: Angefangen von der Halbpacht und den Kämpfen der Bauern um die Jahrhundertwende über die anarchistische Bewegung Ende des neunzehnten Jahrhunderts, den Protestakt des Augusto Masetti, die harte Reaktion der Regierung, den Libyenkrieg, von den Tagen von Ancona bis zur Roten Woche, der Settimana Rossa, dann den Ersten Weltkrieg und das Überlaufen eines Teils des revolutionären Sozialismus, dem auch Mussolini angehörte, zur Fraktion der Kriegsbefürworter, sodann die Geschichten von einigen Soldaten, die kurz vor Kriegsende noch eingezogen wurden, die Jungen des Jahrgangs 1899, schließlich die Epidemie der Spanischen Grippe und die Schwierigkeiten der revolutionären Bewegungen, die Zensur und zuletzt die Auswanderung nach Amerika.

Trotz gründlicher Recherchen, der Sichtung von Dokumenten, der Besuche vor Ort, gibt es in diesem Roman nicht nur einige Wahrheiten, sondern auch viele Lügen.

Ich möchte die Leserinnen und Leser also dazu ermuntern, nicht alles zu glauben und von diesen Seiten keine verlässliche historische

Zeugenschaft zu erwarten, sie haben andere Wurzeln, auch meine, durch die ich versuche, mich selbst kennenzulernen und zu wachsen; denn im Grunde bin ich Nicola Ceresa, derjenige, der Angst hat und im Kopf nicht ganz richtig ist, dem die Hände zittern und der auf Lupos schaukelnden Nacken blickt, während er die Dorfstraße hinuntergeht.

# Italienische Autorinnen bei Wagenbach

Giulia Caminito  *Das Wasser des Sees ist niemals süß*  Roman
Eine Frage der Klasse: Radikal unversöhnlich erzählt Giulia Caminito von
nicht eingelösten Aufstiegsversprechen und den enttäuschten Träumen ei-
ner ganzen Generation junger Italiener – ein berührender, zorniger Anti-
Bildungsroman mit Figuren und Bildern, die haften bleiben wie ungeliebte
Spitznamen.
Aus dem Italienischen von  Barbara Kleiner
WAT 873. Broschiert. 320 Seiten

Francesca Melandri  *Über Meereshöhe*  Roman
Italien in den »bleiernen Jahren«, eine nach Salz, Feigen und Strohblumen
duftende Gefängnisinsel, eine stürmische Nacht und eine unerwartete Be-
gegnung: Francesca Melandri erzählt mit großer Sensibilität und poetischer
Kraft vom bewegenden Schicksal zweier Familien.
Aus dem Italienischen von Bruno Genzler
WAT 812. Broschiert. 208 Seiten

Francesca Melandri  *Eva schläft*  Roman
Eva ist Anfang vierzig, als sie einen Anruf von dem Mann erhält, der in ihrer
Kindheit eine Zeitlang die Rolle des Vaters einnahm, bevor er scheinbar für
immer verschwand: Vito Anania. Er liegt im Sterben und möchte Eva noch
einmal sehen. Sie reist mit dem Zug von Südtirol quer durch Italien in den
äußersten Süden.
Aus dem Italienischen von Bruno Genzler
WAT 805. Broschiert. 440 Seiten

Michela Murgia  *Accabadora*  Roman
Eine Geschichte über Mutter und Tochter, wie sie noch nie erzählt worden
ist. Ein Roman, in dem das archaische und das moderne Italien aufeinander-
treffen.
Aus dem Italienischen von Julika Brandestini
WAT 768. Broschiert. 176 Seiten

### Eva Strasser *Wildhof*   Roman

Lina reist mit leichtem Gepäck. Denn sie hat nicht vor zu bleiben. Was in ihrem Heimatort auf sie wartet, wiegt schwer. Und dabei weiß sie noch längst nicht alles. Doch weil es summt und leuchtet und duftet im Wald, geht sie nicht in die Knie, sondern weiter.

Quart*buch*. Gebunden mit Schutzumschlag. 208 Seiten

### Sara Mesa *Die Familie*   Roman

In dieser Familie gibt es keine Geheimnisse. Alle spielen Theater, verstellen sich, verschweigen, erfinden kleine Lügen. Sara Mesas Erkundung des Weltinnenraums Familie – unerbittlich, beklemmend genau, so unheimlich vertraut wie die Schatten im nächtlichen Kinderzimmer.

Aus dem Spanischen von Peter Kultzen
Quart*buch*. Gebunden mit Schutzumschlag. 240 Seiten

### Mario Desiati *Spatriati*   Roman

Heimat schmeckt nach Borretschblüten: ein wundersam poetischer Roman über eine unverbrüchliche Freundschaft und eine Generation von Unbehausten, Grenzgängern und Liebesuchenden – nicht nur in Italien.

Aus dem Italienischen von Martin Hallmannsecker
Quart*buch*. Gebunden mit Schutzumschlag. 256 Seiten

### Natalia Ginzburg *Alle unsere Gestern*   Roman

Niemand vermag so scheinbar unbeteiligt und hellsichtig den Beziehungen zwischen Menschen nachzugehen wie Natalia Ginzburg: in der Familie, zwischen Mann und Frau, zu Freunden – und so beinahe weise eine Erzählung hinter der Geschichte auszubreiten.

Von Maja Pflug durchgesehene Übersetzung aus dem Italienischen
Quart*buch*. Gebunden mit Schutzumschlag. 336 Seiten

### Giuseppe Culicchia  *Turin ist unser Haus*
Reise durch die zwanzig Zimmer der Stadt

Fabrikstadt, nordländische Sparsamkeit, zynischer Fußball? Schon lange nicht mehr! Giuseppe Culicchia entführt in seine elegante Heimatstadt und bürstet die Klischees gegen den Strich.

Aus dem Italienischen von vin Julika Brandestini
WAT 823. Broschiert. 240 Seiten

### Tiziano Scarpa  *Venedig ist ein Fisch*

Tiziano Scarpa führt durch seine Heimatstadt und lässt uns Venedigs Stadt- und unsere Körperteile auf ungeahnte Art entdecken – ein ungewöhnlicher Reisebegleiter in erweiterter Neuausgabe.

Aus dem Italienischen von Olaf Matthias Roth
WAT 871. Broschiert. 160 Seiten

### Mauro Covacich  *Triest verkehrt*
Fünfzehn Spaziergänge in der Stadt des Windes

Triest ist anders als das übrige Italien. Es gibt die Bora, einen scharfen Wind. Aber es gibt auch Kaffeehäuser. Und der Cappuccino schmeckt anders als in Rom oder Mailand – Mauro Covacich lädt ein in seine besondere Stadt.

Aus dem Italienischen von Esther Hansen
WAT 696. Broschiert. 144 Seiten

### Michela Murgia  *Elf Wege über eine Insel*  Sardische Notizen

Elf Wege zeigt uns Michela Murgia auf ihrer Insel, zehn plus einen, weil runde Zahlen nur für Dinge taugen, die endgültig verstanden werden können. Und das ist in Sardinien nicht der Fall.

Aus dem Italienischen von Julika Brandestini
*SVLTO*. Fadengeheftet. Rotes Leinen. 168 Seiten

### Klaus Wagenbach  *Mein Italien, kreuz und quer*

Klaus Wagenbach macht eine vielseitige Liebeserklärung an Italien: Autorinnen und Autoren erzählen von ihrem Land, seinen Städten und Landschaften, Gebräuchen und Eigenheiten und immer wieder von seinen Bewohnern.

Aktualisierte und erweiterte Ausgabe letzter Hand
WAT 827. Broschiert. 400 Seiten

**Giorgio Manganelli** *Irrläufe*   Hundert Romane in Pillenform

Hundert Kürzestromane, die eine ganze Welt erzählen – sprachgewaltig, witzig, furios – hundert Bettlektüren vom Feinsten.

Aus dem Italienischen von Iris Schnebel-Kaschnitz
Oktav*heft*. Elegante Klappenbroschur. 160 Seiten

**Natalia Ginzburg** *Familienlexikon*

Das mit dem Premio Strega ausgezeichnete Hauptwerk Natalia Ginzburgs ist nicht nur das komische Porträt einer denkwürdigen Familie, sondern zugleich ein großartiges Porträt Italiens.

Aus dem Italienischen und mit einem Nachwort von Alice Vollenweider
WAT 563. Broschiert. 192 Seiten

**Giorgio Bassani** *Die Gärten der Finzi-Contini*   Roman

Mit der Geschichte einer großen, unerfüllten Liebe und zugleich Chronik des tragischen Schicksals des jüdischen Bürgertums in Italien, hat sich Giorgio Bassani einen Platz in der Weltliteratur erschrieben.

Aus dem Italienischen von Herbert Schlüter
WAT 404. Broschiert. 320 Seiten

**Pier Paolo Pasolini** *Ragazzi di vita*   Roman

Das unbestrittene Hauptwerk Pasolinis, mit dem Italiens großer Schriftsteller und Ketzer den Verlorenen und Geächteten aus den Elendsquartieren der römischen Vorstädte ein unvergängliches Denkmal setzt.

Aus dem Italienischen von Moshe Kahn
WAT 614. Broschiert. 240 Seiten

**Alberto Moravia** *La Noia*   Roman

In einer Beziehung stellt sich oft die Frage: Wer langweilt sich zuerst? Der wegen seiner Freizügigkeit umstrittene und vom Klerus heftig bekämpfte Roman wurde mit Horst Buchholz verfilmt.

Aus dem Italienischen von Percy Eckstein und Wendla Lipsius
WAT 828. Broschiert. 336 Seiten

Elsa Morante *La Storia*   Roman

Ein Meisterwerk der italienischen Literatur – endlich neu übersetzt. Mit beinahe kindlicher Wahrhaftigkeit und zarter Wärme erzählt Elsa Morante die Geschichte von Ida und ihren beiden sehr unterschiedlichen Söhnen im faschistischen Rom: ein unvergesslicher, zauberhafter Roman.

Neu übersetzt aus dem Italienischen von Maja Pflug und Klaudia Ruschkowski
Quart*buch*. Gebunden mit Schutzumschlag. Lesebändchen. 768 Seiten

Elio Vittorini *Gespräch in Sizilien*   Roman

Dieser Roman begründete Vittorinis Ruhm. Er ist eine Liebeserklärung an »das Herz der Kindheit, das Herz Siziliens«.

Aus dem Italienischen von Trude Fein
WAT 671. Broschiert. 192 Seiten

Andrea Camilleri *Der vertauschte Sohn*   Roman

Andrea Camilleri verwebt zwei Leben miteinander: sein eigenes und das Luigi Pirandellos.

Aus dem Italienischen von Moshe Kahn
WAT 836. Broschiert. 256 Seiten

Luigi Pirandello *Mattia Pascal*   Roman

Wer bin ich? Was ist Schein, was Wirklichkeit? Die phantastische Geschichte der doppelten Existenz von Mattia Pascal ist nicht nur der Anfang von Pirandellos großem Erfolg, sondern steht auch am Beginn der modernen italienischen Literatur.

Aus dem Italienischen von Piero Rismondo, überarbeitet von Michael Rössner
WAT 603. Broschiert. 288 Seiten

Wenn Sie mehr über den Verlag und seine Bücher wissen möchten, schreiben Sie uns eine Postkarte oder elektronische Nachricht (mit Anschrift und E-Mail). Wir informieren Sie dann regelmäßig über unser Programm und unsere Veranstaltungen.

Verlag Klaus Wagenbach   Emser Straße 40/41   10719 Berlin
www.wagenbach.de   vertrieb@wagenbach.de